DIREITO CONSTITUCIONAL OBJETIVO: TEORIA & QUESTÕES

João Trindade
Cavalcante Filho

DIREITO CONSTITUCIONAL OBJETIVO: TEORIA & QUESTÕES

ALUMNUS

C376d

Cavalcante Filho, João Trindade
Direito constitucional objetivo : teoria & questões / João Trindade Cavalcante Filho.
– Brasília : Alumnus, 2012, 2ª tiragem.

325 p. ; 22,8 cm.

ISBN 978-85-65295-02-4

1. Direito Constitucional. I. Brasil. 2. Questões de concurso. 3. Concursos públicos. I. Título.

CDU 342(81)

Editoria e Produção Editorial: Maria Neves

Projeto Gráfico, Editoração Eletrônica e Revisão: M&B Serviços Editoriais

Capa: (Projeto gráfico, criação e ilustração): Ralfe Design

www.alumnus.leya.com.br

À minha família, base da vida
e iluminação perene.

Aos meus alunos e ex-alunos, que servem como verdadeira inspiração para o ensinamento do Direito Constitucional.

À equipe Leya/Alumnus, pela atenção e cuidado na condução desta publicação.

Sumário

CAPÍTULO 11 – REPARTIÇÃO DE COMPETÊNCIAS 169

CAPÍTULO 12 – INTERVENÇÃO NOS ESTADOS, NO DF E NOS MUNICÍPIOS 177

Apresentação

Este livro não é uma "versão resumida" de minha obra mais conhecida (*Roteiro de Direito Constitucional*). É uma proposta nova.

Embora o *Roteiro* tenha nascido focado para concursos públicos, hoje é adotado até em cursos de graduação e pós-graduação. Não se desvirtuou de seu objetivo principal, mas sempre tive a vontade de fazer uma obra mais resumida, direta, focada exclusivamente para concursos públicos, que permita uma leitura rápida, porém aprofundada.

Eis a proposta da obra que ora apresento: *Direito Constitucional Objetivo*. Objetivo, termo propositadamente ambíguo, pode significar "o Direito Constitucional objetivo", isto é, o conjunto de normas que compõem o Direito Constitucional; ou "o Direito Constitucional visto de forma objetiva", sem enrolação, mas também sem simplificações indevidas.

As questões de concursos foram inseridas na própria explicação. A doutrina e a jurisprudência não são, em geral, transcritas, mas explicadas.

Ao final desta obra, encontra-se, ainda, um caderno de questões com gabarito sobre temas tratados nos últimos concursos públicos.

Espero que a obra seja útil.

Bons estudos!

CAPÍTULO 1

Teoria da Constituição

1. CONCEPÇÕES DE CONSTITUIÇÃO

A Constituição pode ser vista sob diversos prismas. Eis os mais cobrados em prova:

1.1 Conceito sociológico (Ferdinand Lassalle)

A Constituição é conceituada como a soma dos fatores reais de poder que regem um país em determinado momento histórico, isto é, a Constituição efetiva é um equilíbrio de forças econômicas, sociais, religiosas, culturais etc. A Constituição verdadeira deve ser estudada por um ponto de vista sociológico: como as coisas são na prática. Por isso, Lassalle, em sua obra *A Constituinte Burguesa* ou *O que é uma Constituição?*, defendia que a Constituição escrita não passava de uma folha de papel. No conflito entre os fatos e a norma, os fatos prevalecem.

Questão de Concurso

(FCC/TCE-SE/Procurador/2007) A conceituação de Constituição como "a soma dos fatores reais do poder que regem nesse país", atribuída a Lassalle, indica, segundo a doutrina, uma concepção de Constituição no sentido
a) sociológico.
b) jurídico.
c) político.
d) axiológico ou normativo.
e) instrumental ou estrutural.

Gabarito: a

1.2 Conceito político (Carl Schmitt)

Para Carl Schmitt, a Constituição deve ser conceituada por meio de uma visão política: a Constituição efetiva é a decisão política fundamental de um povo.

O povo (o titular do poder constituinte), ao elaborar uma Constituição, faz opções (diretamente ou por meio de representantes): qual será a forma de governo, a forma de Estado, o sistema de governo? Essas decisões políticas fundamentais formam a Constituição.

Questão de Concurso

(Cespe/PC-TO/Delegado/2008) A concepção política de Constituição, elaborada por Carl Schmitt, compreende-a como o conjunto de normas que dizem respeito a uma decisão política fundamental, ou seja, a vontade manifestada pelo titular do poder constituinte.

Gabarito: certo.

Carl Schmitt, assim como Lassalle, não crê muito na Constituição escrita: para ele, valem mais as decisões políticas tomadas pelo povo. Por isso sua teoria é chamada decisionismo (ou teoria decisionista). Também por isso, sua teoria contém um grande risco: a possibilidade de uma "ditadura da maioria", como aconteceu no nazismo, regime que foi apoiado por Carl Schmitt.

A principal consequência da teoria de Carl Schmitt é a distinção entre a Constituição propriamente dita (decisões fundamentais) e as meras leis constitucionais (decisões secundárias, ainda que estejam contidas na Constituição escrita).

Questão de Concurso

(Esaf/Secretaria do Tesouro Nacional/Analista de Finanças e Controle/2005) Na concepção de constituição em seu sentido político, formulada por Carl Schmitt, há uma identidade entre o conceito de constituição e o conceito de leis constitucionais, uma vez que é nas leis constitucionais que se materializa a decisão política fundamental do Estado.

Gabarito: errado. Não há identidade; há distinção entre a Constituição propriamente dita e as leis constitucionais.

1.3 Conceito jurídico (Hans Kelsen)

Kelsen é um dos teóricos do positivismo jurídico, corrente segundo a qual todas as normas jurídicas são postas (= criadas) pelo Estado. Assim, a Constituição é conceituada em sua obra mais famosa (*Teoria Pura do Direito*) como a norma jurídica fundamental e suprema de um Estado. Fundamental porque confere o fundamento de validade das demais normas (= leis, atos administrativos), suprema porque ocupa a mais alta hierarquia do ordenamento jurídico.

Questão de Concurso

(Cespe/ TRF-5ª/Juiz Federal/2009) Segundo Kelsen, a CF não passa de uma folha de papel, pois a CF real seria o somatório dos fatores reais do poder. Dessa forma, alterando-se essas forças, a CF não teria mais legitimidade.

Gabarito: errado. A afirmativa diz respeito ao conceito de Lassalle, não de Kelsen.

Em alguns concursos, cobra-se o desdobramento do conceito de Constituição com base em Kelsen: a Constituição em sentido lógico-jurídico (a norma fundamental, hipotética, pressuposta que manda respeitar todo o ordenamento jurídico) e a Constituição em sentido jurídico-positivo (a Constituição específica do país e em vigor em determinado momento).

Constituição (conceito jurídico de Kelsen)	
Sentido lógico-jurídico	Sentido jurídico-positivo
É a norma fundamental pressuposta de todo o ordenamento jurídico	É a norma fundamental posta (= positivada, vigente) de um ordenamento jurídico em particular
Trata-se do mandamento pressuposto de que "devemos seguir a Constituição"	Trata-se das normas contidas na Constituição em vigor
Tem a natureza de um conceito lógico pressuposto	É a norma jurídica mais alta do ordenamento de um Estado

1.4 Conceito pós-positivista (Konrad Hesse)

Hesse inspirou uma "nova corrente", intitulada de neoconstitucionalismo ou pós-positivismo. Essa corrente busca superar os problemas do positivismo de Kelsen, aperfeiçoando-o.

A Constituição não deixa de ser uma norma jurídica. Contudo, não é mais considerada uma norma fechada em si mesma. Antes, está em constante diálogo com a sociedade, modificando-a e sendo também por ela modificada. Por isso se diz que a Constituição é um sistema aberto de regras e princípios (jurídicos).

Questão de Concurso

(Esaf/Procurador do Distrito Federal/2007) Como decorrência do impacto que tiveram os trabalhos teóricos de Hans Kelsen e sua Teoria Pura do Direito, até hoje o conceito predominante de Constituição é essencialmente formal, isto é, técnico-jurídico.

Gabarito: errado. O conceito que hoje predomina é o conceito pós-positivista de Konrad Hesse.

Consequências do conceito pós-positivista:

a) reconhecimento da possibilidade de mutações constitucionais (ver o capítulo sobre poder constituinte);
b) solução do conflito de princípios pelo critério da ponderação (ver capítulo sobre hermenêutica constitucional);
c) reconhecimento de que todas as pessoas (= todos os grupos sociais) interpretam a Constituição.

2 CLASSIFICAÇÃO DAS CONSTITUIÇÕES

Cada autor adota uma classificação diferente, e as Constituições podem ser agrupadas segundo critérios diversos. Por conta disso, resolvemos citar os principais critérios de classificação.

2.1 Quanto ao conteúdo

2.1.1 Constituição material

É aquela que trata apenas da matéria tipicamente constitucional (direitos fundamentais, separação dos Poderes e organização do Estado). Ex.: Constituição americana.

2.1.2 Constituição formal

Trata também de várias outras matérias, além dos temas tradicionalmente constitucionais. Ex.: Constituição alemã ("Lei Fundamental de Bonn"), que cuida também de ordem econômica, tributária, financeira etc. A Constituição brasileira é formal!

Questão de Concurso

(Cespe/PC-TO/Delegado/2008) Quanto ao conteúdo, a Constituição material compreende as normas que, mesmo não sendo pertinentes à matéria constitucional, se encontram inseridas em um documento escrito e solene.

Gabarito: errado. A questão se refere ao conceito de Constituição formal.

2.2 Quanto à forma

2.2.1 Constituição escrita

Está contida em um único documento formal e solene (escrito), chamado de "Constituição". Ex.: Constituição brasileira de 1988.

2.2.2 Constituição não escrita (= costumeira = consuetudinária)

Está contida em vários documentos esparsos (= espalhados) e também em jurisprudências (decisões dos tribunais) e costumes não escritos. São tradições políticas que, escritas ou não, formam, em conjunto, o que se chama de Constituição. Ex.: Constituição inglesa.

Questão de Concurso

(Cespe/TRE-MA/Técnico/2009) Toda Constituição é necessariamente escrita e solene.

Gabarito: errado. Existem as Constituições não escritas.

2.3 Quanto ao modo de elaboração

2.3.1 Constituição dogmática

Elaborada de uma só vez ("de um só jato", diz a doutrina), em um momento histórico determinado. Resume os pensamentos (dogmas) do momento histórico em que foi elaborada. É a Constituição "com data de nascimento". Pode-se precisar quem (o órgão) e quando a fizeram. Ex.: Constituição brasileira de 5 de outubro de 1988; Constituição portuguesa de 1976.

2.3.2 Constituição histórica

Formada gradativamente, ao longo do tempo, pelo lento evoluir das tradições políticas, pela solidificação dos costumes. Não se pode precisar quem a fez nem em que momento. Ex.: Constituição inglesa.

Questão de Concurso

(Cespe/TJPB/Juiz/2011) Quanto ao modo de elaboração, a vigente CF pode ser classificada como uma Constituição histórica, em oposição à dita dogmática.

Gabarito: errado. Nossa atual Constituição é dogmática, e não histórica.

CUIDADO!

Embora sejam critérios diferentes, há uma relação entre a classificação quanto à forma e quanto ao modo de elaboração: as Constituições escritas são dogmáticas e as Constituições não escritas são históricas.

2.4 Quanto à extensão

2.4.1 Constituição sintética (= concisa = resumida)

Trata apenas das matérias principais, e, ainda assim, somente em linhas gerais; possui poucos artigos. Ex.: Constituição dos EUA.

2.4.2 Constituição analítica (= prolixa)

Trata de vários assuntos, nos seus mínimos detalhes; possui muitos artigos. Ex.: Constituição brasileira de 1988.

Questão de Concurso

(Cespe/TRE-MA/Técnico/2009) A Constituição dos Estados Unidos da América é exemplo de Constituição sintética.

Gabarito: certo.

2.5 Quanto à origem

2.5.1 Constituição promulgada (= popular = democrática)

Elaborada por representantes do povo legitimamente eleitos. Ex.: Constituição brasileira de 1988.

Questão de Concurso

(Esaf/IRB/Advogado/2006) Uma Constituição é classificada como popular, quanto à origem, quando se origina de um órgão constituinte composto de representantes do povo.

Gabarito: certo.

2.5.2 Constituição outorgada

Imposta (unilateralmente) por um poder ditatorial. Ex.: Constituições brasileiras de 1824 (imposta por D. Pedro I), de 1937 (imposta por Getúlio Vargas, ao dar o golpe do Estado Novo), e de 1967, com a Emenda nº 1, de 1969 (impostas pela Ditadura Militar).

2.5.3 Constituição cesarista (= plebiscitária)

É uma espécie de meio-termo: é imposta, mas submetida à aprovação popular. Exemplo histórico: as Constituições de Napoleão, na França.

Divergência doutrinária!

Alguns autores entendem que as Constituições venezuelanas atuais, elaboradas por Hugo Chávez, mas submetidas à aprovação popular, seriam exemplos de Constituições cesaristas. Outros consideram que se trata de um procedimento de democracia direta; logo, a Constituição venezuelana seria promulgada. A questão passa mais pela ideologia política que pela definição jurídica.

2.6 Quanto à estabilidade (= alterabilidade)

2.6.1 Constituição imutável

Não pode sofrer alterações de espécie alguma. Atualmente, esse tipo de Constituição praticamente desapareceu.

2.6.2 Constituição rígida

Pode ser alterada, mas apenas por um procedimento especial e mais difícil que o de aprovação das leis ordinárias (é o procedimento das chamadas emendas constitucionais, que estudaremos mais adiante). Ex.: Constituição americana, que prevê a necessidade de aprovação de emendas por 2/3 da Câmara e do Senado, além da ratificação pelos Estados-membros.

Questão de Concurso

(Cespe/TRF-5ª/Juiz Federal/2009) Constituição rígida é aquela que não pode ser alterada.

Gabarito: errado. Constituição que não pode ser alterada é a imutável; a rígida pode ser alterada, mas só por um procedimento mais difícil.

Divergência doutrinária!

A maioria da doutrina entende que a atual Constituição brasileira é rígida. Entretanto, Alexandre de Moraes considera que, como existem as cláusulas pétreas, nossa Constituição deveria ser considerada rígida, mas no subtipo super-rígida (possui uma parte rígida e outra imutável).

Em provas de múltipla escolha, jamais haverá as duas opções: uma ou outra estará correta. Em provas de julgar o item, marca-se pela maioria, salvo se houver referência específica. Em provas dissertativas, vale a pena citar ambos os entendimentos.

Questão de Concurso

(Cespe/TCU/Analista de Controle Externo/2007) A Constituição Federal de 1988 (CF) é considerada pela maior parte da doutrina constitucionalista como uma Constituição rígida. Há, no entanto, visão que – atentando para o fato de a CF ter um núcleo imutável, que não se submete a modificações nem mesmo por emenda – a classifica como super-rígida.

Gabarito: certo. Perceba que a questão cobrou o entendimento majoritário e também o minoritário.

2.6.3 Constituição flexível

Pode ser modificada sem nenhum procedimento especial: pode ser alterada por meras leis ordinárias (= leis comuns). Ex.: Constituição inglesa (como não é escrita, pode ser alterada por qualquer lei escrita).

2.6.4 Constituição semiflexível (semirrígida)

Possui uma parte rígida (que só pode ser alterada por emendas) e outra flexível (que pode ser alterada por meras leis ordinárias). Ex.: Constituição brasileira de 1824.

Questão de Concurso

(Cespe/TJ-PI/Juiz/2007) No âmbito brasileiro, a Constituição Imperial de 1824 pode ser classificada como flexível, com base no que prescrevia seu art. 178: "É só constitucional o que diz respeito aos limites e atribuições respectivas dos poderes políticos, e aos direitos políticos e individuais dos cidadãos. Tudo o que não é constitucional pode ser alterado sem as formalidades referidas, pelas legislaturas ordinárias.".

Gabarito: errado.

(FGV/TRE-PA/Técnico/2011) Com base no critério da estabilidade, a Constituição Federal de 1988 pode ser classificada como

a) histórica, pois resulta da gradual evolução das tradições, consolidadas como normas fundamentais de organização do Estado.
b) cesarista, pois foi formada com base em um plebiscito a respeito de um projeto elaborado pela autoridade máxima da República.

c) flexível, por admitir modificações em seu texto por iniciativa de membros do Congresso Nacional e pelo Presidente da República.
d) semirrígida, por comportar modificações de seu conteúdo, exceto com relação às cláusulas pétreas.
e) rígida, pois só é alterável mediante a observância de processos mais rigorosos e complexos do que os vistos na elaboração de leis comuns.

Gabarito: e.

2.7 Quanto à ideologia

2.7.1 Constituição socialista

Adota o socialismo como meio de produção. O socialismo escora-se em três pilares: *a)* propriedade coletiva dos meios de produção; *b)* economia planificada (= planejada pelo Estado); *c)* busca da igualdade real entre as pessoas. Ex.: Constituições de Cuba, da China e da Coreia do Norte.

2.7.2 Constituição capitalista

Adota o capitalismo como meio de produção, isto é, funda-se em três pilares: *a)* propriedade privada; *b)* livre iniciativa (livre busca pelo lucro); *c)* busca da liberdade do indivíduo.

Capitalismo	Socialismo
Propriedade privada	Propriedade coletiva
Livre iniciativa	Economia planificada
Liberdade	Igualdade

2.7.2.1 Constituição capitalista liberal (= negativa)

O Estado não deve intervir na economia, que é assunto do mercado. Ex.: Constituição americana.

2.7.2.2 Constituição capitalista social-democrata (= positiva = intervencionista)

O Estado deve intervir na economia para dar bem-estar aos cidadãos (Estado de bem-estar social). Ex.: Constituição brasileira de 1988.

Questão de Concurso

(Cespe/TRF1/Juiz Federal/2009) Considerando o conteúdo ideológico das Constituições, a vigente Constituição brasileira é classificada como liberal ou negativa.

Gabarito: errado. Nossa Constituição é capitalista, mas do tipo social-democrata.

2.8 Quanto aos objetivos

2.8.1 Constituição-garantia

Apenas limita e legitima o poder do Estado, sem estabelecer metas para o futuro. Tem natureza retrospectiva: apenas garante os direitos já conquistados. Ex.: Constituição americana.

2.8.2 Constituição dirigente

Além de legitimar e limitar o poder do Estado, ainda prevê objetivos e metas a serem alcançados no futuro, vinculando os poderes públicos a atingir esses objetivos. Contém as chamadas normas programáticas. Dirige a atuação do poder público no futuro. Tem natureza prospectiva. Ex.: Constituição brasileira de 1988.

Questão de Concurso

(Cespe/PC-TO/Delegado/2008) Constituição-garantia é a que, além de legitimar e limitar o poder do Estado em face da sociedade, traça um plano de evolução política e metas a serem alcançadas no futuro.

Gabarito: errado. A Constituição que fixa objetivos e metas para o futuro é a Constituição dirigente.

2.9 Quanto à correspondência com a realidade (= efetividade = classificação de Karl Loewenstein)

2.9.1 Constituição normativa

Possui efetividade máxima: todas as suas disposições são respeitadas. É totalmente respeitada na prática. Todo o processo de poder obedece aos mandamentos da Constituição. Ex.: Lei Fundamental de Bonn (Constituição alemã).

2.9.2 Constituição nominalista (= nominativa)

Possui efetividade média: é parcialmente respeitada na prática. É elaborada com a melhor das intenções, mas não consegue se impor na vida prática. Ex.: Constituição angolana (o país vive há décadas em guerra civil).

2.9.3 Constituição semântica

Possui efetividade mínima: não é respeitada na prática. Não é cumprida, pois é feita para ser descumprida. É um mero simulacro (= simulação) de Constituição, feito por um poder ditatorial apenas para fingir que o país tem uma Constituição. Ex.: Constituição brasileira de 1967.

Divergência doutrinária!

Parte da doutrina entende que a Constituição brasileira de 1988 é nominalista (Uadi Lammêgo Bulos), enquanto outros a consideram normativa (Pedro Lenza, por exemplo). Para concursos, é melhor adotar a segunda posição (majoritária), como já foi cobrado na prova Cespe/AGU/Agente/2010.

Questão de Concurso

(Cespe/TRF1/Juiz Federal/2009) Quanto à correspondência com a realidade, ou critério ontológico, o processo de poder, nas Constituições normativas, encontra-se de tal modo disciplinado que as relações políticas e os agentes do poder se subordinam às determinações de seu conteúdo e do seu controle procedimental.

Gabarito: certo.

3. NORMAS CONSTITUCIONAIS

3.1 Características

a) Abertura (as normas da Constituição, por serem mais genéricas, admitem normalmente mais de uma interpretação);

b) Juridicidade (as normas da Constituição são, antes de mais nada, normas jurídicas e, portanto, obrigatórias; toda norma constitucional é obrigatória, possui algum grau de obrigatoriedade e eficácia).

Questão de Concurso

(Esaf/Auditor-Fiscal do Trabalho/2006) Segundo a doutrina mais atualizada, nem todas as normas constitucionais têm natureza de norma jurídica, pois algumas não possuem eficácia positiva direta e imediata.

Gabarito: errado. Toda norma constitucional tem a característica da juridicidade.

3.2. Classificação quanto à eficácia e à aplicabilidade

3.2.1 Classificação de José Afonso da Silva

- **Normas de eficácia plena (e aplicabilidade imediata e integral):** são autoaplicáveis; produzem sozinhas de imediato todos os seus efeitos; não precisam de uma lei regulamentadora (detalhadora) para se aplicarem aos casos concretos, pois possuem todos os elementos (detalhamento) suficientes. Não precisam de lei regulamentadora, mas essa lei pode vir a ser feita. Porém, a lei regulamentadora não pode restringir (= diminuir) a eficácia da norma, pois ela é plena. Ex.: direito à vida (a norma constitucional que o garante é suficiente para aplicá-lo nos casos concretos; pode ser regulamentado, mas não restringido).

- **Normas de eficácia contida ou restringível (e aplicabilidade imediata, mas possivelmente não integral):** são autoaplicáveis; produzem sozinhas e desde já todos os seus efeitos; não precisam de uma lei regulamentadora (detalhadora) para se aplicarem aos casos concretos, pois possuem todos os elementos (detalhamento) suficientes. Não precisam de lei regulamentadora, mas essa lei pode vir a ser feita. E, caso seja feita, a lei regulamentadora poderá restringir o âmbito de incidência da norma, impondo condições, por exemplo. Isso porque a própria norma constitucional prevê essa possibilidade. Em outras palavras: as normas de eficácia contida são autoaplicáveis, mas restringíveis (têm aplicabilidade imediata, mas possivelmente não integral). Ex.: liberdade profissional (art. 5º, XIII): todos podem exercer qualquer profissão (aplicabilidade imediata, independentemente de lei regulamentadora), mas a lei pode impor algumas condições (aplicabilidade possivelmente não integral: pode ser restringida pela lei regulamentadora).

Questão de Concurso

(Cespe/TRE-MA/Técnico/2009) O preceito constitucional que assegura a liberdade de exercício de qualquer trabalho, ofício ou profissão, atendidas as qualificações profissionais estabelecidas em lei, constitui norma de eficácia limitada.

Gabarito: errado. Tal norma tem eficácia contida.

- **Normas de eficácia limitada (e aplicabilidade mediata, reduzida e não integral):** não são autoaplicáveis; não produzem sozinhas todos os seus efeitos. Dependem da elaboração de uma lei regulamentadora para poderem aplicar-se a casos concretos. Isso porque a própria norma contém apenas uma disposição genérica, que não possui todos os elementos necessários para sua aplicabilidade prática. Precisam "desesperadamente" de uma lei regulamentadora. Por isso se diz que têm aplicabilidade mediata (para o futuro). Ex.: a norma que prevê o direito de greve dos servidores públicos (art. 37, VII), nos termos e nos limites que a lei estabelecer. Os servidores só podem fazer greve se houver uma lei regulamentadora estabelecendo os termos e os limites desse direito.

Questão de Concurso

(Cespe/DPU/Analista/2010) Normas constitucionais de eficácia limitada são aquelas por meio das quais o legislador constituinte regulou suficientemente os interesses relativos a determinada matéria, mas deixou margem à atuação restritiva por parte da competência discricionária do poder público, nos termos em que a lei estabelecer ou nos termos dos conceitos gerais por ele enunciados.

Gabarito: errado. O conceito refere-se às normas de eficácia contida.

CUIDADO!

As normas de eficácia limitada produzem, sim, efeitos. Elas apenas ainda não produzem todos os seus efeitos. Possuem efeitos imediatos (eficácia negativa: impedem a edição de leis que lhes sejam contrárias; eficácia vinculativa: obrigam o legislador a editar a lei regulamentadora).

ATENÇÃO!

As normas de eficácia limitada subdividem-se em dois grupos. As normas de eficácia limitada de princípio institutivo preveem a criação de um órgão ou pessoa jurídica (ex.: art. 37, XIX). Não criam o ente: dependem de uma lei regulamentadora para isso. Já as normas de eficácia limitada de princípio programático estabelecem objetivos e metas a serem alcançados no futuro (ex.: art. 3º).

Questão de Concurso

(Cespe/TJPB/Juiz/2011) As normas institutivas, que traçam esquemas gerais de organização e estruturação de órgãos, entidades ou instituições do Estado, são dotadas de eficácia plena e aplicabilidade imediata, visto que possuem todos os elementos necessários à sua executoriedade direta e integral.

Gabarito: errado. As normas institutivas são exemplos de normas de eficácia limitada, e não plena.

VEJA BEM!

Não há "macete" nem "fórmula mágica" para saber se a norma tem eficácia plena, contida ou limitada. É preciso entender o assunto de que ela trata e, com base nisso, analisar se ela pode, sozinha, já ser aplicada a casos concretos, bem como se ela pode ser objeto de restrição por uma lei regulamentadora.

	PLENA	CONTIDA	LIMITADA
Aplicabilidade (momento)	Imediata	Imediata	Mediata
Aplicabilidade (extensão)	Integral	Possivelmente não integral	Não integral
Autoaplicável?	Sim	Sim	Não
Precisa de lei regulamentadora	Não (a elaboração da lei é ato discricionário)	Não (a elaboração da lei é ato discricionário)	Sim (a elaboração da lei é ato vinculado)
Lei regulamentadora pode restringir?	Não	Sim	Não se aplica

Questão de Concurso

(Esaf/PFN/Procurador/2007) No caso das normas constitucionais de eficácia contida, a atividade integradora do legislador infraconstitucional é vinculada e não discricionária, ante a necessidade, para fins de autoexecução, de delimitar o ambiente da sua atuação restritiva.

Gabarito: errado. Nas normas de eficácia contida, a atuação do legislador é discricionária, e não vinculada: não precisam de lei regulamentadora.

3.2.2 Classificação de Maria Helena Diniz

- **Normas de eficácia absoluta:** são as cláusulas pétreas (art. 60, § 4º), que possuem eficácia mais que plena, pois não podem sequer ser abolidas, nem mesmo por emenda constitucional.

Questão de Concurso

(FCC/Tribunal de Contas do Estado de Minas Gerais/Procurador/2007) A doutrina reconhece as normas constitucionais de eficácia absoluta como sendo as intangíveis; contra elas nem mesmo há o poder de emendar, a exemplo da tripartição de Poderes.

Gabarito: certo.

- **Normas de eficácia plena:** a mesma conceituação adotada por José Afonso da Silva.
- **Normas de eficácia relativa restringível:** equivalem às normas de eficácia contida da classificação de José Afonso da Silva.

Questão de Concurso

(Cespe/TRT21/Analista Judiciário – Execução de Mandados/2011) As normas constitucionais de eficácia contida ou relativa restringível têm aplicabilidade plena e imediata, mas podem ter eficácia reduzida ou restringida nos casos e na forma que a lei estabelecer.

Gabarito: certo.

- **Normas de eficácia relativa complementável:** equivalem às normas de eficácia limitada da classificação de José Afonso da Silva.

QUADRO-RESUMO

TEORIA DA CONSTITUIÇÃO

CONCEITOS

- Lassalle (sociológico): soma dos fatores reais de poder. Constituição escrita é apenas uma folha de papel.
- Carl Schmitt (político): decisão política fundamental. Distinção entre a Constituição propriamente dita e leis constitucionais.
- Kelsen (jurídico): norma jurídica fundamental e suprema de um Estado.
- Hesse (pós-positivista): sistema aberto de regras e princípios.

	Conceito Sociológico	**Conceito Político**	**Conceito Jurídico**	**Conceito Pós-Positivista**
Autor	Ferdinand Lassalle	Carl Schmitt	Hans Kelsen	Konrad Hesse
Obra	*O que é uma Constituição?* (ou *A Constituinte Burguesa*)	*Teoria da Constituição*	*Teoria Pura do Direito*	*A Força Normativa da Constituição*
Conceito	Soma dos fatores reais de poder; a constituição escrita é apenas uma folha de papel	Decisão política fundamental do povo (titular do poder constituinte); há distinção entre a Constituição e as meras leis constitucionais	Norma jurídica fundamental de um Estado	Sistema aberto de regras e princípios

CLASSIFICAÇÃO DA CONSTITUIÇÃO BRASILEIRA DE 1988

- Conteúdo: *formal*
- Forma: *escrita*
- Modo de elaboração: *dogmática*
- Origem: *promulgada (popular ou democrática)*
- Extensão: *analítica (prolixa)*
- Estabilidade: *rígida (para Alexandre de Moraes, é super-rígida)*
- Ideologia: *capitalista social-democrata (positiva)*
- Objetivos: *dirigente*
- Efetividade: *normativa (há divergência)*

NORMAS CONSTITUCIONAIS

- Absoluta: *cláusulas pétreas*
- Plena: *autoaplicável e não restringível*
- Contida (restringível): *autoaplicável, mas restringível*
- Limitada: *não autoaplicável. Pode ser institutiva ou programática*

CAPÍTULO 2
Poder Constituinte

1 NOÇÃO

É o poder de criar ou modificar normas da Constituição. O poder constituinte (criador) difere dos poderes constituídos (criados), que são limitados. Essa distinção foi percebida e exposta pelo abade Emmanuel Joseph Sieyès, em sua obra *O que é o Terceiro Estado?*, escrita e publicada às vésperas da Revolução Francesa.

> **Questão de Concurso**
>
> (Cespe/PGE-PB/Procurador/2008) A teoria do poder constituinte, desenvolvida pelo abade Emmanuel Sieyès no manifesto *O que é o Terceiro Estado?*, contribuiu para a distinção entre poder constituído e poder constituinte.
>
> *Gabarito: certo.*

2. PODER CONSTITUINTE ORIGINÁRIO

2.1 Noção

É o poder de criar uma nova Constituição a partir do nada, isto é, derrubando o ordenamento jurídico anterior. Pode ocorrer em duas situações: *a)* quando o país acaba de surgir; *b*) quando há uma revolução ou golpe de estado.

> **Questão de Concurso**
>
> (Cespe/MPE-AM/Promotor/2008) Historicamente, o poder constituinte originário representa a ocorrência de fato anormal no funcionamento das instituições estatais, geralmente associado a um processo violento, de natureza revolucionária, ou a um golpe de estado.
>
> *Gabarito: certo.*

2.2 Titularidade

O poder constituinte pertence ao povo (art. 1º, parágrafo único). Mesmo nos países em que a Constituição é outorgada, o poder é do povo, apenas está sendo exercido por um ditador.

Questão de Concurso

(Funiversa/Apex-Brasil/Analista/2006) O poder constituinte originário pertence à Assembleia Constituinte formada especialmente para elaborar uma nova Constituição.

Gabarito: errado. O poder constituinte pertence ao povo. A Assembleia apenas exerce tal poder.

2.3 Características

2.3.1 Inicial

O poder constituinte originário revoga a Constituição anterior, dando início a um novo ordenamento jurídico. Como a Constituição nova revoga a Constituição antiga, todo o ordenamento jurídico anterior desmorona, surgindo outro em seu lugar.

2.3.2 Autônomo

O poder constituinte originário é livre para definir o conteúdo das normas da nova Constituição. Assim, por exemplo, caso se fizesse uma nova Constituição no Brasil, seria possível adotar a forma monárquica de governo.

2.3.3 Incondicionado

O poder constituinte originário define livremente o procedimento (forma) de aprovação da nova Constituição. Não está vinculado às condições formais impostas pela Constituição anterior. Por exemplo: a atual Constituição só pode ser modificada pelo quórum de 3/5 dos membros de cada Casa do Congresso. Entretanto, se houvesse uma revolução ou golpe de estado e se se convocasse uma nova constituinte, esse órgão poderia escolher aprovar a nova Constituição por maioria simples.

Questão de Concurso

(Cespe/MPE-AM/Promotor/2008) O poder constituinte originário é inicial, autônomo e incondicionado.

Gabarito: certo.

2.3.4 Juridicamente ilimitado

Não há nenhuma norma jurídica à qual o poder constituinte originário deva obediência. Isso porque ele é quem cria a norma de mais alta hierarquia (Constituição). Dessa forma, em termos jurídicos, não há limites ao poder constituinte originário, que tudo pode.

CUIDADO!

Como não se reconhece nenhuma norma jurídica maior que a Constituição (uma norma positiva = posta = criada), fala-se que o Brasil adota a teoria positivista do poder constituinte. Por isso mesmo (o poder constituinte é quem cria o direito), diz-se que ele tem natureza fática, e não jurídica; é um poder de fato, não de direito, ou seja, é um poder regulamentado pelos fatos políticos (faz a Constituição quem tiver força política para tanto).

Questão de Concurso

(Esaf/TCU/Analista de Controle Externo/2006) Para o positivismo jurídico, o poder constituinte originário tem natureza jurídica, sendo um poder de direito, uma vez que traz em si o gérmen da ordem jurídica.

Gabarito: errado. Para o positivismo jurídico, o poder constituinte originário tem natureza fática.

ATENÇÃO!

Como é juridicamente ilimitado, o poder constituinte originário não precisa respeitar direitos adquiridos. Não se pode invocar direito adquirido contra norma constitucional originária (contra decisão do poder constituinte originário).

Questão de Concurso

(Esaf/Procurador da Fazenda Nacional/2006) Consolidou-se o entendimento de que é possível invocar direito adquirido em face de decisão do poder constituinte originário.

Gabarito: errado. Não há direito adquirido em face de nova Constituição.

VEJA BEM!

Pode haver limites históricos, políticos, sociais; mas juridicamente o constituinte originário é ilimitado. Isso quer dizer que pode haver limites na prática; porém, na teoria, não há qualquer limite.

Questão de Concurso

(FCC/Executivo/Casa Civil-SP/2010) No que diz respeito ao poder constituinte, observa-se que no Brasil predomina a doutrina positivista, segundo a qual não há limites à atuação do poder constituinte originário, pelo menos teoricamente.

Gabarito: certo.

2.3.5 Permanente

Mesmo depois de feita a Constituição, o poder constituinte originário pode novamente se manifestar, a qualquer momento, sempre que houver uma revolução ou golpe de estado. É um poder permanente. Não se esgota na elaboração de uma Constituição: permanece apenas adormecido.

Questão de Concurso

(Cespe/TRF1/Juiz Federal/2009) O poder constituinte originário não se esgota quando se edita uma Constituição, razão pela qual é considerado um poder permanente.

Gabarito: certo.

2.4 Efeitos de uma nova Constituição

2.4.1 Desconstitucionalização

É a manutenção das normas da Constituição antiga, só que não mais com força constitucional, e sim como meras leis. Daí o nome desconstitucionalização. Ex.: o art. 20 da Constituição de 1967 permanece em vigor, mas com força de lei ordinária. Esse efeito não é aceito no Brasil! A Constituição antiga é completa e totalmente revogada! Nada dela se aproveita!

Questão de Concurso

(FCC/MPE-PE/Promotor/2008) Foi adotada a desconstitucionalização na vigente Constituição Federal, porém de forma genérica e de certos dispositivos da Constituição anterior.

Gabarito: errado.

2.4.2 Repristinação

É a volta ao vigor da Constituição que estava revogada. Por exemplo: a Constituição de 1946 foi revogada pela de 1967. Como a Constituição de 1988 revogou a

Constituição de 1967, a de 1946 voltaria a valer, seria "ressuscitada", isto é, repristinada. No Brasil, pode ocorrer a repristinação, mas apenas de forma expressa. Não existe repristinação tácita.

Questão de Concurso

(FCC/MPE-PE/Promotor/2008) O fenômeno jurídico da repristinação, dentre outras situações, só ocorre se houver disposição expressa na nova Constituição, visto não haver repristinação tácita.

Gabarito: certo.

2.4.3 Recepção

É a entrada em vigor, no novo ordenamento, das normas infraconstitucionais anteriores cujo conteúdo seja compatível com a nova Constituição. Assim, as normas infraconstitucionais (= leis e demais atos normativos), se forem compatíveis, do ponto de vista material (= conteúdo), com a nova Constituição, "migram" para o novo ordenamento, são por ele "recebidos", "permanecendo" em vigor.

CUIDADO!

Para saber se uma norma foi ou não recepcionada, em regra não interessam questões formais (tipo de norma, competência legislativa, procedimento de aprovação), mas apenas o seu conteúdo. Assim, pode uma lei ordinária ser recebida como complementar (como aconteceu com o Código Tributário Nacional) ou um decreto-lei (figura que não mais existe) ser recepcionado como lei ordinária (aconteceu com a parte especial do Código Penal).

ATENÇÃO!

A recepção ocorre de forma automática: não precisa ser declarada, não é expressa. As normas infraconstitucionais anteriores que forem compatíveis com a nova Constituição estarão automaticamente recepcionadas. Em caso de dúvida, provoca-se o STF a se manifestar, por meio de ADPF (arguição de descumprimento de preceito fundamental).

Divergência doutrinária!

O que acontece com as normas infraconstitucionais anteriores cujo conteúdo seja incompatível com a nova Constituição? Há duas correntes: a) *teoria da inconstitucionalidade superveniente (a norma deve ser declarada inconstitucional);* b) *teoria do direito intertemporal (a norma deve ser declarada revogada). O STF adota a segunda teoria, isto é, as normas anteriores que forem conflitantes com a Constituição são automaticamente revogadas, e não declaradas inconstitucionais. O STF não aceita a teoria da inconstitucionalidade superveniente.*

Questão de Concurso

(Cespe/TRF1/Juiz Federal/2009) O STF admite a teoria da inconstitucionalidade superveniente de ato normativo editado antes da nova Constituição e perante o novo paradigma estabelecido.

Gabarito: errado.

(Cespe/PGE-PB/Procurador/2008) Uma norma infraconstitucional que não seja compatível, do ponto de vista formal ou material, com a nova Constituição, é por esta revogada.

Gabarito: errado. Se a norma for incompatível do ponto de vista material, será realmente revogada. No entanto, se for incompatível apenas do ponto de vista formal, isso não impede a recepção.

3. PODER CONSTITUINTE DERIVADO REFORMADOR

É o poder de modificar a Constituição existente, por meio do procedimento das emendas constitucionais (EC). Ao contrário do poder constituinte originário (que é ilimitado), o poder derivado é limitado.

3.1 Limites

3.1.1 Circunstanciais

São momentos (= situações = circunstâncias) durante os quais a Constituição não pode ser emendada. São eles: *a)* estado de defesa (art. 136); *b)* estado de sítio (art. 137); *c)* intervenção federal (art. 34). Assim, se estiver em vigor alguma dessas medidas extremas, não poderá ser proposta, nem discutida, nem votada emenda à Constituição (art. 60, § 1º).

Questão de Concurso

(Funiversa/Apex-Brasil/Consultor Pleno/Área Jurídica/2006) Configura-se uma limitação circunstancial ao poder derivado não ser possível a emenda à Constituição Federal durante o estado de sítio.

Gabarito: certo.

Divergência doutrinária!

A maioria da doutrina (Pontes de Miranda, Manoel Gonçalves Ferreira Filho, Ives Gandra Martins) entende que a decretação de estado de defesa, estado de sítio ou intervenção federal impede toda e qualquer tramitação de proposta de emenda constitucional (PEC). Uma parcela minoritária considera que a PEC poderia ser proposta e discutida, mas não votada durante essas situações.

CUIDADO!

Esses limites são chamados de circunstanciais, e não de temporais. Limitações temporais são o estabelecimento de um prazo mínimo para se alterar a Constituição, um período de carência. Ex.: Constituição dos EUA, que previa que determinadas disposições só poderiam ser alteradas depois de 1808. Segundo a maioria da doutrina, nossa atual Constituição não previu limitações temporais, visto que já poderia ser modificada no dia 6 de outubro de 1988.

Questão de Concurso

(Cespe/TJES/Analista Judiciário – Área Judiciária/2011) A Constituição Federal de 1988, em sua redação original, estabelecia limitações de natureza temporal que não permitiram a reforma do texto constitucional durante certo intervalo de tempo.

Gabarito: errado. Segundo a maioria da doutrina (José Afonso da Silva, Paulo Gustavo Gonet Branco), a atual Constituição não previu limitações temporais.

3.1.2 Formais (procedimentais)

O procedimento de aprovação das emendas é mais difícil que o de aprovação das leis ordinárias. Essa maior dificuldade de aprovação das emendas constitucionais, em comparação com as leis ordinárias, é o que permite classificar a Constituição brasileira como rígida.

- **Iniciativa:** a iniciativa de leis ordinárias é atribuída, em geral, a qualquer Deputado (isoladamente), qualquer Senador (idem), qualquer Comissão (da Câmara, do Senado ou do Congresso Nacional), ao Presidente da República, aos Tribunais Superiores, ao Procurador-Geral da República e até mesmo ao povo (CF, art. 61, *caput*). Isso não acontece com a iniciativa de propostas de emendas à Constituição (PEC). De acordo com o rol taxativo (fechado) do art. 60, podem propor emendas à Constituição Federal: *a)* 1/3 dos Deputados; *b)* 1/3 dos Senadores; *c)* o Presidente da República; *d)* a maioria absoluta (= mais da metade) das Assembleias Legislativas estaduais (incluindo a Câmara Legislativa do DF), manifestando-se, cada uma delas, pela maioria relativa (= maioria simples) dos seus membros.

- **Número de turnos:** enquanto as demais proposições legislativas só precisam, em regra, ser aprovadas em um turno em cada Casa do Congresso, as propostas de emenda à Constituição devem ser apreciadas em cada Casa duas vezes (dois turnos), totalizando quatro votações. A proposta será considerada aprovada se for acatada em todas as quatro votações. Perdendo em uma delas, estará rejeitada e será arquivada.

Questão de Concurso

(Cespe/STM/Técnico/2011 – adaptada) Proposta de emenda constitucional deve ser discutida e votada nas duas Casas do Congresso Nacional, em turno único, considerando-se aprovada se obtiver três quintos dos votos dos seus respectivos membros.

Gabarito: errado. A PEC deve ser aprovada em cada Casa em dois turnos.

- **Quórum:** o quórum exigido para a aprovação de emendas à Constituição é substancialmente maior que o necessário para aprovar as demais proposições legislativas. Enquanto para as leis ordinárias basta o apoio da maioria dos votos dos presentes (maioria simples ou relativa), e para aprovar leis complementares exige-se a maioria do total de membros da Casa (maioria absoluta, mais de 50% do total), as PECs só podem ser consideradas aprovadas se obtiverem pelo menos 3/5 (= 60%) do total de votos dos membros da Casa em que se dá a votação.

3.2 Materiais (cláusulas pétreas)

As limitações materiais (ou cláusulas pétreas, ou núcleo duro da Constituição) são matérias protegidas de certas modificações. A elas o constituinte derivado atribuiu singular importância, a ponto de impedir que sejam banidas do sistema constitucional. Perceba-se que as matérias protegidas até podem ser modificadas – para melhor. Aliás, de acordo com a jurisprudência do STF, pode até haver modificação **para pior** (alteração restritiva), desde que isso não atinja o **núcleo essencial** das cláusulas (ou seja, não pode haver emenda **tendente a abolir** tais princípios). Em suma: matérias protegidas como cláusulas pétreas até podem ser modificadas, não podem é ser objeto de emendas tendentes a **aboli-las**.

Existem cláusulas pétreas **explícitas** (art. 60, § 4º: a forma federativa de Estado; o voto direto, secreto, universal e periódico; a separação dos Poderes; os direitos e garantias **individuais**) e **implícitas** (as próprias regras relativas à aprovação de emendas constitucionais e a regra de titularidade do poder constituinte originário – o povo).

Questão de Concurso

(Esaf/MPOG/Analista/2006) O poder constituinte derivado, no caso brasileiro, possui como uma das suas limitações a impossibilidade de promoção de alteração da titularidade do poder constituinte originário.

Gabarito: certo. Trata-se de uma limitação material implícita (cláusula pétrea implícita).

Divergência doutrinária!

Parte da doutrina entende que a forma republicana de governo e o sistema presidencialista seriam cláusulas pétreas implícitas (José Afonso da Silva, Paulo Gustavo Gonet Branco). Isso porque, realizado o plebiscito de 1993 (ADCT, art. 2º), a escolha popular teria que ser respeitada. Todavia, a parte majoritária dos estudiosos considera que tais princípios poderiam ser alterados por emenda, desde que houvesse outro plebiscito e o povo decidisse pela monarquia parlamentarista (é posição, entre outros, de Pedro Lenza, Alexandre de Moraes e Ives Gandra Martins Filho). Para fins de concursos, é importante saber que: a) *a república presidencialista não é cláusula pétrea explícita (mesmo quem defende ser cláusula pétrea entende que seria de forma implícita);* b) *o Cespe tem adotado a tese de que a república presidencialista não é cláusula pétrea, nem de forma implícita.*

Questão de Concurso

(Cespe/TCU/Analista de Controle Externo/Área de Auditoria Governamental/2008) A República e a forma federativa de Estado foram arroladas expressamente como cláusulas pétreas pelo constituinte originário.

Gabarito: errado. A forma federativa de estado é cláusula pétrea explícita; a forma republicana de governo não.

(Cespe/Serpro/Advogado/2010) De acordo com a CF, a forma de governo republicana no Brasil é considerada cláusula pétrea e não pode ser modificada por emenda constitucional.

Gabarito: errado. De acordo com a tese adotada pelo Cespe, a República não é cláusula pétrea, nem de forma implícita.

Divergência doutrinária!

Parte dos autores entende que os direitos sociais seriam cláusulas pétreas implícitas (José Afonso da Silva, Ingo Wolfgang Sarlet), enquanto outros entendem que, entre os direitos fundamentais, só os individuais são cláusulas pétreas, já que os limites materiais devem ser interpretados de forma restritiva (Ives Gandra Martins Filho). Em provas de concursos, geralmente tal questão só será cobrada na prova dissertativa (já que na prova objetiva fatalmente caberá recurso). Na prova objetiva, o que pode ser cobrado é se os direitos sociais são cláusulas pétreas explícitas: não, mesmo quem defende que seriam cláusulas pétreas diz que o seriam de forma implícita.

Questão de Concurso

(Cespe/STF/Analista Administrativo/2008) Todos os direitos e garantias fundamentais previstos na CF foram inseridos no rol das cláusulas pétreas.

Gabarito: errado. Expressamente, só foram incluídos entre as cláusulas pétreas os direitos e garantias individuais.

(FCC/Defensor Público de São Paulo/2007) A exegese literal das cláusulas pétreas indica que os direitos sociais fazem parte do núcleo constitucional intangível conforme texto da nossa Constituição.

Gabarito: errado. Numa interpretação literal, são cláusulas pétreas os direitos e garantias individuais.

Numa prova antiga (2002), o Cespe considerou os direitos sociais como cláusulas pétreas, mas, repita-se, essa prova é bastante antiga.

(Cespe/Senado Federal/Consultor/2002) Considerando que a Constituição da República estabelece como cláusulas pétreas os direitos e garantias individuais, em respeito ao princípio hermenêutico geral de que exceções devem ser objetos de interpretação estrita, deve-se interpretar que apenas os direitos de primeira geração configuram cláusulas pétreas e, portanto, propostas de emenda constitucional tendentes a abolir direitos sociais podem ser objeto de deliberação do Congresso Nacional.

Gabarito: errado.

4. PODER CONSTITUINTE DERIVADO REVISOR (REVISIONAL)

Era o poder de alterar a Constituição por um procedimento mais fácil: as emendas constitucionais de revisão (ECR). Tal procedimento baseava-se no art. 3º do

ADCT, que previa a possibilidade de a Constituição ser globalmente revista após cinco anos de sua promulgação. A revisão constitucional já foi feita, e não pode mais ser repetida. Trata-se de uma norma de eficácia exaurida.

4.1 Principais diferenças entre as emendas constitucionais (EC) e as emendas constitucionais de revisão (ECR)

	Emendas Constitucionais	Emendas Constitucionais de Revisão
Poder	P. C. Derivado **reformador**	P. C. Derivado **revisor**
Natureza	Cotidiana	Excepcional (extraordinária)
Votação	Câmara dos Deputados e Senado Federal, separadamente	Congresso Nacional, em sessão unicameral (Deputados e Senadores juntos)
Quórum	3/5 (= 60%) do total de membros	Maioria absoluta (= mais de 50% do total de membros)
Turnos	2 em cada Casa (total = 4)	Turno único
Previsão	Art. 60 da CF	Art. 3º do ADCT

Questão de Concurso

(Funiversa/PCDF/Agente/2009) O quórum necessário para a revisão constitucional é de três quintos dos parlamentares de cada uma das Casas do Congresso Nacional. Essa votação deverá ocorrer em dois turnos em cada uma delas.

Gabarito: errado. Esse não é o procedimento da revisão, é o procedimento das emendas constitucionais.

5. PODER CONSTITUINTE DERIVADO DECORRENTE

5.1 Noção

É o poder dos Estados-membros (Estados federados) de elaborar suas próprias Constituições estaduais, respeitados os princípios da Constituição Federal (CF, art. 25, *caput*; art. 11). É um poder constituinte porque elabora uma Constituição; é derivado porque possui limites (deve respeitar a Constituição Federal); é decorrente porque decorre da adoção da forma federativa de Estado.

> **Questão de Concurso**
>
> (Esaf/Procurador da Fazenda Nacional/2006) Do poder constituinte dos Estados-membros é possível dizer que é inicial, limitado e condicionado.
>
> *Gabarito: errado. O poder constituinte dos Estados-membros não é inicial; quem é inicial é o poder constituinte originário.*

5.2 Extensão

Embora exista divergência doutrinária, a maioria dos estudiosos do Direito Constitucional entende que o poder constituinte decorrente estende-se apenas aos Estados-membros, não abrangendo o DF e os Municípios, que são regidos por leis orgânicas (ADCT, art. 11, parágrafo único). Com efeito, apesar de a Lei Orgânica do DF ser equiparada a uma Constituição estadual, ela não é uma Constituição estadual.

> **Questão de Concurso**
>
> (Cespe/TRF1/Juiz Federal/2009) Pelo critério jurídico-formal, a manifestação do poder constituinte derivado decorrente mantém-se adstrita à atuação dos Estados-membros para a elaboração de suas respectivas Constituições, não se estendendo ao DF e aos Municípios, que se organizam mediante lei orgânica.
>
> *Gabarito: certo.*

5.3 Limites

Na elaboração das Constituições estaduais, os Estados devem respeitar as regras básicas previstas na Constituição Federal. São os chamados princípios estabelecidos (= princípios da Constituição Federal que devem ser respeitados pela Constituição estadual), tais como o princípio republicano (forma de governo), o presidencialismo (sistema de governo), a forma federativa de Estado, as regras básicas do processo legislativo e de elaboração dos orçamentos etc. Trata-se de uma aplicação do princípio da simetria.

Questão de Concurso

(Cespe/STM/Analista Judiciário – Área Judiciária/2011) No exercício de sua autonomia política, os estados podem adotar o regime parlamentar de governo.

Gabarito: errado.

6. PODER CONSTITUINTE DERIVADO DIFUSO

6.1 Noção

É o poder que toda a sociedade tem de mudar o significado das normas constitucionais, sem mudança do texto, por meio de um procedimento informal chamado de mutação constitucional. Assim, mesmo sem haver alteração formal do texto da Constituição, pode haver uma mudança da sua interpretação, caso haja uma mudança de valores na sociedade, por exemplo. Perceba-se que, embora essa mudança seja confirmada, geralmente pelo STF, ela nasce da própria sociedade, por isso esse poder é chamado difuso.

Questão de Concurso

(Cespe/TRF1/Juiz Federal/2009) Respeitados os princípios estruturantes, é possível a ocorrência de mudanças na Constituição, sem alteração em seu texto, pela atuação do denominado poder constituinte difuso.

Gabarito: certo.

6.2 Instrumento

O mecanismo de mudança do significado sem mudança do texto chama-se mutação constitucional. Há duas grandes formas de mudar a Constituição: a reforma (mudança formal do texto, seja por meio de emenda, seja por meio de revisão) e a mutação (mudança informal, mutação do significado sem mudança do texto).

Questão de Concurso

(Cespe/Anatel/Analista Jurídico/2009) Mutações constitucionais são alterações no texto da CF decorrentes de novos cenários na ordem econômica, social e cultural do País.

Gabarito: errado. Mutação é a mudança informal, sem mudança do texto.

(FGV/TCM-RJ/Procurador/2008) Mutação constitucional é:
a) o mesmo que reforma da Constituição.
b) o mesmo que emenda da Constituição.
c) o processo não formal de mudança de Constituição flexível.
d) o processo não formal de mudança de Constituição rígida.
e) o processo formal de alteração do texto constitucional.

Gabarito: c. A mutação constitucional é um processo informal (não formal) de mudança (não se altera o texto, apenas o significado). Como se opõe ao conceito de reforma (mudança formal), é um conceito utilizado em relação às Constituições rígidas.

6.3 Exemplos de mutação constitucional

6.3.1 Efeitos da decisão em mandado de injunção (MI n°s 708 e 712)

Antigamente, a decisão em mandado de injunção (art. 5º, LXXI) tinha efeitos meramente declaratórios (apenas confirmava que estava faltando a lei, mas não resolvia o caso concreto); posteriormente, por pressão da própria sociedade, o STF mudou sua interpretação e passou a entender que a decisão em mandado de injunção regulamenta provisoriamente a matéria, permitindo o exercício do direito, até que seja feita a lei regulamentadora faltante. Mudou a interpretação, sem mudança do texto constitucional.

6.3.2 Vedação à progressão de regime em crimes hediondos (HC nº 82.959/SP)

Em um primeiro momento, o STF considerou constitucional a regra da Lei de Crimes Hediondos, que estabelecia o regime integralmente fechado (proibição da progressão de regime); depois, no julgamento do citado *habeas corpus*, mudou sua posição, passando a entender que a previsão de regime integralmente fechado viola o princípio constitucional da individualização da pena (art. 5º, XLVI). Mudou a interpretação, sem que tenha sido alterado o texto da Constituição.

QUADRO-RESUMO

PODER CONSTITUINTE

PODER CONSTITUINTE (origem na obra de Emmanuel Sieyès: *Que é o Terceiro Estado?*)				
ORIGINÁRIO	**DERIVADO REFORMADOR**	**DERIVADO REVISOR**	**DERIVADO DECORRENTE**	**DERIVADO DIFUSO**
Poder de criar uma nova Constituição a partir do nada	Poder de alterar a Constituição por meio de EC	Poder de alterar a Constituição por meio de ECR	Poder de os Estados-membros elaborarem as Constituições estaduais	Poder da sociedade de alterar o significado das normas constitucionais sem mudança do texto, por meio das mutações constitucionais
Inicial, autônomo, incondicionado, juridicamente ilimitado e permanente	Limites circunstanciais (estado de defesa, estado de sítio e intervenção federal), formais (iniciativa, turnos e quórum) e materiais (cláusulas pétreas)	Procedimento especial, mais fácil (turno único, sessão unicameral do Congresso, quórum de maioria absoluta)	Limites: princípios estabelecidos (princípios da Constituição Federal que devem ser respeitados na Constituição estadual)	Instrumento: mutação constitucional (mecanismo informal de mudança da Constituição sem mudança do texto)
Efeitos que são admitidos no Brasil: repristinação (só de forma expressa) e recepção (de forma automática). Não se admite a desconstitucionalização	Cláusulas pétreas explícitas: forma federativa; voto direto, secreto, universal e periódico; separação dos Poderes; direitos e garantias individuais	A revisão já foi feita e não pode mais ser repetida	Estende-se apenas aos Estados: DF e Municípios são regidos por leis orgânicas	Exemplos de mutação constitucional: progressão de regime em crimes hediondos; efeitos da decisão em mandado de injunção

CAPÍTULO 3

Hermenêutica Constitucional

1. NOÇÃO

É o estudo das regras de interpretação das normas constitucionais.

2. SUJEITOS

Atualmente, considera-se que quem interpreta a Constituição não é só o STF, nem somente os órgãos públicos; toda a sociedade a interpreta. A Constituição é interpretada por todos que a vivenciam: é a teoria da sociedade aberta dos intérpretes da Constituição, formulada por Peter Häberle (pronuncia-se "Réberli").

> **Questão de Concurso**
>
> (Cespe/Procurador/Natal/2008) A sociedade aberta dos intérpretes da Constituição, defendida por Peter Häberle, propõe que a interpretação constitucional seja tarefa desenvolvida por todos aqueles que vivem a norma, devendo ser inseridos no processo de interpretação constitucional todos os órgãos estatais, os cidadãos e os grupos sociais.
>
> *Gabarito: certo.*

3. PRINCÍPIOS DA INTERPRETAÇÃO CONSTITUCIONAL

3.1 Unidade da Constituição

A Constituição deve ser interpretada em conjunto, como um todo harmônico. Não se interpreta o direito em tiras, como adverte Eros Grau. Logo, não há hierarquia entre normas constitucionais originárias (as cláusulas pétreas não estão acima das demais normas constitucionais), e os conflitos entre normas constitucionais são meramente aparentes (podem ser resolvidos, solucionados, harmonizados).

Questão de Concurso

(Cespe/TRT17/Analista Judiciário/Execução de Mandados/2009) Segundo o princípio da unidade da Constituição, cada país só pode ter uma Constituição em vigor, de modo que a aprovação de nova Constituição implica a automática revogação da anterior.

Gabarito: errado. Embora a afirmação, em si, seja verdadeira, isso nada tem a ver com o princípio da unidade da Constituição.

(Cespe/Anatel/Analista Jurídico/2009) O princípio da unidade da Constituição considera essa Carta em sua totalidade, buscando harmonizá-la para uma visão de normas não isoladas, mas como preceitos integrados em um sistema unitário de regras e princípios.

Gabarito: certo.

3.2 Harmonização (= cedência recíproca = concordância prática = ponderação)

No conflito entre dois princípios constitucionais, qualquer um pode ganhar ou perder (cedência recíproca): o conflito é resolvido à luz do caso concreto, pelo princípio da ponderação. O intérprete deve sopesar os bens jurídicos em conflito e verificar, naquele caso concreto, qual deles deve prevalecer. Ex.: no conflito entre o direito à liberdade de imprensa e à intimidade, a resolução depende do caso concreto: qualquer um pode prevalecer. Em outras palavras: o intérprete deve resolver os conflitos, sem negar nenhum dos dois princípios, apenas determinando qual deles, naquele caso concreto, deve prevalecer.

Questão de Concurso

(Funrio/InvesteRio/Advogado/2010) O princípio da concordância prática ou da harmonização consiste em uma recomendação para que o intérprete, deparando-se com uma situação de concorrência de bens constitucionalmente protegidos, adote uma solução que otimize a realização de todos eles e ao mesmo tempo não acarrete a negação de nenhum.

Gabarito: certo.

3.3 Máxima efetividade (eficiência)

Quando uma norma constitucional possuir mais de um significado possível, deve-se escolher aquele que a potencialize. Deve-se interpretar a norma constitucional no sentido que lhe conceder maior eficácia.

Questão de Concurso

(Cespe/Anatel/Analista Jurídico/2009) O princípio da máxima efetividade visa interpretar a CF no sentido de atribuir à norma constitucional a maior efetividade possível, ou seja, deve-se atribuir a uma norma constitucional o sentido que lhe dê maior eficácia.

Gabarito: certo.

3.4 Força normativa da Constituição

No conflito entre a norma constitucional e os fatos que lhe sejam contrários, aquela (a norma) deve sempre prevalecer. Esse princípio está intrinsecamente ligado ao princípio da máxima efetividade, e foi formulado por Konrad Hesse, em sua obra chamada *A Força Normativa da Constituição.*

Questão de Concurso

(Cespe/Anatel/Analista Jurídico/2009) Concebido por Ferdinand Lassale, o princípio da força normativa da CF é aquele segundo o qual os aplicadores e intérpretes da Carta, na solução das questões jurídico-constitucionais, devem procurar a máxima eficácia do texto constitucional.

Gabarito: errado. O princípio da força normativa foi idealizado por Konrad Hesse, justamente para se opor à visão sociológica de Lassalle.

3.5 Razoabilidade e proporcionalidade

Tais princípios (que são tomados como sinônimos pela jurisprudência do STF, embora, particularmente, discordemos dessa tese) determinam que a interpretação constitucional deve ser equilibrada, racional, isto é, não pode ter por conclusões significados absurdos. Ademais, a restrição a direitos fundamentais deve atender aos parâmetros de adequação entre meios e fins, necessidade da restrição (exigibilidade) e proporcionalidade em sentido estrito. Na célebre síntese de Georg Jellinek, significa que "não se abatem pardais com tiros de canhão". Dessa forma, o intérprete deve afastar interpretações desequilibradas e interpretar as restrições aos direitos fundamentais sempre de maneira a restringi-los o mínimo possível.

3.6 Efeito integrador

Na resolução de problemas jurídico-constitucionais, o intérprete deve dar prevalência aos significados que promovam a integração política e a paz social. Assim, quando uma norma possuir mais de um significado, deve-se preferir aquele que gere menos conflitos entre os grupos sociais.

3.7 Conformidade funcional (= correção funcional = justeza funcional)

Na interpretação das normas constitucionais, deve-se respeitar o equilíbrio entre os Poderes, o desenho constitucional da separação dos Poderes.

Questão de Concurso

(Esaf/TCU/Analista de Controle Externo/2006) Quando o intérprete, na resolução dos problemas jurídico-constitucionais, dá primazia aos critérios que favoreçam a integração política e social e o reforço da unidade política, pode-se afirmar que, no trabalho hermenêutico, ele fez uso do princípio da conformidade funcional.

Gabarito: errado. O princípio em questão é o do efeito integrador, não da conformidade funcional.

3.8 Interpretação conforme a Constituição

Sempre que a lei apresentar mais de um significado possível, deve-se preferir aquele que é constitucional, dando à norma uma interpretação conforme a Constituição (e afastando, portanto, os significados incompatíveis com a Lei Maior). Tal princípio é um mandamento de aproveitamento da lei, tentando "salvá-la", quando possível, da declaração de inconstitucionalidade.

Questão de Concurso

(Cespe/OAB/2007) Quando uma norma infraconstitucional contar com mais de uma interpretação possível, uma, no mínimo, pela constitucionalidade e outra ou outras pela inconstitucionalidade, adota-se a técnica da interpretação conforme para, sem redução do texto, escolher aquela ou aquelas que melhor se conforme(m) à Constituição, afastando-se, consequentemente, as demais.

Gabarito: certo. Trata-se da aplicação do princípio da interpretação conforme a Constituição.

QUADRO-RESUMO

HERMENÊUTICA CONSTITUCIONAL

HERMENÊUTICA	**Conceito**	É o estudo dos princípios e regras que orientam a interpretação das normas constitucionais
	Sujeitos	Todos os que vivenciam a norma (teoria da sociedade aberta dos intérpretes da Constituição, de Peter Häberle)
	Princípios	Unidade: a Constituição deve ser interpretada em conjunto. Não há hierarquia entre normas constitucionais, e os conflitos são meramente aparentes (podem ser resolvidos)
		Harmonização (= cedência recíproca = concordância prática = harmonização): no conflito entre dois princípios constitucionais, qualquer um pode ganhar ou perder: resolve-se a disputa no caso concreto, por ponderação
		Máxima efetividade (eficiência): deve-se interpretar a norma constitucional no sentido que maior eficácia lhe conceda
		Força normativa (Konrad Hesse): no conflito entre a norma e os fatos, a norma deve prevalecer
		Razoabilidade/proporcionalidade: deve-se excluir interpretações absurdas, exageradas, exorbitantes
		Efeito integrador: busca por uma interpretação que gere paz social, integração política
		Conformidade funcional: respeito ao equilíbrio entre os Poderes
		Interpretação conforme a Constituição: quando uma lei possuir vários significados possíveis, deve-se preferir aquele que seja compatível com a Constituição, afastando-se os que são inconstitucionais

CAPÍTULO 4
Princípios Fundamentais

1. FORMA DE GOVERNO

É o modo de escolha dos governantes, que pode ser classificado de duas formas.

1.1 Classificação de Aristóteles

Diferencia as formas puras (o governante busca o bem comum) das impuras (o governante busca seu próprio bem). Cada forma pura pode degenerar-se e transformar-se numa forma impura. Classificam-se as formas de governo atentando, também, para o número de pessoas que exercem o poder.

	Forma pura	**Forma impura**
Governo de uma só pessoa	Monarquia	Tirania
Governo de poucas pessoas	Aristocracia	Oligarquia
Governo de todos	Democracia	Demagogia

Questão de Concurso

(FCC/TJ-AL/Juiz/2007) Na tipologia aristotélica das formas de governo, são levados em consideração, simultaneamente, o escopo do governo e o número de homens que governam, de forma que o governo de um só tanto pode assumir uma forma pura (monarquia) como uma forma viciada (tirania).

Gabarito: certo.

1.2 Classificação dualista de Maquiavel (mais adotada atualmente)

Existem apenas duas formas de governo: *a)* Monarquia (o poder é exercido de forma vitalícia, e o rei é escolhido, geralmente, pelo critério da hereditariedade); *b)*

República (o poder é exercido de forma temporária, com a existência de mandatos fixos, e os governantes são escolhidos por eleição). O Brasil adota, desde 1891, a forma republicana de governo.

Questão de Concurso

(Cespe/TJ-PI/Juiz/2007) Para Maquiavel, as formas de governo são os principados, as repúblicas e as democracias.

Gabarito: errado.

2. SISTEMA DE GOVERNO

É o modo de relacionamento entre os Poderes, especialmente entre o Legislativo e o Executivo. Existem dois sistemas de governo: o Parlamentarismo e o Presidencialismo. Eis as principais diferenças:

2.1 Parlamentarismo

É o sistema de governo em que o Parlamento (Legislativo) possui certa superioridade sobre o Executivo. O governo (chefia do Executivo) é exercido por um gabinete (grupo de ministros) cujos membros são indicados pelo Parlamento. O principal desses membros é o Primeiro-Ministro, que, geralmente, é indicado pelo partido que tem o maior número de cadeiras no Legislativo.

Como se vê, o Chefe de Governo (quem exerce a chefia interna do Poder Executivo) chama-se Primeiro-Ministro e depende do apoio da maioria parlamentar para se manter no cargo. Caso receba uma moção de repúdio ou de desconfiança do Parlamento, ou caso seu partido perca o comando do Legislativo, deverá renunciar (em regra), como aconteceu recentemente na Inglaterra: o Partido Trabalhista, do Primeiro-Ministro Gordon Brown, perdeu a maioria parlamentar, que foi assumida pela coligação de centro-direita, indicando David Cameron para o cargo de Chefe de Governo.

Outra característica marcante do sistema parlamentar é que as funções de chefia de Estado (representação internacional do país) e chefia de Governo (chefia interna do Poder Executivo) são exercidas por pessoas diferentes. Por exemplo: caso se trate de uma Monarquia Parlamentarista (forma de governo monárquica e sistema de governo parlamentarista), o Rei será o Chefe de Estado, tendo a tarefa de representar internacionalmente o país; ao passo que o Primeiro-Ministro será o Chefe de Governo, incumbindo-lhe a tarefa de cuidar dos assuntos internos do Poder Executivo. É o caso da Inglaterra, da Suécia e da Espanha. Em contrapartida, caso se trate de uma República Parlamentarista (forma de governo republicana e sistema de governo parlamentarista), o Presidente da República será o Chefe de Estado, enquanto o Primeiro-Ministro atuará como Chefe de Governo. É o caso de países como Portugal e Itália.

2.2 Presidencialismo

No sistema presidencial – inaugurado nos Estados Unidos da América, com a Constituição de 1787 –, o Chefe de Governo se chama Presidente, e não Primeiro-Ministro. Todavia, a distinção não é apenas de nomenclatura: o Presidente não depende da maioria parlamentar para se manter no cargo (ao menos em teoria), pois é eleito para um mandato preestabelecido (no Brasil, são quatro anos). É por isso que se diz que a separação dos Poderes é mais rígida no presidencialismo.

Além disso, o Presidente acumula as funções de Chefe de Estado e Chefe de Governo, cabendo à mesma pessoa física representar o país no âmbito internacional e chefiar o Poder Executivo, internamente.

Exemplos de países que adotam a forma republicana e o sistema presidencialista de governo não faltam: Argentina, EUA, Chile etc. No entanto, surge uma pergunta crucial: pode, em tese, haver uma Monarquia "Presidencialista"? Apesar de parecer estranho, a resposta é afirmativa. Basta imaginar uma Monarquia em que o Rei seja Chefe de Estado e de Governo ao mesmo tempo, como ocorre, atualmente, no Vaticano.

Ressalte-se que as formas de governo admitem mais de um sistema de governo: a República pode ser Presidencialista ou Parlamentarista; e a Monarquia (ao menos em tese), também pode adotar o Parlamentarismo ou o Presidencialismo.

Quadro comparativo entre Parlamentarismo e Presidencialismo

PARLAMENTARISMO	PRESIDENCIALISMO
Superioridade do Parlamento (Legislativo)	Equilíbrio entre os Poderes
Chefe do Executivo se chama Primeiro-Ministro e depende da confiança do Parlamento	Chefe do Executivo se chama Presidente e não depende do apoio da maioria parlamentar
Chefia de Estado e Chefia de Governo são exercidas por pessoas diferentes	Chefia de Estado e Chefia de Governo são exercidas pela mesma pessoa

- **O Brasil adota o Presidencialismo como sistema de governo.**

> **Questão de Concurso**
>
> (Cespe/Sejus-ES/Técnico Penitenciário/2009) A CF adota o presidencialismo como forma de Estado, já que reconhece a junção das funções de Chefe de Estado e Chefe de Governo na figura do Presidente da República.
>
> *Gabarito: errado. O presidencialismo é um sistema de governo, não uma forma de governo.*

3. FORMA DE ESTADO

É a repartição territorial do poder, isto é, o modo como se organiza o poder político, em termos territoriais. Existem duas formas básicas de Estado: a unitária e a federal. No Estado unitário, o poder é territorialmente centralizado. Existe apenas um nível de poder, e os entes regionais não possuem autonomia política, e sim mera autonomia administrativa (ex.: Portugal). Já nos Estados que adotam a forma federativa existem várias esferas de governo (no caso brasileiro, União, Estados, DF e Municípios), visto que o poder é territorialmente descentralizado. Os vários entes federativos possuem autonomia política (poder de elaborar suas próprias leis, eleger os próprios governantes, elaborar sua própria Constituição ou lei orgânica e gejrenciar seus próprios recursos).

- **No Brasil, adota-se a forma federativa de Estado.**

Comparação entre Estado Unitário e Estado Federal

ESTADO UNITÁRIO	ESTADO FEDERAL
Poder político territorialmente centralizado	Poder político territorialmente descentralizado
Uma só esfera de poder	Várias esferas de poder
Um só nível de governo	Vários níveis de governo
Exemplo: Portugal	Exemplo: Estados Unidos

> **Questão de Concurso**
>
> (Cespe/Serpro/Advogado/2010) A Federação é uma forma de governo na qual há uma nítida separação de competências entre as esferas estaduais, dotadas de autonomia, e o poder público central, denominado União.
>
> *Gabarito: errado. A Federação não é forma de governo, é forma de Estado.*

Obs.1: A Federação é cláusula pétrea! De acordo com o inciso I do § 4º do art. 60, a forma federativa de Estado é cláusula pétrea. Logo, não pode ser abolida nem mesmo por emenda à Constituição. Lembre-se de que a forma republicana de governo e o sistema presidencialista não são cláusulas pétreas explícitas, e boa parte da doutrina considera que sequer são cláusulas pétreas (é a posição adotada pelo Cespe).

Obs.2: Não há direito de secessão! Isso quer dizer que nenhum Estado-membro pode retirar-se da Federação, já que a República Federativa do Brasil é formada pela união indissolúvel dos Estados, do DF e dos Municípios. Aliás, se qualquer Estado tentar se retirar da Federação, deve ser decretada a intervenção federal (art. 34, I).

Questão de Concurso

(Cespe/TJ-RJ/Analista Judiciário/2008) A República Federativa do Brasil admite o direito de secessão, desde que esta se faça por meio de emenda à CF, com três quintos, no mínimo, de aprovação em cada Casa do Congresso Nacional, em dois turnos.

Gabarito: errado. Não se admite o direito de secessão, nem mesmo por emenda à Constituição, já que a Federação é cláusula pétrea.

Obs.3: A soberania é atributo da Federação, do todo, da República Federativa do Brasil! União/Estados/DF/Municípios são apenas autônomos! De acordo com o art. 1º, *caput*, e o art. 18, a Federação é que é titular da soberania (poder absolutamente livre). A União, embora represente externamente a República, não é soberana, é apenas autônoma (é pessoa jurídica de direito público interno). As principais bancas adotam esse entendimento (Cespe, Esaf, FCC), com exceção da Funiversa, que considerou correta, na prova Caje-DF/2007, a afirmação de que a União é soberana quando representa a República (!).

Questão de Concurso

(Esaf/Auditor-Fiscal do Trabalho/2006) Na República Federativa do Brasil, a União exerce a soberania do Estado brasileiro e se constitui em pessoa jurídica de direito público internacional, a fim de que possa exercer o direito de celebrar tratados, no plano internacional.

Gabarito: errado. A soberania é atributo da Federação (todo), e não de suas partes (União, Estados, DF e Municípios), que são apenas autônomas.

Obs.4: No Brasil, adota-se o Federalismo de 3º Grau, pois os Municípios também são considerados entes federativos autônomos!

4. ESTADO DE DIREITO

4.1 Noção

É o estado de poderes limitados, por oposição ao estado absoluto (ou policial), em que o Rei tinha poder de vida e de morte sobre os cidadãos. Estado de Direito = estado de poderes limitados, estado em que o poder público respeita as leis e a Constituição.

4.2 Consequências do princípio do Estado de Direito

a) Possibilidade de responsabilização política dos governantes (por meio de crimes de responsabilidade, quebra de decoro ou improbidade administrativa: arts. 85, 55, II, e 37, § 4º);

b) Existência de direitos fundamentais dos cidadãos (arts. 5º a 17).

Questão de Concurso

(Cespe/MPU/Técnico/2010) A Constituição Federal de 1988 apresenta os chamados princípios fundamentais da República Federativa do Brasil, que incluem referências a sua forma de Estado, forma de governo e regime político. Deduz-se do texto constitucional que a República Federativa do Brasil é um Estado de Direito, o que limita o próprio poder do Estado e garante os direitos fundamentais dos particulares.

Gabarito: certo.

4.3 Paradigmas (fases) do princípio do Estado de Direito

4.3.1 Primeira fase

Estado Liberal de Direito: nessa primeira fase, inspirada pelos ideais das revoluções liberais burguesas, em especial da Revolução Francesa, buscava-se limitar o poder do Estado, pondo fim ao absolutismo, garantindo a liberdade dos cidadãos em face do Estado.

4.3.2 Segunda fase

Estado Social de Direito: sob a influência do socialismo e da social-democracia, busca-se que o estado garanta direitos sociais aos cidadãos, para que estes possam ser realmente livres.

4.3.3 Terceira fase

Estado Democrático de Direito: sob a influência da revolução tecnocientífica (3ª Revolução Industrial, ou revolução dos meios de transporte e de comunicação), defende-se que o verdadeiro Estado de Direito é aquele em que a sociedade participa das decisões políticas, principalmente por meio de audiências e consultas públicas etc.

Questão de Concurso

(Funiversa/Secretaria de Planejamento do Distrito Federal/Auditor Fiscal de Atividades Urbanas – Área Transporte/2011) Ainda que não se possa atribuir uma evolução linear às fases do Estado de Direito, é correto inferir que, inicialmente, ele esteve associado aos ideais da Revolução Francesa; sucessivamente, experimentou as fases democráticas, e, afinal, sua vertente social.

Gabarito: errado. Foram invertidas a segunda e a terceira fases.

5. DEMOCRACIA

Na definição clássica de Abraham Licoln, é o "poder do povo, pelo povo e para o povo". É o princípio segundo o qual "todo o poder emana do povo" (art. 1º, parágrafo único).

Existem três modelos de democracia: *a)* direta (= participativa): o povo vota diretamente todas as leis (modelo grego ateniense); *b)* indireta (representativa): o povo elege representantes, que votam as leis; *c)* semidireta (mista): o povo elege representantes, mas também participa diretamente em algumas situações, por meio dos institutos da democracia semidireta (plebiscito, referendo, iniciativa popular etc.). No Brasil, adota-se a democracia semidireta (mista), pois todo o poder emana do povo, que o exerce por meio de representantes eleitos ou diretamente, nos termos da Constituição (art. 1º, parágrafo único).

Questão de Concurso

(Esaf/Receita Federal/Analista Tributário/2009) Todo o poder emana do povo, que o exerce apenas por meio de representantes eleitos, nos termos da Constituição Federal.

Gabarito: errado. A palavra "apenas" torna a afirmativa incorreta.

6. FUNDAMENTOS DA REPÚBLICA (art. 1º)

São as bases do ordenamento jurídico brasileiro; determinados princípios que o Brasil deve respeitar imediatamente, por serem indispensáveis. São normas de eficácia plena e aplicabilidade imediata!

6.1 Soberania

É o poder absolutamente livre. Como já vimos, a soberania é atributo da Federação, do Estado brasileiro, da República Federativa do Brasil, e não de seus entes internos.

6.2 Cidadania

Em sentido estrito, cidadania significa o direito de votar e/ou ser votado. Em sentido amplo, quer dizer o direito de ter direitos, o direito de acesso aos direitos, o direito à não marginalização. É nesse segundo sentido (amplo) que a Constituição considera a cidadania um fundamento da República.

6.3 Dignidade humana

Na definição de Imannuel Kant, significa que toda pessoa tem um valor intrínseco: o ser humano deve ser encarado sempre como um fim, nunca como um meio. Todo ser humano tem um mínimo de direitos que têm que ser respeitados (os direitos fundamentais).

Algumas consequências da dignidade humana:
a) obrigatoriedade de o Estado fornecer medicamentos a quem deles necessite;
b) proibição do uso abusivo de algemas, que só podem ser utilizadas quando forem estritamente necessárias (Súmula Vinculante nº 11);
c) proibição do corte no fornecimento de serviços públicos essenciais, quando colocar em risco a vida humana.

Questão de Concurso

(Cespe/MPU/Analista Administrativo/2010) A dignidade da pessoa humana, um dos fundamentos da República Federativa do Brasil, apresenta-se como direito de proteção individual em relação ao Estado e aos demais indivíduos e como dever fundamental de tratamento igualitário dos próprios semelhantes.

Gabarito: certo. Os direitos e deveres individuais e coletivos, que devem ser respeitados tanto pelos particulares quanto pelo Estado, derivam da ideia de dignidade humana.

(Esaf/ANA/Especialista/2009 – adaptada) O uso de algemas só é lícito em casos de resistência e de fundado receio de fuga ou de perigo à integridade física própria ou alheia, por parte do preso ou de terceiros, justificada a excepcionalidade por escrito.

Gabarito: certo (Súmula Vinculante nº 11).

6.4 Valores sociais do trabalho e da livre iniciativa

Como nossa Constituição é capitalista, mas social-democrata, deve harmonizar a livre busca pelo lucro (livre iniciativa) com a valorização do trabalhador (valor social do trabalho).

6.5 Pluralismo político

É o livre debate de ideias, o fato de que qualquer ideologia política pode ser publicamente sustentada. Passa também pelo pluripartidarismo (existência de vários partidos), mas a ele não se resume. Foi com base nesse princípio que o STF declarou inconstitucional a chamada cláusula de barreira, regra que dificultava o funcionamento dos partidos políticos pequenos.

Questão de Concurso

(Cespe/MMA/Técnico/2009) No tocante aos direitos políticos, o STF julgou recentemente a constitucionalidade da cláusula de barreira para partidos políticos, o que foi bem recebido pela doutrina, como medida moralizadora da atuação dos partidos políticos.

Gabarito: errado. O STF declarou inconstitucional a cláusula de barreira.

7. OBJETIVOS FUNDAMENTAIS (art. 3º)

São metas a serem alcançadas no futuro. São normas de eficácia limitada de princípio programático e de aplicabilidade mediata (para o futuro). Não se confundem com os fundamentos da República. Vejamos:

	Fundamentos	**Objetivos fundamentais**
Previsão	Art. 1º, I a V	Art. 3º, I a IV
Enumeração	Soberania; cidadania; dignidade da pessoa humana; valores sociais do trabalho e da livre iniciativa; pluralismo político	Construir uma sociedade livre, justa e solidária; garantir o desenvolvimento nacional; erradicar a pobreza e a marginalização e reduzir as desigualdades sociais e regionais; promover o bem de todos, sem preconceitos de origem, raça, sexo, cor, idade e quaisquer outras formas de discriminação
Conteúdo	Valores que o Brasil tem que ter agora, imediatamente, pois sem eles não existirá o Estado, tal como imaginado pelo constituinte	Metas que o Brasil um dia quer alcançar, que devendo lutar para poder consegui-las no futuro
Aplicabilidade	Normas de eficácia plena e aplicabilidade imediata	Normas de eficácia limitada e de aplicabilidade mediata
Estrutura normativa	Previstos na CF na forma de substantivos (valores)	Previstos na CF na forma de verbos (ações)

Questão de Concurso

(Cespe/Aneel/Técnico Administrativo/2010) Os valores sociais do trabalho e da livre iniciativa, a construção de uma sociedade livre justa e solidária e a garantia do desenvolvimento nacional constituem fundamentos da República Federativa do Brasil.

Gabarito: errado. A questão mistura objetivos fundamentais com fundamentos da República.

(Cespe/TJDFT/Analista Judiciário – Área Administrativa/2008) A construção de uma sociedade livre, justa e solidária é um objetivo, ao passo que a dignidade da pessoa humana é um fundamento da República Federativa do Brasil.

Gabarito: certo.

8. PRINCÍPIOS DAS RELAÇÕES INTERNACIONAIS (art. 4º)

São princípios que devem nortear a atuação do Brasil nas relações internacionais, isto é, no relacionamento com outros países.

A independência nacional (I) decorre da soberania e assegura a não submissão a autoridades estrangeiras. Quanto à prevalência dos direitos humanos (II), cumpre registrar que, como Estado democrático de Direito, o Brasil não só reconhece direitos fundamentais aos seus cidadãos, mas também luta para que outros Estados assim procedam.

Autodeterminação dos povos (III), não intervenção (IV) e igualdade entre os Estados (V) são conceitos correlatos, integrantes dos costumes internacionais. Do mesmo modo, defesa da paz (VI), solução pacífica dos conflitos (VII) e repúdio ao terrorismo e ao racismo (VIII) também estão interligados com o objetivo de defender a prevalência dos direitos humanos e a cooperação entre os povos para o progresso da humanidade (IX).

Por outro lado, a concessão de asilo político (X) significa que, como forma de combater os regimes ditatoriais, o Brasil deve conceder asilo político a todos os perseguidos que dele necessitem. O asilo político é o ato do Brasil de abrigar em seu território alguém que esteja sofrendo perseguição política em outro país.

Por fim, a integração latino-americana (parágrafo único) tem o significado de que o Brasil, apesar de ser uma nação soberana, buscará integrar-se aos outros países da América Latina, com objetivo de construir uma comunidade internacional (Mercosul).

Questão de Concurso

(Cespe/TRT21/Analista Judiciário-Execução de Mandados/2011) A República Federativa do Brasil rege-se, nas suas relações internacionais, entre outros, pelos princípios dos direitos humanos, da autodeterminação dos povos, da igualdade entre os Estados, da defesa da paz, da solução pacífica dos conflitos, do repúdio ao terrorismo e ao racismo, da cooperação entre os povos para o progresso da humanidade, do duplo grau de jurisdição, da concessão de asilo político e da independência funcional.

Gabarito: errado. O duplo grau de jurisdição e a independência funcional nada têm a ver com os princípios das relações internacionais.

9. "SEPARAÇÃO" DOS PODERES

Na verdade, os Poderes não são separados entre si, já que se inter-relacionam. Entretanto, como essa é a nomenclatura tradicional, pode-se utilizá-la em provas.

Essa teoria foi propagada por Montesquieu, em sua famosa obra *O Espírito das Leis*. Tem o intuito de prevenir o abuso de poder do Estado, por isso busca promover uma divisão de funções entre os órgãos legislativos, executivos e judiciais.

Desdobra-se tal norma em dois subprincípios: *a)* a independência entre os Poderes, em que cada Poder é autônomo em relação aos demais; *b)* a harmonia entre os Poderes, que se baseia no princípio inglês dos freios e contrapesos (*checks and balances*), para defender que os Poderes se fiscalizem reciprocamente. Por conta da conjugação desses dois princípios, é que se diz que cada Poder exerce uma função típica, mas também exerce outras funções, de forma secundária (funções atípicas).

Aliás, é em razão da existência desses dois subprincípios que o art. 2º da Constituição prevê que: "São poderes da União, independentes e harmônicos entre si, o Legislativo, o Executivo e o Judiciário".

Poder	Função Típica	Funções Atípicas
Legislativo	Legislar e fiscalizar	Administrar e julgar
Executivo	Administrar	Julgar, legislar e fiscalizar
Judiciário	Julgar	Administrar, fiscalizar e legislar

Questão de Concurso

(Cespe/TRT17/Analista Administrativo/2009) A separação dos Poderes no Brasil adota o sistema norte-americano *checks and balances*, segundo o qual a separação das funções estatais é rígida, não se admitindo interferências ou controles recíprocos.

Gabarito: errado. O sistema de cheks and balances *é inglês, não americano; e não significa uma separação rígida, mas sim a existência de fiscalização recíproca entre os Poderes.*

(Cespe/MPU/Analista Processual/2010) As nomeações para provimento de cargo público comissionado são atos exclusivos do Poder Executivo.

Gabarito: errado. Cada Poder se autoadministra, inclusive quanto à nomeação e à exoneração dos próprios servidores.

QUADRO-RESUMO

PRINCÍPIOS FUNDAMENTAIS

Comparação entre forma de governo, forma de Estado e sistema de governo

	Forma de Governo	**Sistema de Governo**	**Forma de Estado**
Conceito	Modo de escolha dos governantes	Modo de relacionamento entre os Poderes	Repartição territorial do poder
Espécies	Monarquia/República	Parlamentarismo/ Presidencialismo	Unitária/Federativa
Brasil	República	Presidencialista	Federativa
Cláusula pétrea explícita	Não	Não	Sim (art. 60, § 4º, I)

Estado de Direito

Estado de Direito	**Significado**	**Estado de poderes limitados**
	Consequências	Responsabilização política dos governantes, prestação de contas pela Administração Pública e direitos fundamentais
	Paradigmas	1) Estado Liberal de Direito 2) Estado Social de Direito 3) Estado Democrático de Direito

Democracia

Todo o poder emana do **povo**. No Brasil, adota-se a democracia **semidireta (mista)**.

Fundamentos da República e Objetivos Fundamentais

	Fundamentos	**Objetivos fundamentais**
Previsão	**Art. 1º, I a V**	**Art. 3º, I a IV**
Enumeração	Soberania; cidadania; dignidade da pessoa humana; valores sociais do trabalho e da livre iniciativa; pluralismo político	Construir uma sociedade livre, justa e solidária; garantir o desenvolvimento nacional; erradicar a pobreza e a marginalização e reduzir as desigualdades sociais e regionais; promover o bem de todos, sem preconceitos de origem, raça, sexo, cor, idade e quaisquer outras formas de discriminação

Conteúdo	Valores que o Brasil tem que ter agora, imediatamente, pois sem eles não existirá o Estado, tal como imaginado pelo constituinte	Metas que o Brasil um dia quer alcançar, devendo lutar para poder consegui-las no futuro
Aplicabilidade	Normas de eficácia plena e aplicabilidade imediata	Normas de eficácia limitada e de aplicabilidade mediata
Estrutura normativa	Previstos na CF na forma de substantivos (valores)	Previstos na CF na forma de verbos (ações)

Princípios das relações internacionais: regem o Brasil nas suas relações com outros países

Separação dos Poderes: subdivide-se nos princípios da independência e da harmonia entre os Poderes (art. 2º).

CAPÍTULO 5
Teoria Geral dos Direitos Fundamentais

1. NOÇÃO

Direitos fundamentais são aqueles considerados básicos em determinado Estado e momento histórico. Esses direitos fundamentais não se confundem os com os direitos humanos. Embora o conteúdo de ambos seja bem parecido, as fontes normativas são diferentes. Os direitos fundamentais estão previstos na Constituição de cada país, ao passo que os direitos humanos são garantidos em tratados internacionais.

2. JUSTIFICATIVAS

Existem dois princípios básicos que fundamentam e justificam a existência de direitos fundamentais: o Estado de Direito, na medida em que limita o poder do Estado e, consequentemente, garante os direitos fundamentais dos particulares; e a dignidade humana, porque reconhece a existência de direitos básicos e inalienáveis.

3. CARACTERÍSTICAS

3.1 Historicidade

Os direitos fundamentais são uma construção histórica e gradativa; sua definição varia de acordo com a época e o lugar. Justamente por isso, fala-se na existência de gerações de direitos fundamentais.

3.2 Relatividade

Nenhum direito fundamental é absoluto. Isso ocorre por dois motivos: *a)* nenhum direito fundamental pode ser usado como justificativa para a prática de atos ilícitos (a liberdade de expressão não autoriza a pessoa a estimular o racismo, por exemplo, como decidiu o STF no Caso Ellwanger - HC nº 82.424/RS); *b)* os direitos fundamentais podem entrar em conflito, e, nessa situação, qualquer um deles pode ganhar ou perder. Basta lembrar que até mesmo o direito à vida pode ser relativizado, como em casos de guerra declarada (art. 5º, XLVII, *a*, e art. 84, XIX).

Questão de Concurso

(Cespe/STM/Analista Judiciário/2011) As liberdades individuais garantidas na Constituição Federal de 1988 não possuem caráter absoluto.

Gabarito: certo.

3.3 Indisponibilidade

Em regra, o titular dos direitos fundamentais não pode livremente dispor deles (vender, permutar, renunciar). Os direitos fundamentais, ao menos como regra geral, são irrenunciáveis (ex.: direito à vida, direito à incolumidade física).

3.4 Imprescritibilidade

Os direitos fundamentais não são perdidos pela passagem do tempo. Até existem direitos fundamentais prescritíveis (propriedade, indenização por danos morais), mas isso é a exceção, não a regra.

Questão de Concurso

(Cespe/Anac/Analista Administrativo/2009) É imprescritível a ação tendente a reparar violação dos direitos humanos ou dos direitos fundamentais da pessoa humana.

Gabarito: certo.

3.5. Eficácia vertical e horizontal

Os direitos fundamentais se aplicam não só nas relações entre o Estado e os cidadãos (eficácia vertical), mas também nas relações entre os particulares, entre os cidadãos (eficácia horizontal ou *drittwirkung*). Essa teoria, surgida na Alemanha no célebre julgamento do Caso Lüth (1958), é hoje adotada no Brasil, embora possua três vertentes distintas, discutidas a seguir.

Questão de Concurso

(Funiversa/PCDF/Agente/2009) Tendo em conta o histórico do nascimento dos direitos fundamentais, não há que se considerar a sua aplicação em face dos particulares.

Gabarito: errado. Os direitos fundamentais possuem eficácia horizontal: aplicam-se mesmo nas relações entre os particulares.

3.5.1 Teoria da função pública (*public function*) – EUA

Como os Estados Unidos não aceitam muita intervenção do Estado na vida privada dos cidadãos, nesse país só se admite a incidência dos direitos fundamentais nas relações privadas se um dos particulares estiver exercendo função pública (ex.: concessionário de serviço público).

3.5.2 Teoria da eficácia indireta e mediata – Alemanha

Os direitos fundamentais aplicam-se nas relações privadas, mas apenas como diretrizes gerais de interpretação. Por exemplo: as cláusulas de um contrato devem ser interpretadas respeitando-se os direitos fundamentais.

3.5.3 Teoria da eficácia direta e imediata – Brasil

É a versão mais radical da teoria, e justamente a que é adotada no Brasil. De acordo com essa teoria, os direitos fundamentais se aplicam diretamente a todas as relações privadas (particulares). Todos os cidadãos devem, mesmo nas relações uns com os outros, respeitar os direitos fundamentais. Exs.: Caso *Air France* (em que o STF decidiu que uma empresa estrangeira não pode tratar empregados brasileiros de forma discriminatória, pois deve respeitar o direito fundamental à igualdade); exclusão de um dos sócios da sociedade por vontade dos demais, caso em que, segundo o STF, deve ser respeitado o direito fundamental à ampla defesa e ao contraditório.

Questão de Concurso

(Cespe/TJDFT/Analista Judiciário - Execução de Mandados/2008) A retirada de um dos sócios de determinada empresa, quando motivada pela vontade dos demais, deve ser precedida de ampla defesa, pois os direitos fundamentais não são aplicáveis apenas no âmbito das relações entre o indivíduo e o Estado, mas também nas relações privadas. Essa qualidade é denominada eficácia horizontal dos direitos fundamentais.

Gabarito: certo.

4. TITULARIDADE

Podem ser titulares de direitos fundamentais tanto as pessoas físicas (naturais) quanto as pessoas jurídicas (empresas, sociedades, associações, partidos políticos, fundações, entidades religiosas).

4.1 Pessoas físicas

Podem ser titulares de direitos fundamentais:

a) brasileiros (natos ou naturalizados);

b) estrangeiros residentes no País (art. 5º, *caput*);

c) estrangeiros em trânsito pelo território nacional (jurisprudência do STF);

d) qualquer pessoa que seja alcançada pela lei brasileira, mesmo que seja estrangeiro residente no exterior (HC nº 94.016, em que o STF decidiu que estrangeiro fora do território nacional pode impetrar *habeas corpus* contra decisão que o condena pelo crime de lavagem de dinheiro).

Questão de Concurso

(Cespe/TRT17/Analista Judiciário/2009) O estrangeiro sem domicílio no Brasil não tem legitimidade para impetrar *habeas corpus*, já que os direitos e as garantias fundamentais são dirigidos aos brasileiros e aos estrangeiros aqui residentes.

Gabarito: errado. Embora a CF só preveja expressamente a aplicação dos direitos fundamentais aos brasileiros e aos estrangeiros residentes no Brasil, a jurisprudência do STF tem ampliado a incidência de tais direitos.

4.2 Pessoas jurídicas

Podem ser titulares dos direitos fundamentais que sejam compatíveis com sua específica natureza. Assim, por exemplo, pessoa jurídica não pode ser beneficiada com *habeas corpus*, já que esse remédio protege apenas a liberdade de locomoção, direito que não é compatível com as pessoas jurídicas (STF, 1ª Turma, HC nº 92.921/BA); porém, a pessoa jurídica pode pleitear indenização por danos morais (STJ, Súmula nº 227).

Questão de Concurso

(Cespe/STM/Analista Judiciário - Área Administrativa/2011) As pessoas jurídicas são beneficiárias dos direitos e garantias individuais, desde que tais direitos sejam compatíveis com sua natureza.

Gabarito: certo.

5. GERAÇÕES (DIMENSÕES)

Como os direitos fundamentais são uma construção histórica e gradativa, podem ser classificados em gerações, como fez o professor Norberto Bobbio (na obra *A Era dos Direitos*).

CUIDADO!

Alguns autores refutam o nome "gerações" e preferem falar em "dimensões", porque as gerações se somam, não se substituem umas às outras.

5.1 Direitos de 1ª geração (individuais, negativos)

Foram os primeiros direitos pelos quais a humanidade lutou, logo nas revoluções que implementaram o Estado de Direito (Revolução Puritana e Gloriosa, na Inglaterra, 1688; Independência dos EUA, 1776; Revolução Francesa, 1789). São direitos que visam a garantir o indivíduo contra os abusos do poder do Estado (direitos individuais, liberdades públicas, liberdades formais), e por isso impõem ao Estado uma obrigação de não fazer, de se abster (direitos negativos): o Estado não pode desrespeitar a vida, nem a liberdade, nem a propriedade dos cidadãos. São direitos que visam a alcançar o objetivo de assegurar a liberdade individual (direitos civis e políticos).

5.2 Direitos de 2ª geração (sociais, econômicos e culturais; positivos)

Derivados da Revolução Industrial e da Revolução Socialista Russa (1917), visam a garantir condições mínimas para os necessitados, os excluídos. Daí serem chamados de direitos sociais (baseiam-se na ideia de justiça social). Diferentemente dos direitos de 1ª geração, os direitos sociais impõem ao Estado uma obrigação de fazer, de prestar, de dar; são direitos prestacionais, positivos: o Estado tem que garantir saúde, educação, garantias trabalhistas, moradia, cultura etc. Visam a atingir o objetivo fundamental da igualdade real entre as pessoas (igualdade de condições).

5.3 Direitos de 3ª geração (transindividuais; difusos e coletivos)

Derivam da 3ª Revolução Industrial (revolução tecnocientífica, dos meios de comunicação), pois a humanidade reconhece que existem direitos que são de todos, mas não são de ninguém isoladamente. Direitos que transcendem o indivíduo isoladamente considerado (transindividuais). Direitos que são de todos (difusos) ou de grupos sociais (coletivos), mas não podem ser exercidos individualmente. É o caso, por exemplo, do direito ao meio ambiente ecologicamente equilibrado, direitos do consumidor, direito à paz e ao desenvolvimento. Visam a alcançar o objetivo fundamental da solidariedade (fraternidade).

Questão de Concurso

(Cespe/Detran-DF/Agente/2009) O direito ao meio ambiente ecologicamente equilibrado é considerado direito fundamental de terceira geração.

Gabarito: certo.

(Cespe/DPE-ES/Procurador/2009) Os direitos de primeira geração ou dimensão (direitos civis e políticos) – que compreendem as liberdades clássicas, negativas ou formais – realçam o princípio da igualdade; os direitos de segunda geração (direitos econômicos, sociais e culturais) – que se identificam com as liberdades positivas, reais ou concretas – acentuam o princípio da liberdade; os direitos de terceira geração – que materializam poderes de titularidade coletiva atribuídos genericamente a todas as formações sociais – consagram o princípio da solidariedade.

Gabarito: errado. A questão inverteu o objetivo fundamental da 1ª geração (liberdade) com o da 2ª geração (igualdade). Todo o restante está correto.

6. ROL EXEMPLIFICATIVO

Os direitos e garantias fundamentais não são apenas os que estão expressos na Constituição. Pode haver outros implícitos ou derivados de tratados internacionais (art. 5º, § 2º). Por isso, diz-se que os direitos fundamentais não estão previstos de forma taxativa, mas meramente exemplificativa.

Questão de Concurso

(Cespe/STM/Técnico/2011) Os direitos e as garantias expressos na Constituição Federal de 1988 (CF) excluem outros de caráter constitucional decorrentes do regime e dos princípios por ela adotados, uma vez que a enumeração constante no art. 5º da CF é taxativa.

Gabarito: errado.

6.1 Tratados internacionais

A jurisprudência tradicional do STF considerava que os tratados internacionais ingressavam no sistema constitucional brasileiro com força de mera lei ordinária, o que autorizava até a revogação por uma lei posterior. A EC nº 45/2004, no entanto, incluiu um § 3º no art. 5º, prevendo que "Os tratados e convenções internacionais sobre direitos humanos que forem aprovados, em cada Casa do Congresso Nacional, em dois turnos, por três quintos dos votos dos respectivos membros, serão equivalentes às emendas constitucionais".

Após a referida Emenda, portanto, passou-se a ter a seguinte situação: *a)* os tratados internacionais que não fossem sobre direitos humanos continuavam a valer com força de meras leis ordinárias; mas, *b)* os tratados sobre direitos humanos aprovados pelo mesmo trâmite das emendas constitucionais (3/5 dos votos de cada Casa do Congresso, por dois turnos em cada uma delas) passaram a ter força de emenda constitucional, isto é, força de norma constitucional (derivada), incorporando-se ao texto da Constituição.

Repita-se: a partir de 2004, os tratados internacionais que versam sobre direitos humanos ingressam como emendas na Constituição, se aprovados de acordo com o trâmite de reforma (emenda) previsto no art. 60 da CF: dois turnos de discussão e votação em cada Casa do Congresso (Câmara e Senado), com aprovação pelo quórum de 3/5 (= 60%) dos membros de cada Casa[1].

Contudo, uma questão ficou ainda em aberto: e os tratados internacionais de direitos humanos aprovados antes de 2004, quando ainda não havia o trâmite de aprovação equiparado ao das emendas constitucionais? Deveriam ter qual hierarquia?

Após longa discussão, o STF decidiu que esses tratados teriam força intermediária, é dizer, supralegal. Estão acima das leis, mas abaixo da Constituição. Estão acima das leis porque tratam de direitos humanos; estão abaixo da CF porque não

[1] Vários concursos cobram esse tema. Por exemplo: Cespe/DPU/Analista/2010: *"Os tratados e convenções internacionais acerca dos direitos humanos que forem aprovados, em cada Casa do Congresso Nacional, em dois turnos, por três quintos dos votos dos respectivos membros, serão equivalentes às emendas constitucionais". Gabarito: certo.*

foram aprovados pelo trâmite das emendas constitucionais. Revogam todas as leis que lhes sejam contrárias, mas não alteram o que está na Constituição (ver adiante transcrição da ementa do julgado).

Desse modo, hoje, os tratados internacionais podem ter no ordenamento brasileiro três diferentes posições hierárquicas: *a)* hierarquia constitucional (tratados de direitos humanos aprovados pelo trâmite das emendas constitucionais: art. 5º, § 3º); *b)* hierarquia supralegal (tratados de direitos humanos aprovados antes de 2004 – e, portanto, sem ser pelo trâmite de emenda constitucional); *c)* hierarquia legal, força de lei ordinária (tratados que não sejam sobre direitos humanos).

Alguns exemplos podem tornar mais clara a questão.

1) Convenção Internacional sobre os Direitos das Pessoas com Deficiência (Convenção de Nova York): tratado internacional de direitos humanos aprovado em 2008, pelo trâmite de emenda constitucional - **hierarquia constitucional**.
2) Convenção de Varsóvia sobre indenização tarifada em caso de extravio de bagagem em voos internacionais: tratado que não é de direitos humanos – **hierarquia legal** (força de mera lei ordinária).
3) Convenção Americana sobre Direitos Humanos (Pacto de São José da Costa Rica): tratado de direitos humanos, mas aprovado antes de 2004 (em 1992) - **hierarquia supralegal**.

Questão de Concurso

(Cespe/Sefaz-ES/Consultor/2010) Caso o Congresso Nacional aprove, em cada uma de suas Casas, em dois turnos, por três quintos dos votos dos respectivos membros, um tratado internacional acerca dos direitos humanos, tal tratado será equivalente a uma lei complementar.

Gabarito: errado. Tal tratado será equivalente a uma emenda constitucional (art. 5º, § 3º).

6.2 O Pacto de San José da Costa Rica e a prisão civil por dívidas do depositário infiel

Foi por reconhecer o *status* supralegal do Pacto de San José da Costa Rica que o STF declarou revogadas todas as normas infraconstitucionais que previam a prisão civil do depositário infiel, pois tal constrição é vedada pelo citado Pacto (art. 7º, 7). Aliás, o entendimento de que a prisão civil do depositário infiel não mais subsiste no ordenamento brasileiro foi objeto de súmula vinculante e súmula do STJ: "**é ilícita a prisão civil de depositário infiel, qualquer que seja a modalidade do depósito**" (Súmula Vinculante nº 25). "Descabe a prisão civil do depositário judicial infiel". (STJ, Súmula nº 419).

Dessa forma:

1) Hoje em dia, pode haver prisão civil por dívidas? **Sim** (art. 5º, LXVII).
2) Em quantos casos pode haver prisão civil por dívidas? **Só um**.
3) Qual? **Inadimplemento voluntário e inescusável da prestação alimentíci**a.
4) Ainda pode haver prisão civil por dívidas do depositário infiel? **Não** (Súmula Vinculante nº 25).
5) A proibição da prisão civil por dívidas do depositário infiel está prevista na Constituição? **Não, está prevista no pacto de São José da Costa Rica, tratado com hierarquia supralegal reconhecida pelo STF.**

Questão de Concurso

(Esaf/Receita Federal/Analista Tributário/2009) Segundo entendimento atual do Supremo Tribunal Federal, a prisão civil por dívida pode ser determinada em caso de descumprimento voluntário e inescusável de prestação alimentícia e também na hipótese de depositário infiel.

Gabarito: errado. Não pode mais haver prisão civil por dívidas do depositário infiel (Súmula Vinculante nº 25).

QUADRO-RESUMO

TEORIA GERAL DOS DIREITOS FUNDAMENTAIS

DIREITOS FUNDAMENTAIS

São aqueles previstos como básicos em determinado Estado e momento histórico. Baseiam-se no Estado de Direito e na dignidade humana. Não se confundem com os direitos humanos, que são previstos em tratados internacionais.

CARACTERÍSTICAS

- Historicidade;
- Relatividade;
- Indisponibilidade;
- Imprescritibilidade;
- Eficácia vertical e horizontal;
- Eficácia horizontal: os direitos fundamentais se aplicam mesmo nas relações entre os particulares. O Brasil adota a teoria da eficácia direta e imediata.

TITULARIDADE

Podem ser titularizados por pessoas físicas (brasileiros, estrangeiros residentes, estrangeiros em trânsito ou qualquer pessoa alcançada pela lei brasileira) ou por pessoas jurídicas (que podem ser titulares dos direitos compatíveis com sua específica natureza).

GERAÇÕES

	1ª geração	2ª geração	3ª geração
Titularidade	Indivíduo	Grupos sociais	Difusa
Natureza	Negativos	Positivos	Supraindividuais
Contexto histórico	Revoluções liberais	Revolução Industrial e Revolução Russa	Revolução Tecnocientífica
Exemplos	Vida, liberdade, propriedade, igualdade perante a lei	Saúde, educação, moradia, lazer, assistência aos desamparados, garantias trabalhistas	Meio ambiente, comunicação social, criança, adolescente, idoso
Valor-objetivo	Liberdade	Igualdade real (material)	Solidariedade e fraternidade

ROL EXEMPLIFICATIVO

Pode haver direitos implícitos e decorrentes de tratados internacionais.

Tratados internacionais (hierarquia):

Espécie	Hierarquia	Previsão
Tratado sobre direitos humanos aprovado pelo trâmite de emenda constitucional	Constitucional (força de emenda)	Art. 5º, § 3º
Tratado sobre direitos humanos aprovado antes de 2004 (sem ser pelo trâmite de emenda constitucional)	Supralegal (acima das leis, mas abaixo da CF)	Jurisprudência do STF
Tratados que não sejam sobre direitos humanos	Legal (força de lei ordinária)	Jurisprudência do STF

Prisão civil por dívidas: atualmente, só é aceita no caso de inadimplemento voluntário e inescusável da prestação alimentícia. Não pode mais haver prisão por dívidas do depositário infiel (Súmula Vinculante nº 25), por conta de proibição prevista no Pacto de São José da Costa Rica, tratado com hierarquia supralegal reconhecida pelo STF.

CAPÍTULO 6
Direitos e Garantias Individuais e Coletivos

1. VIDA

1.1 Pesquisa científica com células-tronco embrionárias

Questão muito complexa diz respeito ao início da vida. Há diversas teorias, entre as quais podemos citar: *a)* teoria concepcionista (a vida começa a partir da fecundação); *b)* teoria natalista (a vida só começa a partir do nascimento); *c)* teoria da nidação (a vida começa a partir da fixação do embrião na parede uterina); *d)* teoria do tubo neural (a vida começa com a formação do tubo neural no embrião); *e)* teoria do impulso elétrico (a vida começa com o primeiro impulso elétrico no cérebro fetal). O STF não definiu qual a teoria que deve ser adotada no Brasil, mas, no julgamento da ADIn nº 3510/DF, o tribunal autorizou a pesquisa científica com células-tronco embrionárias, para fins de pesquisa ou terapia, declarando constitucional a Lei de Biossegurança (Lei nº 11.105/2005).

Questão de Concurso

(MP-SC/Promotor/2005) Observadas as condições previstas em Lei, é permitida, no Brasil, para fins de pesquisa e terapia, a utilização de células-tronco embrionárias obtidas de embriões humanos não utilizados e produzidos por fertilização *in vitro*.

Gabarito: certo.

1.2 Aborto de fetos anencéfalos

O aborto é, em regra, crime. Só não é crime quando praticado para salvar a vida da gestante ou quando a gravidez decorrer de estupro (Código Penal, art. 128). E no caso de anencefalia fetal, quando a gravidez é clinicamente inviável? Pelo Código Penal, é definido como crime. Porém, isso não seria obrigar a mulher a um sofrimento sem sentido? Com esses argumentos, a Confederação Nacional dos Trabalhadores em Saúde ingressou no STF com uma ADPF (arguição de descumprimento de preceito fundamental), a ADPF nº 54, que está pendente de julgamento. O STF ainda não decidiu se o aborto de feto anencefálico configura, ou não, crime. O que há é uma decisão provisória do Tribunal (medida cautelar) suspendendo todos os processos criminais que envolvam tal tema, até o julgamento definitivo da ação.

1.3 Eutanásia

A "morte doce" (eutanásia), a morte de alguém para evitar o sofrimento, é, em regra, crime. De acordo com a doutrina (José Afonso da Silva, Claus Roxin), só não é crime a chamada eutanásia passiva (ortotanásia), em que o médico deixa de fornecer um tratamento que iria prolongar artificialmente a vida da pessoa.

1.4 Pena de morte

É admitida no Brasil, mas só em uma hipótese: em caso de guerra declarada, nos termos dos arts. 5º, XLVII, *a*, e 84, XIX, isto é, guerra declarada pelo Presidente da República, com prévia autorização do Congresso Nacional.

Questão de Concurso

(Cespe/DFTrans/Analista Jurídico/2008) A proteção do direito à vida tem como principais consequências a proibição da pena de morte em qualquer situação, das práticas de tortura, de eutanásia e do aborto.

Gabarito: errado. A proibição da pena de morte não se verifica "em qualquer situação". Existe um caso em que ela é autorizada (em caso de guerra declarada).

1.5 Tortura

São proibidas as práticas de tortura (física ou psicológica), bem como qualquer forma de tratamento desumano ou degradante (art. 5º, III). Aliás, a CF prevê que a tortura deve ser tipificada como crime inafiançável e insuscetível de graça ou anistia (art. 5º, XLIII).

2. IGUALDADE

Como se sabe, igualdade é tratar igualmente os iguais e desigualmente os desiguais, na medida de suas desigualdades. Porém, devem ser respeitados dois aspectos distintos do mesmo direito à igualdade:

a) igualdade formal (perante a lei): é o mandamento para o aplicador da lei, a fim de que a aplique sem criar distinções entre as pessoas (ex.: é vedado aumentar a pena de alguém por conta de simpatias ou antipatias que o julgador tenha);

b) igualdade material (na lei): ordem destinada ao legislador para que procure dar à lei um conteúdo (matéria) que reduza as desigualdades entre as pessoas (ex.: alíquotas progressivas do imposto de renda).

2.1 Igualdade entre os sexos (art. 5º, I)

Homens e mulheres são iguais em direitos e obrigações. Contudo, a própria CF estabelece algumas hipóteses de tratamento desigual: *a)* serviço militar (só é obrigatório para os homens: art. 143); *b)* licença-maternidade maior que a licença-paternidade; *c)* proteção ao mercado de trabalho da mulher (art. 7º); *d)* aposentadoria da mulher com menor idade e menos tempo de contribuição que a do homem (arts. 40 e 201). Outras hipóteses de tratamento desigual podem ser criadas por meio de lei? Sim, pois esse rol constitucional não é taxativo.

Questão de Concurso

(Cespe/AGU/2006) No sistema jurídico brasileiro, as hipóteses aceitáveis de discriminação entre homens e mulheres são apenas as referidas no texto constitucional.

Gabarito: errado. Outras hipóteses podem ser criadas sempre que houver uma situação de desigualdade (por exemplo: Lei Maria da Penha – Lei nº 11.340/2006).

2.1.1 Uniões homoafetivas

Com base no princípio da igualdade e na dignidade humana, o STF reconheceu que as uniões estáveis homoafetivas (pessoas do mesmo sexo) equiparam-se, para todos os fins, às uniões estáveis entre pessoas de sexos diferentes (ADPF nº 182).

2.2 Igualdade e concurso público[2]

A questão da igualdade é particularmente sensível no que diz respeito à exigência de requisitos para a assunção de cargos públicos. Como regra, pode-se afirmar que, em concursos públicos, é possível fazer outras exigências que não as do art. 5º da Lei nº 8.112/1990, desde que essas exigências: *a)* estejam previstas na lei e não só no edital (princípio da legalidade); e *b)* sejam compatíveis com as atribuições normais do cargo.

Assim, por exemplo, é possível estabelecer altura mínima em um concurso para agente de polícia, mas não para escrivão. Essa condição também é necessária em relação à exigência de exame psicotécnico.

Nesse sentido: "**o limite de idade para a inscrição em concurso público só se legitima em face do art. 7º, xxx, da constituição, quando possa ser justificado pela natureza das atribuições do cargo a ser preenchido**". (STF, Súmula nº 683). Por outro lado: "**não é admissível, por ato administrativo, restringir, em razão da idade, inscrição em concurso para cargo público**" (Súmula nº 14). Isso porque *só por lei se pode fazer tal exigência*, em atenção ao princípio da legalidade (CF, art. 5º, II).

Questão de Concurso

(Cespe/Ministério da Saúde/Analista Técnico-administrativo/2010) O edital do concurso público é o instrumento idôneo para o estabelecimento do limite mínimo de idade para a inscrição no concurso.

Gabarito: errado. O instrumento idôneo para o estabelecimento de idade mínima para concurso público é a lei, *não o* edital.

(Cespe/STF/Analista Judiciário – Área Administrativa/2008) O edital de um concurso público pode estabelecer limite mínimo de idade para candidato, desde que exista expressa previsão legal que autorize essa exigência.

Gabarito: certo.

(TRF 4ª Região/Juiz Federal Substituto/2004) É admissível, por ato administrativo, restringir, em razão da idade, inscrição em concurso para cargo público, de acordo com a natureza e a complexidade do cargo ou emprego.

Gabarito: errado.

(TRF 4ª Região/Juiz Federal Substituto/2006) O limite de idade para cargos públicos não se legitima na ordem constitucional brasileira em razão do princípio da isonomia.

Gabarito: errado. A fixação de limite de idade é legítima, desde que prevista em lei.

[2] As considerações acerca da aplicação do princípio da igualdade nos concursos públicos foram retiradas de meu livro *Servidor Público* (Salvador: Editora JusPodivm, 2011).

2.2.2 Teste psicotécnico

Especificamente em relação ao teste psicotécnico, porém, a jurisprudência do STF exige mais dois requisitos:

a) que o teste tenha base em critérios objetivos e científicos, e

b) que haja direito a recurso administrativo. *Essa decisão foi reafirmada pela Corte no julgamento do AI nº 758.533-QO-RG/MG (Relator Ministro Gilmar Mendes), com repercussão geral reconhecida.*

Nesse sentido: "É ilegítimo o exame psicotécnico realizado com base em critérios subjetivos ou sem a possibilidade de exercício do direito a recurso administrativo" (STF, Primeira Turma, AI nº 660.840-AgR/RR, Relator Ministro Ricardo Lewandowski, *DJ*e de 16.4.2009). "**Só por lei se pode sujeitar a exame psicotécnico a habilitação de candidato a cargo público**." (STF, Súmula nº 686).

Em resumo: além do requisito da legalidade, a jurisprudência exige mais três condições para que seja válida a exigência de exame psicotécnico em concurso público:

a) ser pautado em critérios objetivos e científicos (AI nº 529.219-AgR/RS);

b) ser compatível com as atribuições normais do cargo (AI nº 456.086 AgR/BA); e

c) haver direito a recurso na via administrativa (AI nº 660.840 AgR/RR). *Essa questão já foi cobrada na prova Cespe/Abin/Oficial de Inteligência/2008.*

Questão de Concurso

(Cespe/Abin/Oficial de Inteligência/2008) Conforme entendimento do STF, o exame psicotécnico, para ser admitido em concursos públicos, deve estar previsto em lei e conter critérios objetivos de reconhecido caráter científico, sendo prescindível a possibilidade de reexame na esfera administrativa.

Gabarito: errado. O direito a recurso na via administrativa é necessário (= imprescindível).

(TRF 4ª Região/Juiz Federal Substituto/2006) Se a lei exige exame psicotécnico para investidura em cargo público, a sua dispensa configura violação ao princípio constitucional da legalidade.

Gabarito: certo.

(Cespe/TRF 5ª Região/Juiz Federal Substituto/2004) Com base na conhecida afirmação de que o edital é a lei do concurso público para provimento de cargo, a jurisprudência consolidou-se no sentido de que é válida a exigência de exame psicotécnico, mesmo que não prevista na lei, desde que haja compatibilidade com o cargo a que se refira e previsão editalícia.

Gabarito: errado.

ATENÇÃO!

Recentemente (em 9 de fevereiro de 2011), *o Plenário do STF reconheceu que, mesmo em se tratando de concursos para a carreira militar, em que a exigência de idade é prevista na própria Constituição (art. 142, § 3º, X), a definição de qual é essa idade máxima depende de lei em sentido formal (reserva legal).* Assim, *declarou-se a inconstitucionalidade da fixação da idade máxima para inscrição nos concursos das carreiras militares por mero regulamento.* No entanto, em atenção ao interesse público e à segurança jurídica, *o Tribunal resolveu modular os efeitos da decisão, com base no art. 27 da Lei nº 9.868/1999, para determinar que a exigência em edital seja admitida até 31.12.2011.* Após essa data, caso o Congresso não tenha fixado a idade máxima por meio de lei, qualquer pessoa poderá candidatar-se à vaga. Todavia, a Corte desproveu o recurso extraordinário em que a União sustentava a suficiência da fixação da idade máxima por regulamento. E, como o julgamento se deu em regime de repercussão geral, asseguraram-se os direitos de quem já havia ingressado na Justiça questionando os editais (Informativo nº 615/2011).

2.3 Igualdade e ações afirmativas

As ações afirmativas pautam-se pela chamada discriminação reversa: a atuação estatal a fim de contra-atacar a discriminação, estabelecendo vantagens para determinados grupos tradicionalmente excluídos (negros, índios, mulheres, homossexuais etc.). Dessa maneira, pode-se definir ação afirmativa como a política pública temporária de concessão de benefícios a um grupo historicamente discriminado, com a intenção de reduzir as desigualdades a que está submetido.

Na verdade, as ações afirmativas (a política de cotas para o ingresso em universidades é um exemplo de ação afirmativa) não estão previstas expressamente na Constituição. São constitucionais porque se pautam na igualdade material (redução de desigualdades). E – lembre-se – o grande problema não está no critério de discriminação, mas na pertinência e adequação desse critério.

É importante ressaltar que as ações afirmativas são o gênero, que pode ser instrumentalizado por meio de diferentes tipos, tais como a concessão de bolsas, a reserva de vagas etc.

De longe, a mais polêmica das ações afirmativas diz respeito à reserva de vagas (política de cotas). A Constituição só previu expressamente as cotas para deficientes em concurso público (CF, art. 37, VIII), mas nada afirmou sobre a possibilidade, ou não, da adoção de outros critérios de reserva de vagas etc.

Atualmente, pendem de julgamento no STF diversas ações que questionam a legalidade da chamada política de cotas raciais nas universidades públicas brasileiras. O tema, contudo, está longe de ser pacificado.

Divergência doutrinária!

Existe grande polêmica sobre a constitucionalidade, ou não, da política de cotas raciais em universidades públicas brasileiras. Joaquim Barbosa a considera constitucional e realizadora do princípio da igualdade material. Já Roberta Kaufmann entende tal medida como desnecessária, diante da realidade brasileira, além de agravar a discriminação.

Questão de Concurso

(Cespe/MMA/Agente/2009) No constitucionalismo, a existência de discriminações positivas iguala materialmente os desiguais.

Gabarito: certo.

3. PROPRIEDADE

3.1 Função social da propriedade

O direito real de propriedade não é mais entendido, hoje, com o viés meramente individualista da época do liberalismo clássico. Justamente por isso, a Constituição determina que "a propriedade atenderá a sua função social" (art. 5º, XXIII).

Com isso se quer dizer que a propriedade deve atender aos interesses do proprietário, mas também servir à coletividade. Não atende à função social, por exemplo, a propriedade de um terreno urbano que não é utilizado para permitir a especulação.

Se a propriedade não cumprir sua função social, o proprietário sujeita-se até mesmo à desapropriação com base no interesse social.

Questão de Concurso

(Cespe/Seger-ES/Analista Judiciário/2007) A Constituição Federal garante o direito à propriedade. Contudo, a utilização e o desfrute do bem devem ocorrer de acordo com a conveniência social da utilização da coisa, ou seja, o direito do dono deve ajustar-se aos interesses da sociedade.

Gabarito: certo.

3.2 Expropriação

É a tomada da propriedade pelo Estado. Pode ser feita de duas formas: *a)* desapropriação (tomada da propriedade com indenização – como já decidiu o STF no julgamento da ACO nº 82/MG – em casos de necessidade pública, utilidade pública ou interesse social, nos termos do art. 5º, XXIV); *b)* confisco (tomada da propriedade sem indenização, como punição por ato ilícito, nos termos dos arts. 5º, XLVI, *b*, e 243).

CUIDADO!

No Direito Administrativo, há quem defenda que a desapropriação pode ser ou não indenizada. Nos termos constitucionais, o que se prevê é a expropriação das glebas usadas para o plantio de plantas psicotrópicas e dos bens apreendidos em decorrência de tráfico ilícito de entorpecentes (CF, art. 243, e Lei nº 8.257/1991). Isso, porém, caracteriza o confisco – perda da propriedade sem indenização, tal como previsto no art. 5º, XLVI, *b* (uma penalidade, portanto). Em termos constitucionais, a expropriação (perda da propriedade) é o gênero que admite duas espécies: a desapropriação (com indenização) e o confisco (sem indenização). Essa é a posição adotada pelo Supremo Tribunal Federal (1ª Turma, AC nº 82/MG, Relator Ministro Marco Aurélio, *DJ* de 28.5.2004).

VEJA BEM!

Ainda de acordo com o STF, o confisco das glebas usadas para o plantio de drogas deve abranger toda a terra, e não apenas a área cultivada.

ATENÇÃO!

De acordo com o inciso XXIV do art. 5º, a desapropriação deve ser indenizada, e essa indenização deve ser, em regra, prévia (antes da tomada efetiva do bem), justa (mediante avaliação e pelo valor de mercado) e em dinheiro. No entanto, há exceções, casos previstos na própria Constituição em que a indenização não será paga em dinheiro: *a)* imóvel rural desapropriado para fins de reforma agrária (CF, art. 184), cuja indenização não é em dinheiro, e sim em Títulos da Dívida Agrária, e posterior (resgatáveis em até 20 anos a partir do segundo ano de emissão); as benfeitorias úteis e necessárias são indenizadas em dinheiro (art. 184, § 1º); *b)* imóvel urbano que não esteja cumprindo a função social definida no plano diretor (CF, art. 182, § 4º, III), cuja indenização não é em dinheiro, e sim em Títulos da Dívida Pública, com emissão previamente autorizada pelo Senado Federal, resgatáveis em até dez anos.

Questão de Concurso

(Cespe/MPE-RR/Promotor/2009) O instituto da desapropriação e o do confisco são idênticos, uma vez que ambos constituem transferência compulsória da propriedade, expressando o poder ilimitado de exercício do domínio eminente pelo poder público.

Gabarito: errado. Desapropriação e confisco não são idênticos: a desapropriação ocorre com indenização, ao passo que o confisco é sempre sem indenização.

(Cespe/DPU/Defensor/2010) As indenizações referentes a processo de desapropriação sempre devem ser pagas em moeda corrente ao expropriado.

Gabarito: errado. Nem sempre a indenização deve ser paga em dinheiro: há casos em que deve ser paga em títulos da dívida.

3.3 Requisição

A requisição (art. 5º, XXV) é a utilização coativa (forçada) de bem ou serviço particular pela Administração em caso de iminente perigo público, com indenização ulterior e condicionada (só se houver dano). Exs.: utilização de imóvel para abrigar tropas; utilização de gêneros alimentícios para saciar a população.

Questão de Concurso

(Cespe/Aneel/Técnico/2010) De acordo com a Constituição Federal de 1988 (CF), na hipótese de iminente perigo público, a autoridade competente pode usar propriedade particular, assegurando-se ao proprietário, no caso de dano, a indenização ulterior.

Gabarito: certo.

4. SEGURANÇA JURÍDICA

A segurança jurídica determina (art. 5º, XXXVI) que a lei não prejudicará o direito adquirido, o ato jurídico perfeito nem a coisa julgada. Estudemos cada uma dessas hipóteses.

4.1 Ato jurídico perfeito

É o ato que está completo, feito, terminado, que já esgotou o trâmite de formação. "Perfeito" encerra não um juízo de valor (ato bem feito), mas de fato (ato que já se aperfeiçoou). Assim, por exemplo, um contrato celebrado hoje não será atingido por uma nova lei que entre em vigor amanhã, ainda que se trate de uma lei de ordem pública. Todavia, se o contrato ainda não foi firmado, será regulado pela nova lei.

4.2 Coisa julgada

A coisa julgada (material) é a característica das decisões judiciais transitadas em julgado de não poderem mais ser modificadas (tornando-se materialmente imutáveis, mesmo que a lei mude). Trânsito em julgado é o estado das decisões judiciais das quais não cabe mais recurso; ou porque a decisão é por si mesma irrecorrível (decisão do Pleno do STF, por exemplo) ou porque a parte perdeu o prazo para recorrer.

Quando a decisão judicial transita em julgado (ou passa em julgado), passa a ser coberta por um manto de imutabilidade: a coisa julgada material. Ainda que a lei seja alterada, essa mudança não alcançará a decisão.

Na verdade, mesmo a sentença transitada em julgado pode ser modificada, por meio de ação rescisória (CPC, art. 485) ou revisão criminal (CPP, art. 621), ou mesmo em caso de lei posterior benéfica ao réu (CF, art. 5º, XL), mas essas são hipóteses excepcionais.

4.3 Direito adquirido

Pode-se definir direito adquirido como aquele que já se incorporou ao patrimônio jurídico de alguém; é o direito conquistado, que até pode não ter sido (ainda) utilizado, mas pode ser a qualquer momento. Ressalte-se, na firme jurisprudência do STF, que não há direito adquirido a regime jurídico. Assim, por exemplo, quando a Lei nº 9.527/1997 extinguiu a licença-prêmio por assiduidade, os servidores que ainda possuíam períodos de licença não gozados continuaram a tê-los, mas não puderam invocar direito adquirido às regras de aquisição da licença para continuar conquistando outros períodos.

Obs.: A garantia constitucional da irretroatividade das leis não é invocável pela entidade estatal que a tenha editado (STF, Súmula nº 654). Isso significa que a garantia da irretroatividade das leis é uma garantia do cidadão, e não do Estado. Se, por exemplo, a União editar uma lei conferindo aumento aos servidores públicos ou desconto em um tributo, de maneira retroativa, não poderá, depois, alegar que não vai cumprir a lei (que ela mesma editou).

4.4 Princípio da anterioridade

A garantia da segurança jurídica passa, também, pela exigência de que a lei só possa incidir quanto a fatos ocorridos depois de sua vigência, no que se convenciona chamar de princípio da anterioridade. Nesse sentido, as diversas regras de anterioridade contidas na Constituição configuram aspectos do direito à segurança jurídica – direito individual e, por conseguinte, cláusulas pétreas, nos termos do art. 60, § 4º, IV.

O primeiro aspecto da anterioridade é a chamada anterioridade penal, em que a lei penal deve ser anterior ao fato: "não há crime sem lei anterior que o defina, nem pena sem prévia cominação legal", diz o art. 5º, XXXIX.

Em dispositivo derivado dessa ideia, a Constituição também afirma que a lei penal não pode retroagir (= atingir fatos anteriores à sua vigência), a não ser que tal fato se dê em benefício do réu (art. 5º, XL).

Por outro lado, também há o princípio da anterioridade na matéria tributária, a fim de evitar que o contribuinte seja pego de surpresa com a criação de um novo tributo "do dia para a noite". Por isso, a Constituição prevê (art. 150, III, *b* e *c*), em regras que dizem respeito diretamente à segurança jurídica, que é vedado ao poder público criar impostos para serem cobrados no mesmo ano (anterioridade geral) ou antes de 90 dias do ato que criou o tributo ou aumentou a alíquota (anterioridade nonagesimal). Não custa lembrar que as garantias da anterioridade em matéria tributária configuram cláusulas pétreas, pois são aspectos do direito individual à segurança jurídica, ainda que não estejam previstas no art. 5º da Constituição.

Por fim, outro aspecto da anterioridade diz respeito à matéria eleitoral (art. 16). Assim, para garantir a estabilidade do ordenamento jurídico, proíbe-se que a lei que alterar o processo eleitoral seja aplicável à eleição realizada há menos de um ano de sua vigência. Por exemplo: uma lei aprovada em novembro de 2009, alterando o processo eleitoral, não pode ser aplicável às eleições de outubro de 2010. Foi por isso que o STF decidiu que a Lei da Ficha Limpa (LC nº 135/2010), aprovada em 2010, não poderia ser aplicável nas eleições daquele ano.

5. LIBERDADE

5.1 Princípio da legalidade

A liberdade constitucional é a garantia de fazer tudo o que a lei não proíbe, e de só ser obrigado a fazer aquilo que a lei expressamente obriga (art. 5º, II – princípio da legalidade).

CUIDADO!

Não confunda o princípio da legalidade com seu subprincípio da reserva legal. Legalidade é o princípio geral de submissão e respeito à lei. Reserva legal é a previsão constitucional de que determinados temas só podem ser regulamentados por meio de lei em sentido estrito, em sentido formal, isto é, ato aprovado com forma de lei pelo Congresso Nacional. Assim, por exemplo, não se pode obrigar alguém a trabalhar, pois não há essa obrigação legal (legalidade); e as hipóteses em que alguém pode ser considerado criminoso devem ser previstas em lei em sentido formal (reserva legal), e não por meio de decreto ou medida provisória.

Questão de Concurso

(Cespe/TRE-ES/Técnico/2011) O princípio da legalidade não se confunde com o da reserva legal: o primeiro pressupõe a submissão e o respeito à lei; o segundo se traduz pela necessidade de a regulamentação de determinadas matérias ser feita necessariamente por lei formal.

Gabarito: certo.

ATENÇÃO!

A reserva legal pode ser: *a)* simples (a Constituição apenas exige lei, mas nada diz sobre o conteúdo que tal ato deverá ter) ou *b)* qualificada (a Constituição, além de exigir lei, já prevê o conteúdo que essa lei deverá ter). Exs.: a criação de órgãos públicos será feita por meio de lei (reserva legal simples); só pode ser autorizada escuta telefônica nos casos em que a lei estabelecer, para fins de investigação criminal ou instrução processual penal (reserva legal qualificada).

5.2 Liberdade de consciência e de crença (art. 5º, VI a VIII; art. 19, I)

O Brasil é um Estado laico, isto é, não há nenhuma religião oficial. Qualquer um pode professar a religião que bem entender, ou não professar nenhuma. Justamente por isso, a União, os Estados, o DF e os Municípios também não podem estabelecer cultos religiosos ou igrejas (art. 19, I).

5.2.1 Escusa de consciência (art. 5º, VIII)

É decorrência do direito à liberdade de consciência e de crença. A regra constitucional da chamada escusa de consciência (art. 5º, VIII). É, em princípio, possível recusar-se a cumprir, por motivo de consciência ou de crença, obrigação imposta por lei a todos, desde que se cumpra prestação alternativa fixada em lei. Trata-se da chamada escusa (desculpa) de consciência. O principal (mas não único) exemplo é a prestação de serviço militar obrigatório (pode-se cumprir a prestação alternativa de cuidar de uma escola). A recusa em cumprir a obrigação legal e a prestação alternativa importa a perda dos direitos políticos (art. 5º, VIII, c/c art. 15, IV).

Questão de Concurso

(Esaf/MPOG/Especialista/2008) Ninguém será privado de direitos por motivo de crença religiosa ou de convicção filosófica ou política, salvo se as invocar para eximir-se de obrigação legal a todos imposta e recusar-se a cumprir prestação alternativa, fixada em lei. Assinale a opção que indica com exatidão a objeção que legitimamente pode ser oposta ao Estado para eximir-se de obrigação legal a todos imposta.
a) Escusa de obrigação legal.
b) Escusa de direitos.
c) Escusa de consciência.
d) Escusa de prestação alternativa.
e) Escusa de liberdade.

Gabarito: c.

5.3 Liberdade de manifestação do pensamento

A Constituição garante a liberdade de manifestação do pensamento (art. 5º, IV) e a liberdade de expressão das atividades artísticas, científicas e literárias, independentemente de censura ou licença (art. 5º, IX), sendo proibido apenas o anonimato.

Nesse sentido, pode-se livremente expressar os pensamentos – mas esse direito, por óbvio, não é ilimitado. Se houver abuso, pode haver responsabilidade penal e civil. Justamente por isso, não se tolera o anonimato.

Ademais, garante-se o sigilo da fonte, sempre que seja indispensável para o exercício profissional (atividade jornalística, por exemplo).

De outra parte, em casos de abuso da liberdade de expressão, sujeita-se o autor da mensagem à responsabilização por danos morais, materiais e à imagem, além de garantir ao ofendido direito de resposta proporcional à agressão. Também é importante notar que a Constituição proíbe qualquer tipo de censura – o que se prevê é o controle de horário da programação televisiva e/ou o controle etário de acesso a determinados espetáculos.

O STF já declarou ser incompatível com a Constituição lei que continha restrições ao núcleo essencial da liberdade de imprensa (Lei de Imprensa, de 1965), bem como decreto-lei que exigia a formação em curso superior de jornalismo para a participação em rádio e TV.

Questão de Concurso

(Cespe/DPU/Agente/2010) A CF prevê o direito à livre manifestação de pensamento, preservando também o anonimato.

Gabarito: errado. É assegurada a liberdade de expressão, mas vedado o anonimato.

5.4 Liberdade de reunião

É a liberdade de se unir a outras pessoas para manifestar opinião sobre alguma coisa. É umbilicalmente ligada à liberdade de expressão, mas nela não se esgota, como lembra Paulo Gustavo Gonet Branco.

A reunião é a aglomeração temporária de pessoas, unidas por um determinado fim de protestar, comemorar etc. Perceba-se que, se a união entre as pessoas não for eventual, episódica (embora combinada), teremos o exercício da liberdade de associação, e não de reunião. Realmente, a reunião é algo passageiro, momentâneo, ao passo que a associação é algo perene e duradouro (associação de moradores de bairro, por exemplo).

De acordo com a Constituição (art. 5º, XVI), a reunião pode ser livremente exercida, desde que de maneira pacífica e sem armas. Ressalte-se que a reunião não se classifica como armada apenas porque um dos manifestantes porta arma.

Importante notar também que a reunião pode ocorrer em lugares acessíveis ao público (não necessariamente públicos), e não depende de autorização do poder público, mas apenas de prévio aviso (comunicação). Essa comunicação, que deve ser feita com antecedência razoável, serve apenas para que as autoridades sejam informadas da reunião e possam providenciar segurança, ordenação de trânsito etc.

Questão de Concurso

(Cespe/TRE-MT/Analista Judiciário – Área Judiciária/2010) A CF garante a todos o direito de reunir-se pacificamente, sem armas, em locais abertos ao público, independentemente de autorização ou prévio aviso à autoridade competente.

Gabarito: errado. Independentemente de autorização, sim, mas é preciso haver o prévio aviso.

5.5 Liberdade de associação

Se a reunião é episódica, a associação é duradoura. É livre (art. 5º, XVIII), então, a criação de associações (sem fim lucrativo) e, na forma da lei (norma de eficácia contida), a de cooperativas (que têm intuito de lucro).

Não pode o Estado intervir no funcionamento das associações, nem a criação delas depender de autorização do poder público. Apenas é certo que a liberdade de associação deve ser para fins lícitos, sendo vedada a de caráter paramilitar (formação de milícias armadas, por exemplo) – art. 5º, XVII.

Caso a associação passe a buscar fins ilícitos, poderá haver a intervenção do Estado para suspender-lhe o funcionamento ou dissolvê-la (art. 5º, XIX). Ambas as medidas têm de ser tomadas por autoridade judicial (e não policial ou administrativa – trata-se de mais uma reserva de jurisdição): a suspensão pode ser levada a cabo por qualquer decisão judicial, ainda que cautelar, mas a dissolução compulsória (contra a vontade dos associados) só pode ocorrer por sentença judicial transitada em julgado.

Questão de Concurso

(Cespe/MPE-RO/Promotor/2010) As associações podem ser compulsoriamente dissolvidas mediante ato normativo editado pelo Poder Legislativo.

Gabarito: errado. As associações só podem ser dissolvidas por decisão judicial transitada em julgado.

Ademais, note-se que ninguém pode ser obrigado a filiar-se a determinada associação e, uma vez filiado, pode desfiliar-se no momento em que bem entender (art. 5º, XX). Esse princípio é extensível aos sindicatos (art. 8º, V).

As associações têm poder de representar os filiados, desde que expressamente autorizadas por estes (art. 5º, XXI). Esse dispositivo traz para as entidades associativas a possibilidade de ingressarem com processos coletivos, em defesa do interesse dos seus associados. Para entrar com ações judiciais em defesa dos associados, a associação depende de autorização expressa destes (essa é a regra).

Diferente é a situação quando se trata da legitimidade da associação para impetrar mandado de segurança coletivo (art. 5º, LXX, *b*): nesse caso, a própria CF exige apenas um ano de funcionamento, de modo que não é necessária a autorização expressa dos associados (STF, Súmula nº 629).

Em resumo: para o ajuizamento de ações judiciais em defesa dos associados, as associações precisam de autorização expressa (regra: art. 5º, XXI). No entanto, no caso de mandado de segurança coletivo, não é necessário cumprir tal condição (art. 5º, LXX; STF, Súmula nº 629).

Questão de Concurso

(FGV/TJ-PA/Juiz Substituto/2007) A impetração de mandado de segurança coletivo por entidade de classe em favor de associados depende da autorização destes.

Gabarito: errado. A Súmula nº 629 do STF prevê que: "A impetração de mandado de segurança coletivo por entidade de classe em favor dos associados independe da autorização destes".

6. INTIMIDADE E PRIVACIDADE

A intimidade diz respeito à esfera subjetiva da pessoa, seus pensamentos, sentimentos, desejos, manias, peculiaridades. Já a privacidade tem caráter mais objetivo, pois diz respeito a locais, comportamentos etc. Por exemplo: a violação do domicílio de alguém desrespeita tanto a privacidade (desrespeita o direito de estar só) quanto a intimidade (pois fica possível devassar sentimentos, manias e talvez até pensamentos do morador).

6.1 Inviolabilidade de domicílio (art. 5º, XI)

A casa é asilo inviolável do indivíduo. Casa, aqui, deve ser interpretada em sentido amplo, abrangendo qualquer local em que alguém exerce sua privacidade, inclusive quarto de hotel ocupado e escritório profissional (a parte não aberta ao público).

Questão de Concurso

(Cespe/PC-PB/Delegado/2009) O conceito de casa, inserido no dispositivo constitucional que assegura a inviolabilidade do domicílio, não se estende ao escritório de contabilidade.

Gabarito: errado.

Só se pode ingressar no domicílio de alguém nas hipóteses previstas na Constituição, quais sejam: *a)* em caso de flagrante delito (durante o dia ou à noite); *b)* em caso de desastre (durante o dia ou à noite); *c)* para prestar socorro (durante o dia ou à noite); *d)* por mandado judicial (só durante o dia). Perceba-se que o mandado tem que ser judicial (reserva de jurisdição): não pode ser por ordem de CPI nem da Polícia.

Questão de Concurso

(Cespe/STM/Analista Judiciário – Área Administrativa/2011) O Ministério Público pode determinar a violação de um domicílio para realização de busca e apreensão de objetos que possam servir de prova em um processo.

Gabarito: errado.

Divergência doutrinária!

Existe polêmica sobre o conceito de dia para fins de inviolabilidade domiciliar. Parte da doutrina adota o critério cronológico (entre 6h e 18h). Outra corrente considera a presença de luz solar como o fator determinante. Uma terceira tese sustenta que dia é o período entre 6h e 18h ou enquanto houver luz solar (o que for maior). Para concursos, a questão sempre esclarecerá se o fato ocorreu de dia ou à noite.

CUIDADO!

Embora a CF só permita o ingresso contra a vontade do morador para cumprir mandado judicial se for durante o dia, o STF autorizou a Polícia Federal a ingressar em escritório de advocacia, à noite, para instalar escuta ambiental, uma vez que o advogado que lá trabalhava usava o escritório para esconder provas de crimes cometidos pela organização criminosa por ele integrada. Levou-se em conta que nenhum direito pode ser usado de escudo para a prática de atos ilícitos.

VEJA BEM!

Esse posicionamento só será levado em consideração se a questão fizer expressa referência a esse caso concreto. Em regra, continua valendo que, para ingressar no domicílio contra a vontade do morador para cumprir mandado judicial, só durante o dia.

Questão de Concurso

(Cespe/TRT17/Analista Judiciário/2009) Caso um escritório de advocacia seja invadido, durante a noite, por policiais, para nele se instalar escutas ambientais, ordenadas pela justiça, já que o advogado que ali trabalha estaria envolvido em organização criminosa, a prova obtida será ilícita, já que a referida diligência não foi feita durante o dia.

Gabarito: errado. Trata-se do caso, narrado acima, em que a escuta e a violação foram autorizadas pelo próprio STF, sendo lícitas, portanto.

6.2 Sigilo das comunicações (art. 5º, XII)

De acordo com o inciso XII do art. 5º da CF, "é inviolável o sigilo da correspondência e das comunicações telegráficas, de dados e das comunicações telefônicas, salvo, no último caso, por ordem judicial, nas hipóteses e na forma que a lei estabelecer para fins de investigação criminal ou instrução processual penal".

Em uma leitura literal da Constituição, somente as comunicações telefônicas poderiam ser quebradas (fala-se, claramente, "no último caso"). No entanto, sabe-se que nenhum direito fundamental é absoluto, o que justificaria a quebra do sigilo das demais comunicações. O STF, porém, já considera possível essa quebra, em situações excepcionais, até mesmo sem a necessidade de ordem judicial (por exemplo, a possibilidade de o diretor do presídio interceptar as cartas de prisioneiro).

Especificamente quanto à quebra do sigilo das comunicações telefônicas, é preciso observar que o sigilo pode ser quebrado apenas por ordem judicial, na forma da lei, para fins de investigação criminal ou instrução processual penal.

Assim, são elementos essenciais à constitucionalidade da quebra de sigilo:

a) ordem judicial (trata-se de reserva de jurisdição);

b) nas hipóteses estabelecidas em lei: cuida-se da chamada reserva legal qualificada (exige-se lei em sentido formal e, ademais, que trate especificamente sobre esse assunto, com as restrições impostas pela Constituição). Há, nessa parte, uma norma de eficácia limitada, que só passou a produzir todos os efeitos com a vinda da lei regulamentadora (Lei nº 9.296/1996). Por esse motivo, o STF declara ilícita qualquer escuta telefônica realizada antes da vinda da lei regulamentadora;

c) para fins de investigação criminal (inquérito policial) ou instrução processual penal (processo penal). Logo, não há possibilidade de quebra para fins de processo disciplinar contra servidor público, ou ação civil de investigação de paternidade ou de improbidade administrativa.

Questão de Concurso

(Cespe/TRE-MT/Técnico/2010) O sigilo das comunicações telefônicas é inviolável, podendo ser rompido somente por autorização judicial ou por decisão da autoridade policial responsável pelo inquérito, quando existirem fundados elementos reveladores da prática de crime.

Gabarito: errado. O sigilo só pode ser quebrado por ordem judicial.

CUIDADO!

Comissões Parlamentares de Inquérito (CPIs) podem quebrar sigilo telefônico (lista de ligações), mas não podem quebrar sigilo das comunicações telefônicas (escuta telefônica).

Questão de Concurso

(FCC/MPE-CE/Promotor de Justiça/2009) As comissões parlamentares de inquérito, conforme orientação do Supremo Tribunal Federal, têm poderes para a quebra de sigilo telefônico e determinar interceptação telefônica.

Gabarito: errado.

ATENÇÃO!

De acordo com a jurisprudência, empresas podem monitorar *e-mail* corporativo.

VEJA BEM!

O STF aceita a possibilidade de utilizar, em processo administrativo disciplinar contra servidor público, degravação telefônica realizada em processo penal – trata-se da chamada "prova emprestada".

Questão de Concurso

(Cespe/TRT1/Juiz do Trabalho/2010) Embora a CF admita a decretação, pela autoridade judicial, da interceptação telefônica para fins de investigação criminal ou instrução processual penal, é possível a utilização das gravações no processo civil ou administrativo, como prova emprestada.

Gabarito: certo.

CUIDADO!

A interceptação telefônica, em regra, é ilícita, mas a gravação ambiental (gravação de voz ambiente), em regra, é lícita. Só é ilícita quando violar a privacidade de um dos interlocutores.

6.3 Sigilo bancário

O sigilo bancário e fiscal não se confunde com o sigilo das comunicações. É tutelado, portanto, com base no princípio geral de tutela da intimidade (art. 5º, X). Por isso, a regra é a manutenção do sigilo bancário, mas com possibilidade de ser quebrado até por determinação de CPI ou da Receita Federal (LC nº 105/2001, art. 3º). De acordo com essa Lei Complementar, podem quebrar sigilo bancário: *a)* Judiciário; *b)* CPI (inclusive as CPIs estaduais, segundo entendimento do STF); *c)* Receita Federal, em procedimento administrativo fiscal regularmente autuado (possibilidade declarada inconstitucional pelo STF).

CUIDADO!

No julgamento do RE nº 389.808/PR (Relator Ministro Marco Aurélio), o Plenário do STF declarou inconstitucional a quebra de sigilo bancário diretamente pela Receita Federal!

Divergência doutrinária!

Existe controvérsia sobre a possibilidade, ou não, de quebra do sigilo bancário diretamente por órgão do Ministério Público. A maioria da doutrina entende pela impossibilidade, destacando que não há autorização na LC nº 105/2001. Porém, Alexandre de Moraes e Denise Vargas consideram que o MP poderia determinar a quebra, diretamente, quando se tratasse de investigação sobre recursos públicos. Em recente julgado, o STF posicionou-se, porém, no sentido de que o Ministério Público, nesse caso, deveria requisitar a quebra ao Poder Judiciário (STF, Pleno, Inquérito nº 2.245/MG).

Do mesmo modo, em prova recente, o Cespe considerou errada a questão que afirmava a possibilidade de quebra do sigilo bancário por membro do MP (Cespe/CEF/Advogado/2010).

Questão de Concurso

(Cespe/CEF/Advogado/2010) Os membros do Ministério Público, no uso de suas prerrogativas institucionais, não estão autorizados a requisitar documentos fiscais e bancários sigilosos diretamente ao fisco e às instituições financeiras, sob pena de violação aos direitos e garantias constitucionais da intimidade da vida privada dos cidadãos.

Gabarito: certo.

6.4 Indenização por dano moral, material e à imagem

A violação da intimidade, mesmo que não importe desonra, pode justificar indenização por danos morais (sofrimento psíquico), materiais (prejuízo financeiro) ou à imagem (utilização indevida da imagem das pessoas).

A indenização por danos materiais não exclui a possibilidade de indenização por danos morais, ainda que decorrentes do mesmo fato, pois são duas reparações diferentes, em virtude de dois danos diferentes. Assim, por exemplo, se um consumidor comprar um produto defeituoso e, ao utilizá-lo, tiver sido exposto ao ridículo, fará jus às indenizações por dano moral e por dano material. É o que consta da Súmula n 37 do STJ, segundo a qual "são cumuláveis as indenizações por dano material e dano moral oriundos do mesmo fato". Da mesma forma, lembre-se de que a pessoa jurídica pode ser vítima de dano moral (STJ, Súmula nº 227).

Questão de Concurso

(Cespe/TRE-MT/Técnico/2010) O dano moral, que atinge a esfera íntima da vítima, agredindo seus valores, humilhando e causando dor, não recai sobre pessoa jurídica.

Gabarito: errado.

7. GARANTIAS PROCESSUAIS GERAIS

São as garantias que protegem o cidadão em qualquer processo (judicial ou administrativo).

7.1 Distinção entre direitos e garantias

De acordo com a clássica doutrina, defendida por Rui Barbosa, os direitos têm natureza declaratória, enquanto as garantias têm natureza assecuratória. Isto é: direitos conferem a alguém determinada vantagem que, se for desrespeitada, será efetivada por meio da garantia. Assim, por exemplo, declara-se o direito à liberdade de locomoção; este, se for violado, será protegido por uma garantia constitucional: o *habeas corpus*.

7.2 Inafastabilidade da jurisdição (art. 5º, XXXV)

Também é conhecido como princípio da inafastabilidade do controle jurisdicional ou da proteção judiciária ou do acesso à Justiça. Expresso no inciso XXXV do art. 5º, determina que a lei não pode excluir da apreciação do Poder Judiciário lesão ou ameaça de lesão a qualquer direito. Logo, o Judiciário pode, no Brasil, analisar quaisquer questões de legalidade.

É com base nessa garantia de acesso à Justiça que se afirma que o Brasil adota o sistema da jurisdição una, em que qualquer questão de legalidade deve ser dirimida pelo Judiciário – ao contrário da França, por exemplo, que, por adotar o sistema da jurisdição dual ou do contencioso administrativo, exclui determinados assuntos da órbita do Judiciário e os entrega à deliberação da Administração. No Brasil, o contencioso administrativo (processo administrativo) não faz coisa julgada, de modo que uma decisão administrativa pode ter a legalidade questionada perante o Judiciário.

Ademais, não se pode exigir o prévio recurso à via administrativa para o ajuizamento de ação judicial: dessa forma, pode-se ingressar com o processo judicial antes de terminado o processo administrativo, depois de concluído e até mesmo sem que tenha sido iniciado.

7.2.1 Hipóteses de exigência de prévio recurso à via administrativa (jurisdição condicionada)

Como vimos, não se exige – em regra – o prévio recurso à via administrativa antes de se ingressar com uma ação no Poder Judiciário. É o princípio geral da independência entre as instâncias judicial e administrativa.

Contudo, há algumas hipóteses – excepcionais – em que é exigido do jurisdicionado provar que, antes de mover o Judiciário, recorreu à esfera administrativa, sem obter sucesso. Podemos citar como exemplo:

a) disputas desportivas (CF, art. 217), em que é preciso primeiro recorrer à Justiça Desportiva (administrativa) e, só depois da decisão de mérito, ou de decorridos 60 dias sem resposta, é que se poderá ingressar com a ação judicial;

b) habeas data, com o qual só se pode ingressar se se provar a negativa da Administração em fornecer ou corrigir a informação sobre a pessoa do impetrante (CF, art. 5º, LXXII; Lei nº 9.507/1997, art. 8º);

c) súmula vinculante (CF, art. 103-A), cujo descumprimento pode ser combatido por reclamação ajuizada no STF, mas só depois do exaurimento da via administrativa (Lei nº 11.417/2006);

d) mandado de segurança, pois a Lei nº 12.016/2009 previu que tal remédio constitucional não é adequado quando couber "recurso administrativo com efeito suspensivo, independentemente de caução" (art. 5º, I).

Questão de Concurso

(Cespe/TRT1/Juiz do Trabalho/2010) O princípio da inafastabilidade da jurisdição tem aplicação absoluta no sistema jurídico vigente, o qual não contempla a hipótese de ocorrência da denominada jurisdição condicionada.

Gabarito: errado. Existem hipóteses excepcionais em que é preciso haver o prévio recurso à via administrativa.

(FCC/TCM-CE/Analista de Controle Externo/2010) No caso de órgão da administração direta estadual praticar ato que contrarie enunciado de súmula vinculante do Supremo Tribunal Federal, caberá reclamação ao Supremo Tribunal Federal, após esgotamento das vias administrativas.

Gabarito: certo. Trata-se de um caso de jurisdição condicionada.

7.3 Devido processo legal (art. 5º, LIV)

Princípio segundo o qual ninguém pode ser privado (= tolhido) da sua liberdade ou dos seus bens (isto é, dos direitos à liberdade e à propriedade), a não ser pelo devido processo legal (processo justo previsto em lei).

Dessa forma, pode-se afirmar que o princípio do devido processo legal é uma garantia que assegura os direitos à liberdade e à propriedade.

Possui dois aspectos distintos:

a) devido processo legal formal (respeito às formalidades legais);

b) devido processo legal substantivo ou material (busca por uma decisão materialmente justa).

7.4 Ampla defesa e contraditório (art. 5º, LV)

A ampla defesa traduz o direito que tem o interessado de, quando acusado, defender-se das acusações da maneira mais ampla e livre possível. Traduz-se nos direitos de presença, audiência e petição.

Por outro lado, o princípio do contraditório (associado ao princípio da paridade de armas) determina que o interessado tem o direito de se manifestar no processo, contraditando (contradizendo) as argumentações que lhe sejam contrárias. Assim, sempre que a Administração produzir uma prova, deve ser dada ao interessado a oportunidade de também produzir prova ou sobre ela se manifestar. Contraditório, então, é prova e contraprova, argumentação e contra-argumentação.

Súmulas vinculantes que tratam de ampla defesa e contraditório:

Nº	Texto	Explicação	Observação
5	"A falta de defesa técnica por advogado no processo administrativo disciplinar não ofende a Constituição."	No processo administrativo (ao contrário do processo judicial), mesmo no PAD, a presença de advogado é facultativa.	Nos processos judiciais, a presença de advogado é obrigatória, salvo situações especiais, como o *habeas corpus*.
3	"Nos processos perante o Tribunal de Contas da União asseguram-se o contraditório e a ampla defesa quando da decisão puder resultar anulação ou revogação de ato administrativo que beneficie o interessado, excetuada a apreciação da legalidade do ato de concessão inicial de aposentadoria, reforma e pensão."	Em regra, o TCU assegura ampla defesa e contraditório sempre que for determinar a anulação ou revogação de um ato administrativo benéfico ao interessado. Só não é preciso dar ampla defesa e contraditório quando for apreciar a concessão de aposentadoria, reforma (aposentadoria do militar) ou pensão.	Mesmo no caso de aposentadoria, reforma e pensão, a jurisprudência do STF entende que devem ser garantidos ampla defesa e contraditório se o ato tiver sido praticado há mais de cinco anos.
21	"É inconstitucional a exigência de depósito ou arrolamento prévios de dinheiro ou bens para admissibilidade de recurso administrativo".	A exigência de pagamento de custas é feita para o ingresso no Poder Judiciário. Porém, para propor um processo administrativo, não é exigido o pagamento antecipado de qualquer valor, pois o art. 5º, XXXIV, *a*, assegura a gratuidade do direito de petição perante os poderes públicos.	Para processos judiciais, é preciso pagar as chamadas custas processuais.

14	"É direito do defensor, no interesse do representado, ter acesso amplo aos elementos de prova que, já documentados em procedimento investigatório realizado por órgão com competência de polícia judiciária, digam respeito ao exercício do direito de defesa".	Trata-se do direito do defensor de ter vista dos autos do inquérito, a fim de defender o cliente.	Ressalvam-se as provas ainda não documentadas (= as que ainda estão sendo produzidas), como escutas telefônicas.

Questão de Concurso

(FGV/Fiscal de Renda/Rio de Janeiro/2009) A falta de participação de advogado na apresentação de defesa do acusado é fator de invalidação de processo administrativo.

Gabarito: errado. A falta de defesa técnica por advogado não anula o processo administrativo.

(Cespe/TCE-RN/Assessor/2009) Nos processos perante o TCU, asseguram-se o contraditório e a ampla defesa quando da decisão puder resultar anulação ou revogação de ato administrativo que beneficie o interessado, podendo ser citada, nesse sentido, aquela decisão que aprecia a legalidade de ato de concessão inicial de aposentadoria, reforma e pensão.

Gabarito: errado. No caso de concessão de aposentadoria, reforma ou pensão, não é preciso dar ampla defesa e contraditório.

Em respeito ao devido processo legal, o Estado e os particulares só podem utilizar-se, no processo, de provas obtidas por meios lícitos, constitucionalmente legítimos. Por isso, a regra é a inadmissibilidade, no processo, das provas obtidas por meios ilícitos (art. 5º, LVI).

Assim, por exemplo, uma interceptação telefônica obtida sem a autorização judicial não pode ser usada para a condenação de alguém, ainda que seja a única prova existente, pois se o Estado busca condenar alguém, deve fazê-lo pelos meios lícitos, constitucionalmente adequados.

Questão de Concurso

(Esaf/TCE-GO/Auditor/2007) São inadmissíveis, no processo, as provas obtidas por meios ilícitos.

Gabarito: certo.

7.4.1 Ilicitude por derivação: a teoria dos frutos da árvore envenenada

Trata-se de uma teoria americana, adotada pelo STF, de acordo com a qual a ilicitude da prova se comunica às demais dela decorrentes. Assim, a simples existência de um prova ilícita não anula todo o processo, mas as provas que sejam consequência lógica da prova ilícita também serão alcançadas, pois de uma árvore envenenada não podem surgir frutos bons.

Atualmente, tal regra está prevista expressamente no Código de Processo Penal, que afirma, no § 1º do art. 157:

> São também inadmissíveis as provas derivadas das ilícitas, salvo quando não evidenciado o nexo de causalidade entre umas e outras, ou quando as derivadas puderem ser obtidas por uma fonte independente das primeiras.

Contudo, é preciso lembrar (e isso já foi cobrado em prova: Esaf/Aneel/Especialista/2006) que, segundo a doutrina e a jurisprudência, a existência de uma prova ilícita não contamina todo o processo, mas apenas os elementos derivados diretamente dela. Assim, é válida a condenação se houver, nos autos, provas lícitas suficientes para atestar a ocorrência do crime.

7.4.2 Relativização da regra

O princípio da proporcionalidade e a admissibilidade da prova obtida por meios ilícitos para fins de defesa.

Excepcionalmente, aceita-se o uso como lícita de uma prova obtida por meios ilícitos para fins de defesa e, cumulativamente, quando for uma prova necessária e indispensável (não necessariamente a única prova), pois é melhor aceitar o uso de uma prova colhida em desacordo com a Constituição do que condenar um inocente.

Só se admite invocar o princípio da proporcionalidade para excluir a ilicitude da prova quando em benefício da defesa, jamais para embasar a acusação.

Questão de Concurso

(Cespe/MPU/Analista Processual/2010) O sistema normativo processual penal e a jurisprudência vedam, de forma absoluta, expressa e enfática, a utilização, pelas partes, em qualquer hipótese, de prova ilícita no processo penal.

Gabarito: errado. Admite-se a utilização como lícita de uma prova obtida por meios ilícitos, quando for para fim de defesa e a prova for imprescindível.

7.5 Razoável duração do processo (art. 5º, LXXVIII)

Trata-se de um direito fundamental - hoje previsto expressamente na Constituição (art. 5º, LXXVIII) - que foi incluído na CF por força da EC nº 45/2004, buscando tornar mais ágil a prestação jurisdicional. Cabe, então, ao legislador desenvolver esse mandamento, para deixar em níveis pelo menos aceitáveis a demora na atividade jurisdicional brasileira.

> **Questão de Concurso**
>
> (Cespe/TRE-MT/Analista Judiciário - Área Judiciária/2010) O direito à duração razoável do processo, tanto no âmbito judicial quanto no âmbito administrativo, é um direito fundamental previsto expressamente na CF.
>
> *Gabarito: certo.*

8. GARANTIAS PENAIS E PROCESSUAIS PENAIS

8.1 Reserva legal e anterioridade em matéria penal

Ambos os princípios estão previstos no inciso XXXIX do art. 5º. O princípio da reserva legal significa que crimes e penas somente podem ser disciplinados mediante lei em sentido formal, isto é, ato devidamente aprovado pelo Congresso Nacional. Com isso, não pode haver a previsão de crimes e penas em decretos: não há crime sem **lei** anterior que o defina, nem pena sem prévia cominação **legal**. É o velho brocardo latino: *nullum crimen, nulla poena sine legem*. Em decorrência disso, vige no Direito Penal o princípio da estrita tipicidade: ou a conduta se amolda perfeitamente ao tipo (modelo) previsto em lei, ou o fato é penalmente irrelevante (atípico) - não há, no Direito Penal, analogia em prejuízo do réu.

Por outro lado, o princípio da anterioridade tem o significado de que não basta que exista lei prevendo o crime e a pena - é preciso que a lei seja anterior ao fato, seja prévia: não há crime sem lei **anterior** que o defina, nem pena sem **prévia** cominação legal. Como decorrência disso, a Constituição prevê que a lei penal, em regra, não pode retroagir, ou seja, não pode alcançar fatos anteriores à entrada em vigor. Exceção se faz apenas com relação à lei que beneficia o réu de qualquer maneira: nesse caso, admite-se a retroatividade em benefício do acusado (art. 5º, XL). Temos, então: lei prejudicial - não retroage; lei benéfica - retroage.

Questão de Concurso

(Esaf/Receita Federal/Analista Tributário/2009) A lei penal pode retroagir para beneficiar ou prejudicar o réu.

Gabarito: errado. A lei penal só pode retroagir para beneficiar o réu.

8.2 Presunção de inocência (estado de inocência ou presunção de não culpabilidade)

A Constituição determina que "ninguém será considerado culpado até o trânsito em julgado de sentença penal condenatória" (art. 5º, LVII).

Não cabe ao acusado provar-se inocente; antes, cabe ao Estado provar a culpa de quem é acusado. Por isso, todos são inocentes até que sobrevenha a condenação criminal transitada em julgado (ou seja, a condenação da qual não cabe mais recurso).

8.2.1 Direito à não autoincriminação

Derivado do princípio da presunção de inocência, é o direito que qualquer acusado (preso ou solto) tem de não produzir prova contra si mesmo (*nemo tenetur se detegere*). De acordo com essa garantia, o réu não pode ser obrigado a colaborar com o Estado na sua própria incriminação, pois a presunção é de inocência, e cabe ao Estado-acusação provar a culpa do acusado.

Divergência!

Uma discussão atual acerca desse princípio diz respeito à obrigatoriedade – ou não – de o motorista se submeter ao teste de alcoolemia ("teste do bafômetro"), para fins de tipificação penal do delito de dirigir sob efeito de álcool. Tem-se, em verdade, um conflito entre dois direitos fundamentais: o direito de não produzir prova contra si mesmo e o direito da coletividade à saúde, à vida e à segurança. Os Tribunais Superiores ainda não firmaram o entendimento sobre a validade da utilização da prova testemunhal, em substituição à perícia. Há, porém, precedente da Quinta Turma do STJ no sentido da possibilidade de substituição do teste pela comprovação de testemunhas. Entendemos que, no caso, deve prevalecer o direito à vida e à saúde, pois os direitos fundamentais não podem ser usados de escudo para proteger a prática de atos ilícitos.

Não obstante a indefinição jurisprudencial, esse tema específico já foi cobrado em prova do Cespe:

Questão de Concurso

(Cespe/MPE-SE/Promotor/2010) Considerando o entendimento mais recente do STJ sobre a realização do exame de alcoolemia, popularmente denominado bafômetro, assinale a opção correta.

a) É inconstitucional a previsão legal desse exame, pois ofende o princípio *nemo tenetur se detegere.*
b) É inconstitucional a exigência da realização do exame, pois ofende a dignidade da pessoa humana.
c) O STJ afirmou a constitucionalidade absoluta da lei, de forma que o motorista é obrigado a realizar o exame.
d) Não cabe *habeas corpus* preventivo para discutir o tema, pois não se pode considerar como fundado receio o simples temor de, porventura, ter de se submeter ao exame ao trafegar pelas ruas em veículo automotor, sem a existência de procedimento investigatório.
e) Considerando que o STJ tem entendimento pacificado sobre o tema, admite-se, por simples reclamação, a impugnação de decisões de tribunais que não concedam *habeas corpus* para evitar a submissão do motorista ao exame.

Gabarito oficial definitivo: d.

8.2.2 Direito ao silêncio

O réu tem o direito constitucional de permanecer calado (CF, art. 5º, LXIII) – direito ao silêncio – e, obviamente, esse silêncio não pode ser interpretado em prejuízo da defesa, como decorrência do direito de não produzir provas contra si mesmo.

O STF considera, ainda, que o acusado pode até mesmo mentir acerca do fato criminoso, negar a verdade, sem que com isso cometa qualquer irregularidade, pois a defesa tem de ser ampla.

Advirta-se que é diferente a situação da testemunha, a qual tem o dever de dizer a verdade e responder a todas as perguntas que lhe são feitas, sob pena de cometer o delito de falso testemunho (CP, art. 342).

Questão de Concurso

(Cespe/PC-TO/Delegado/2008) Qualquer indivíduo que figure como objeto de procedimentos investigatórios policiais ou que ostente, em juízo penal, a condição jurídica de imputado, tem o direito de permanecer em silêncio, incluindo-se aí, por implicitude, a prerrogativa processual de o acusado negar, ainda que falsamente, perante a autoridade policial ou judiciária, a prática da infração penal.

Gabarito: certo.

8.3 Crimes citados na Constituição

Crime	Característica	Previsão
Racismo e ação de grupos armados contra o Estado e a ordem democrática	Inafiançável e imprescritível	Art. 5º, XLII
Crimes hediondos (Lei nº 8.072/1990) e equiparados (tráfico de drogas, tortura e terrorismo)	Inafiançável e insuscetível de graça ou anistia (formas de perdão da pena)	Art. 5º, XLIII

Questão de Concurso

(Cespe/PC-PB/Delegado/2009) O crime de tortura é afiançável, mas será insuscetível de graça ou anistia ou de liberdade provisória.

Gabarito: errado.

8.4 Juiz natural (art. 5º, XXXVII e LIII)

O princípio do juiz natural é um dos postulados do Estado Democrático de Direito. Significa, em suma, que qualquer pessoa seja processada e julgada apenas pela autoridade competente e já instituída antes da prática do fato.

Dessa maneira, podemos dizer que o princípio do juiz natural se divide em dois subprincípios: o da proibição dos tribunais de exceção (art. 5º, XXXVIII) e o da garantia do juiz competente (art. 5º, LIII).

8.4.1 Tribunal Penal Internacional (TPI)

Instituído pelo Tratado de Roma, ao qual o Brasil aderiu, o Tribunal Penal Internacional tem por competência o julgamento de crimes contra a humanidade.

A inclusão constitucional (art. 5º, § 4º, incluído pela EC nº 45/2004) tem por objetivo legitimar a adesão do Brasil ao Tratado. Argumenta-se que tal regra violaria a proibição de extradição do brasileiro nato, que deveria ser julgado pelo Brasil. Embora a matéria não tenha sido ainda decidida pelo STF, parece prosperar a tese de constitucionalidade da adesão ao TPI, uma vez que a submissão do Brasil à jurisdição desse Tribunal não importa extradição de brasileiro nato para lá ser julgado.

Questão de Concurso

(FGV/Fiscal de Renda/Rio de Janeiro/2010) O Brasil se submete à jurisdição do Tribunal Penal Internacional (TPI).

Gabarito: certo.

8.4.2 Júri (art. 5º, XXXVIII)

O júri é o juízo competente para o julgamento dos crimes dolosos contra a vida (art. 5º, XXXVIII).

A instituição remonta à Magna Charta, de 1215. Naquela época, significava o direito de o réu ser julgado pelos seus pares, pessoas da comunidade, e não por um juiz (muitas vezes alheio à realidade do local).

Por isso mesmo, o julgamento do júri não é estritamente técnico, mas antes um juízo de reprovabilidade social da conduta. Quem decide pela culpa ou pela inocência não é o juiz togado, a quem cabe apenas presidir a sessão e, se for o caso, dosar a pena; quem decide mesmo são os jurados.

Princípios do Tribunal do Júri

Princípio	Conteúdo
Competência para o julgamento dos crimes dolosos contra a vida	A atribuição do Tribunal Popular no Brasil é, atualmente, apenas em matéria criminal, para julgar os crimes **dolosos** (quando o agente atua com a intenção de praticar o fato ou assume os riscos de causar o resultado) **e contra a vida** (CP, arts. 121 a 126: homicídio; instigação, induzimento ou auxílio ao suicídio; infanticídio e aborto), sejam esses consumados ou tentados. Os demais crimes, mesmo que tenham resultado morte, não são de competência do júri, mas do juiz singular.
Sigilo das votações	As votações dos jurados (que formam o Conselho de Sentença) devem ser sigilosas, para garantir-lhes a incolumidade física e psicológica e permitir uma reflexão íntima sobre a culpa ou a inocência do réu.
Plenitude de defesa	Como a decisão dos jurados é sigilosa, até mesmo para protegê-los de eventuais retaliações, é preciso também ampliar a possibilidade de defesa do réu. Temos, então, não só a ampla defesa, mas a defesa plena, quase irrestrita, que termina por tornar o júri, às vezes, uma sessão quase teatral, mas sempre para assegurar a defesa plena, completa, irrestrita.

Soberania dos veredictos	A Constituição prevê a soberania dos vereditos, a prevalência da decisão dos dos jurados: de nada adiantaria instituir o júri se a decisão do Conselho de Sentença pudesse ser substituída por uma decisão do Tribunal de Justiça, por exemplo, uma vez que esse tribunal realizaria um julgamento técnico, e não social. A soberania dos vereditos não significa que das decisões do júri não caiba recurso; porém, mesmo que o TJ ou o TRF dê provimento ao recurso (da acusação ou da defesa, por exemplo, caso a decisão dos jurados seja manifestamente contrária à prova dos autos), fará apenas para anular o julgamento e determinar a realização de outro, nunca para entrar no mérito da decisão e proferir outra.

9. REMÉDIOS CONSTITUCIONAIS

9.1 *Habeas corpus*

9.1.1 Objeto: liberdade de locomoção

Não cabe *habeas corpus*:

a) contra pena de multa;

b) contra pena de perda da função pública;

c) quando já extinta a pena privativa de liberdade;

d) contra pena disciplinar militar, a não ser para analisar aspectos formais de competência.

Questão de Concurso

(Esaf/Receita Federal/Analista Tributário/2009) É cabível *habeas corpus* contra decisão condenatória a pena de multa.

Gabarito: errado.

(Esaf/Receita Federal/Analista Tributário/2009) É cabível *habeas corpus* contra a imposição da pena de perda da função pública.

Gabarito: errado.

9.1.2 Espécies: preventivo ou repressivo (liberatório).

9.1.3 Legitimidade

- **Ativa:** universal (qualquer pessoa, mesmo sem advogado)

> **Questão de Concurso**
>
> (Cespe/DPE-ES/Defensor/2009) Considere que o estrangeiro Paul, estando de passagem pelo Brasil, tenha sido preso e pretenda ingressar com *habeas corpus*, visando questionar a legalidade da sua prisão. Nesse caso, conforme precedente do STF, mesmo sendo estrangeiro não residente no Brasil, Paul poderá valer-se dessa garantia constitucional.
>
> *Gabarito: certo. Qualquer pessoa pode impetrar* habeas corpus, *mesmo o estrangeiro.*

- **Passiva:** autoridade pública ou particular.

> **Questão de Concurso**
>
> (Cespe/STF/Analista Judiciário – Área Judiciária/2008) A CF exige que o *habeas corpus* seja cabível apenas contra ato de autoridade pública.
>
> *Gabarito: errado. É cabível* habeas corpus *mesmo contra ato de particular.*

9.1.4 Custas: não.

9.1.5 Natureza: ação penal.

Obs.: Ação informal e de trâmite prioritário.

9.2 *Habeas data*

9.2.1 Objeto: liberdade de informação sobre a própria pessoa do impetrante.

9.2.2 Espécies: para **obter** ou **corrigir** informação.

9.2.3 Legitimidade

- **Ativa:** só o próprio titular da informação.
- **Passiva:** banco de dados público ou acessível ao público.

9.2.4 Custas: não.

9.2.5 Natureza: ação civil.

Obs.: É preciso provar a negativa da Administração em fornecer/corrigir a informação.

> **Questão de Concurso**
>
> (FGV/Juiz Substituto/TJ-PA/2007) Não há a necessidade da negativa da via administrativa para justificar o ajuizamento do *habeas data*, pois o interesse de agir está sempre presente, por tratar-se de uma ação constitucional, de caráter civil, que tem por objeto a proteção do direito líquido e certo do impetrante em conhecer todas as informações e registros à sua pessoa e constantes de repartições públicas ou particulares acessíveis ao público, para eventual retificação de seus dados pessoais.
>
> *Gabarito: errado. É preciso provar a negativa da Administração.*

9.3 Mandado de segurança

9.3.1 Objeto

Direito líquido e certo, não amparado por *habeas corpus* ou *habaeas data*. Direito líquido e certo é aquele comprovável de plano, apenas com provas documentais, sem necessidade de dilação probatória (produção de provas testemunhais ou periciais).

9.3.2 Cabimento

Subsidiário em relação a *habeas corpus* ou a *habeas data*. Não cabe mandado de segurança: contra ato de gestão empresarial de empresa pública, sociedade de economia mista ou concessionário de serviço público (Lei nº 12.016/2009, art. 1º, § 2º); contra ato administrativo de que caiba recurso com efeito suspensivo; contra decisão judicial transitada em julgado (Lei nº 12.016/2009, art. 5º).

> **Questão de Concurso**
>
> (Esaf/Receita Federal/Auditor Fiscal/2009) Não cabe mandado de segurança contra os atos de gestão comercial praticados pelos administradores de concessionárias de serviço público.
>
> *Gabarito: certo.*

9.3.3 Legitimidade

- **Ativa:** titular do direito. Para o mandado de segurança coletivo: art. 5º, LXX.

> **Questão de Concurso**
>
> (Cespe/TRE-MT/Técnico/2010) O mandado de segurança coletivo pode ser impetrado por pessoas jurídicas, públicas ou privadas, como as organizações sindicais e as entidades de classe legalmente constituídas, mas não por partidos políticos.
>
> *Gabarito: errado. Os partidos políticos com representação no Congresso podem impetrar mandado de segurança.*

- **Passiva:** autoridade pública ou pessoa no exercício da função pública.

9.3.4 Custas: sim.

9.3.5 Natureza: ação civil.

Obs.: Prazo decadencial de 120 dias.

9.4. Mandado de injunção

9.4.1 Objeto: sanar a ausência de norma regulamentadora que impeça o exercício de direito garantido na CF.

9.4.2 Legitimidade

- **Ativa:** prejudicado.
- **Passiva:** autoridade omissa em editar a norma regulamentadora.

9.4.3 Custas: sim.

9.4.4 Natureza: ação civil.

9.4.5 Efeitos: mandamentais-aditivos (tese concretista geral).

	Posição antiga	Posição atual
Efeitos da decisão	Meramente declaratórios (o STF apenas confirmava a falta da norma regulamentadora)	Mandamentais-aditivos (o STF garante a imediata fruição do direito fundamental; dá uma regulamentação provisória à matéria, até que seja feita a lei regulamentadora)
Teoria	Não concretista (não resolve o caso concreto)	Concretista geral (resolve o caso concreto para todos os que estejam na mesma situação: eficácia *erga omnes*)

Questão de Concurso

(Esaf/Receita Federal/Auditor Fiscal/2009) Consoante entendimento jurisprudencial dominante, o Supremo Tribunal Federal adotou a posição não concretista quanto aos efeitos da decisão judicial no mandado de injunção.

Gabarito: errado. Atualmente, adota-se a teoria concretista geral.

(Cespe/IBRAM-DF/Advogado/2009) O STF adota a posição de que o mandado de injunção não tem função concretista, porque não cabe ao Poder Judiciário conferir disciplina legal ao caso concreto sob pena de violação ao princípio da separação dos Poderes.

Gabarito: errado.

9.5 Ação popular

9.5.1 Legitimidade ativa: qualquer cidadão (brasileiro no pleno gozo dos direitos políticos).

9.5.2 Natureza: ação civil.

9.5.3 Objeto: anular ato lesivo ao patrimônio público, patrimônio histórico e cultural, meio ambiente ou moralidade administrativa.

9.5.4 Custas

- **Regra:** não há custas.
- **Exceção:** haverá pagamento de custas apenas em caso de comprovada má-fé do autor.

Questão de Concurso

(Funiversa/PCDF/Agente/2009 - Adaptada) Qualquer indivíduo é parte legítima para propor ação popular que vise anular ato lesivo ao patrimônio público ou de entidade de que o Estado participe, à moralidade administrativa, ao meio ambiente e ao patrimônio histórico e cultural, ficando o autor, salvo comprovada má-fé, isento de custas judiciais e do ônus de sucumbência.

Gabarito: errado. Não é qualquer indivíduo que tem legitimidade ativa para a ação popular, mas sim qualquer cidadão!

9.6 Direito de petição e certidão

9.6.1 Objeto: reclamar perante a Administração ou obter documento para defesa de direitos.

9.6.2 Natureza: pedidos administrativos.

9.6.3 Custas: não.

9.6.4 Caso seja desrespeitado o direito de certidão, usa-se mandado de segurança, e não *habeas data*!

Questão de Concurso

(Cespe/AGU/Procurador Federal/2010) A CF assegura a todos, independentemente do pagamento de taxas, a obtenção de certidões em repartições públicas, para a defesa de direitos e esclarecimentos de situações de interesse pessoal. Nesse sentido, não sendo atendido o pedido de certidão, por ilegalidade ou abuso de poder, o remédio cabível será o *habeas data*.

Gabarito: errado. O habeas data *é cabível quando se quer conhecer a informação. Quando o que se quer é obter uma certidão (documento), e tal direito for negado, cabe mandado de segurança.*

QUADRO-RESUMO

DIREITOS E GARANTIAS INDIVIDUAIS E COLETIVOS

Direito	Aspectos relevantes
Vida	É permitida a pesquisa científica com células-tronco embrionárias (ADIn nº 3.510)
	O STF ainda não decidiu se é permitido o aborto de fetos anencéfalos (ADPF nº 54)
	Só é admitida a pena de morte em caso de guerra declarada pelo Presidente da República, com autorização prévia do Congresso Nacional
	A tortura é crime inafiançável e insuscetível de graça ou anistia
Igualdade	Formal: igualdade perante a lei (não criar distinções) Material: igualdade na lei (reduzir as desigualdades)
	Igualdade entre os sexos: há hipóteses constitucionais de tratamento desigual, e que podem ser ampliadas, de forma justificada
	Uniões homoafetivas: os mesmos direitos das famílias com pessoas de sexos diferentes (ADPF nº 182)
	Concurso público: qualquer requisito deve estar previsto em lei e ser compatível com as atribuições normais do cargo Psicotécnico: só com base em critérios objetivos e com direito a recurso administrativo
	Ações afirmativas: derivam da igualdade material. Está pendente de julgamento ação questionando a política de cotas raciais em universidades
Propriedade	Deve atender sua função social
	Desapropriação: com indenização, em caso de necessidade pública, utilidade pública ou interesse social Indenização em dinheiro, mas há casos de pagamento em títulos da dívida (arts. 182 e 184)
	Confisco: sem indenização, como punição por ato ilícito Em caso de confisco de terras usadas para o plantio de drogas, o confisco deve abranger toda a gleba
	Requisição: utilização da propriedade em caso de iminente perigo público, mediante indenização condicionada à existência de dano

Segurança jurídica	A lei não prejudicará o ato jurídico perfeito, a coisa julgada nem o direito adquirido
	Anterioridade penal: não há crime sem lei anterior que o defina Anterioridade tributária: a lei que aumenta tributo só pode valer depois de 90 dias e no exercício financeiro Anterioridade eleitoral: a lei que altera o processo eleitoral não se aplica à eleição realizada até um ano depois (caso da Lei da Ficha Limpa)
Liberdade	Legalidade: submissão e respeito à lei Reserva legal: exigência de que determinados assuntos só sejam tratados por lei
	Liberdade de consciência e de crença: Estado laico Escusa de consciência
	Liberdade de manifestação do pensamento, vedado o anonimato Abusos podem gerar responsabilização civil, penal e administrativa
	Liberdade de reunião: independentemente de autorização, mas tem que haver o prévio aviso
	Liberdade de associação: só podem ser compulsoriamente dissolvidas com decisão judicial transitada em julgado; só podem ser compulsoriamente suspensas por decisão judicial (ainda que não transitada em julgado)
	Associações podem representar os filiados judicial ou extrajudicialmente, com a expressa autorização, dispensada esta para a impetração de mandado de segurança coletivo (Súmula nº 629 do STF)
Intimidade e privacidade	Domicílio: conceito amplo. Pode ser relativizada a inviolabilidade até para cumprir mandado judicial, mas, nesse caso, só durante o dia O STF autorizou a PF a ingressar, à noite, em escritório de advocacia, para instalar escuta ambiental
	Sigilo das comunicações: a comunicação telefônica só pode ser monitorada por ordem judicial, para fins de investigação criminal ou instrução processual penal CPI pode quebrar sigilo telefônico (lista de ligações), mas não o sigilo das comunicações telefônicas (interceptação telefônica) Provas produzidas na esfera criminal podem ser utilizadas na esfera administrativa, como prova emprestada
	Sigilo bancário: só se admite a quebra por ordem judicial ou de CPI. O STF declarou inconstitucional a quebra do sigilo bancário diretamente pela Receita Federal
	Indenização por dano moral, material e à imagem: são cumuláveis

<table>
<tr><th>Garantia</th><th>Aspectos relevantes</th></tr>
<tr><td rowspan="5">Processo em geral</td><td>Inafastabilidade da jurisdição: a lei não excluirá da apreciação judicial lesão ou ameaça de lesão a direito
Não é preciso o prévio recurso à esfera administrativa, salvo em casos excepcionais (jurisdição condicionada)</td></tr>
<tr><td>Devido processo legal: garantia dos direitos à liberdade e à propriedade</td></tr>
<tr><td>Ampla defesa e contraditório
– Presença de advogado no PAD é facultativa
– TCU tem que dar ampla defesa e contraditório quando for determinar anulação ou revogação de ato benéfico, salvo aposentadoria, reforma e pensão
– É inconstitucional exigir depósito prévio em recurso administrativo</td></tr>
<tr><td>Provas ilícitas
– Regra: inadmissibilidade
– Ampliação: teoria dos frutos da árvore envenenada
– Exceção: para fins de defesa, se for necessária</td></tr>
<tr><td>Razoável duração do processo: direito previsto expressamente</td></tr>
<tr><td rowspan="4">Processo Penal</td><td>Anterioridade e reserva legal: não há crime sem lei anterior que o defina, nem pena sem prévia cominação legal
A lei penal só pode retroagir para beneficiar o réu</td></tr>
<tr><td>Presunção de inocência: ninguém será considerado culpado até o trânsito em julgado de sentença penal condenatória
– Direito à não autoincriminação: direito de não produzir prova contra si mesmo (inclusive de mentir)
– Direito ao silêncio (para o acusado)</td></tr>
<tr><td>Crimes citados na Constituição:
– Inafiançáveis e imprescritíveis: racismo e ação de grupos armados contra o Estado
– Inafiançáveis e insuscetíveis de graça ou anistia: hediondos e equiparados (terrorismo, tortura e tráfico de drogas)</td></tr>
<tr><td>Juiz natural: proibição dos tribunais de exceção
– TPI: o Brasil submete-se à sua jurisdição
– Júri: julga crimes dolosos contra a vida</td></tr>
</table>

HC	Liberdade de locomoção (não necessariamente em matéria penal)	Ação penal	Qualquer pessoa, mesmo sem advogado	Particular ou autoridade pública	Gratuita	Ação informal. Rito sumariíssimo. Deve ser escrito e em Português
HD	Liberdade de informação sobre o impetrante, constante de banco de dados público ou acessível ao público	Ação civil	Titular da informação	Autoridade pública ou particular	Gratuita	Poder ser impetrado para OBTER ou CORRIGIR informação. Impetrante precisa demonstrar a negativa da Administração
MS	Subsidiário em relação a HC e HD. Protege direito líquido e certo	Ação civil	Prejudicado. MS coletivo: art. 5º, LXX	Autoridade pública ou pessoa no exercício da função pública	Normal	Prazo decadencial: 120 dias. Não há dilação probatória
MI	Ausência de norma regulamentadora, se impedir o exercício de direitos constitucionais ou prerrogativa de nacionalidade, soberania ou cidadania	Ação civil	Prejudicado. A jurisprudência admite o MI coletivo	Órgão público incumbido da elaboração da norma	Normal	Decisão em MI: mandamental-aditiva (e não mais declaratória). Teoria concretista geral (efeitos *erga omnes*)
AP	Para anular ato lesivo a: *a)* patrimônio público; *b)* patrimônio histórico e cultural; *c)* meio ambiente; *d)* moralidade administrativa	Ação civil	Qualquer cidadão (brasileiro no pleno gozo dos direitos políticos)	Responsável pelo ato	Isenção de custas e do ônus da sucumbência, salvo má-fé	Pode ser impetrada mesmo por menor de 18 anos, desde que eleitor

CAPÍTULO 7
Direitos Sociais

1. NOÇÃO

São direitos de segunda geração (direitos prestacionais, positivos). De acordo com o art. 6º: "São direitos sociais a educação, a saúde, a alimentação, o trabalho, a moradia, o lazer, a segurança, a previdência social, a proteção à maternidade e à infância, a assistência aos desamparados, na forma desta Constituição".

2. PRINCÍPIOS DA EFETIVAÇÃO (IMPLEMENTAÇÃO) DE DIREITOS SOCIAIS

2.1 Proibição do regresso

Conforme a doutrina mais moderna, um princípio implícito na Constituição é a proibição do regresso (Canotilho), isto é, as vantagens sociais conquistadas não podem ser perdidas, as garantias não podem regredir.

Questão de Concurso

(Esaf/CGU/Analista de Finanças e Controle/2008) O Estado brasileiro também é regido por um princípio de estatura constitucional que visa a impedir que sejam frustrados os direitos políticos, sociais, culturais e econômicos já concretizados, tanto na ordem constitucional como na infraconstitucional, em atenção aos objetivos da República Federativa do Brasil, que são os de promover o bem de todos, sem quaisquer formas de discriminação, constituir uma sociedade livre, justa e solidária, erradicar a pobreza e a marginalização, reduzir as desigualdades sociais e regionais e promover o bem de todos, sem preconceitos de origem, raça, sexo, cor, idade e quaisquer outras formas de discriminação. Assinale a opção que denomina com exatidão o princípio constitucional descrito.

a) Proibição do retrocesso no domínio dos direitos fundamentais e sociais.
b) Proibição de juízo ou tribunal de exceção.

c) Proibição de privação da liberdade ou de bens patrimoniais sem o devido processo legal.
d) Proibição de trabalho noturno, perigoso ou insalubre a menores de dezoito e de qualquer trabalho a menores de dezesseis anos, salvo na condição de aprendiz, a partir de quatorze anos.
e) Proibição de privação de direitos por motivo de crença religiosa ou de convicção filosófica ou política.

Gabarito: a.

2.2 Reserva do possível

Um dos grandes obstáculos para essa efetivação é justamente a falta de recursos financeiros do Estado. Por isso, desenvolveu-se na Alemanha a teoria da "reserva do possível", segundo a qual o Estado não seria obrigado a efetivar direitos sociais se não houvesse recursos disponíveis. O Estado se reserva o direito de realizar os direitos sociais na medida do possível, nas medidas das disponibilidades financeiras e orçamentárias.

Questão de Concurso

(Cespe/AGU/2004) A efetivação dos direitos sociais que impliquem uma prestação estatal submete-se a uma reserva do possível, cujo conteúdo, *lato sensu*, compreende tanto a capacidade do Estado de cumprir a obrigação como a razoabilidade da prestação exigida, em face do caso concreto.

Gabarito: certo.

2.3 Mínimo existencial

Trata-se de assegurar que os direitos sociais sejam respeitados, pelo menos para garantir o mínimo vital (mínimo existencial), isto é, um patamar mínimo que respeite a dignidade humana. É preciso sempre atentar para uma ponderação entre os princípios da reserva do possível e da garantia do mínimo existencial.

3. DIREITOS SOCIAIS DOS TRABALHADORES

3.1 Direitos individuais dos trabalhadores

Estão previstos no art. 7º da Constituição. Podemos citar os direitos à limitação da jornada de trabalho, à proteção da relação de emprego, à remuneração (salários, adicionais etc.) e aos descansos (férias, licenças, repouso semanal remunerado etc.).

3.2 Direitos coletivos dos trabalhadores

São, basicamente, dois: o direito à sindicalização (art. 8º) e o direito de greve (art. 9º).

QUADRO-RESUMO

DIREITOS SOCIAIS

Noção	São direitos de segunda geração (direitos prestacionais, positivos)
Princípios de efetivação	– Proibição do retrocesso – Reserva do possível – Mínimo existencial
Direitos individuais dos trabalhadores	– Remuneração – Descansos – Proteção da relação de emprego etc.
Direitos coletivos dos trabalhadores	– Sindicalização – Greve

CAPÍTULO 8
Nacionalidade

1. NOÇÃO

É o vínculo jurídico-político entre uma pessoa física e um Estado (país soberano). A nacionalidade brasileira está regulamentada nos arts. 12 e 13 da CF.

2. BRASILEIROS NATOS (art. 12, I)

São aqueles que possuem a nacionalidade brasileira originária (= primária).

2.1 Critério do *jus solis* (art. 12, I, *a*)

São brasileiros natos aqueles que nascerem em território brasileiro, mesmo que sejam filhos de pais estrangeiros. Os nascidos no Brasil só não serão brasileiros natos se ambos os pais forem estrangeiros e estiverem a serviço do país de origem.

Obs.: "A serviço do país" significa a serviço da administração pública daquele Estado.

Questão de Concurso

(Cespe/PMDF/Capelão/2007) Um casal de cidadãos argentinos passou as férias do último verão no litoral de Santa Catarina. A mulher, grávida de 8 meses, deu à luz Henrique, em hospital da rede pública da cidade. Nessa situação, segundo a Constituição Federal, Henrique é considerado brasileiro nato.

Gabarito: certo. Henrique nasceu no Brasil. Embora seja filho de pais estrangeiros, seus pais não estavam a serviço do país de origem. Logo, é brasileiro nato (art. 12, I, a*).*

2.2 Critério do *jus sanguinis* (art. 12, I, *b*)

De acordo com esse critério, serão brasileiros natos os nascidos no estrangeiro, desde que sejam filhos de pai brasileiro ou mãe brasileira, e esse pai brasileiro ou mãe brasileira esteja a serviço do Brasil. Por exemplo: filho de embaixador brasileiro que nasce no exterior.

> **Questão de Concurso**
>
> (Cespe/STM/Analista Judiciário – Área Judiciária/2011) O filho de um embaixador do Brasil em Paris, nascido na França, cuja mãe seja alemã, será considerado brasileiro nato.
>
> *Gabarito: certo (art. 12, I,* b*).*

2.3 Critério do *jus sanguinis* combinado com o registro ou a residência (art. 12, I, *c*)

Consoante a regra do art. 12, I, *c*, serão brasileiros natos os nascidos no estrangeiro, filhos de pai brasileiro ou mãe brasileira que não esteja a serviço do Brasil. Para isso, será preciso que sejam registrados na repartição brasileira competente (embaixada ou consulado) ou, então, que venham a residir (= morar) no Brasil e optem a qualquer tempo depois da maioridade pela nacionalidade brasileira, isto é, desde que demonstrem a vontade de se tornar brasileiros.

> **Questão de Concurso**
>
> (Cespe/TRT21/Analista Judiciário-Execução de Mandados/2011) São brasileiros natos aqueles nascidos no estrangeiro, de pai brasileiro ou de mãe brasileira, desde que venham a residir no Brasil e optem, no período de dois anos, pela nacionalidade brasileira.
>
> *Gabarito: errado. Em primeiro lugar, existem outras possibilidades de o nascido no estrangeiro filho de pai ou mãe brasileira ser brasileiro nato: se o pai ou a mãe estiver a serviço do Brasil, ou se o nascido for registrado na repartição brasileira competente. Mesmo no caso de os pais não estarem a serviço do Brasil, e o filho não sendo registrado na repartição competente, poderá vir residir no Brasil e optar a qualquer tempo (e não em até dois anos) pela nacionalidade brasileira (art. 12, I,* c*).*

3. BRASILEIROS NATURALIZADOS (art. 12, II)

3.1 Naturalizados na forma da lei (art. 12, II, *a*, primeira parte)

A lei a que se refere o dispositivo é o Estatuto do Estrangeiro, que estabelece regras rígidas para a naturalização (regras essas que não são cobradas na prova de

Direito Constitucional). Justamente por isso, a própria CF prevê regras de naturalização mais fáceis para casos específicos.

3.2 Originários de países lusófonos (art. 12, II, *a*, segunda parte)

Para os originários de países de Língua Portuguesa, exigem-se apenas dois requisitos:

a) residência no Brasil há um ano ininterrupto; e

b) idoneidade moral (comprovada por testemunhas e documentos, por exemplo).

Questão de Concurso

(Cespe/MPE-SE/Promotor/2010) Os estrangeiros originários de países de língua portuguesa adquirirão a nacionalidade brasileira se mantiverem residência contínua no território nacional pelo prazo mínimo de quatro anos, imediatamente anteriores ao pedido de naturalização.

Gabarito: errado. O prazo exigido pela Constituição é de um ano (art. 12, II, a, *segunda parte).*

3.3 Estrangeiros de qualquer nacionalidade que residem no Brasil há muito tempo (art. 12, II, *b*)

No caso de estrangeiros que estão no Brasil há muito tempo, independentemente da nacionalidade, exigem-se apenas dois requisitos:

a) residência no Brasil há mais de 15 anos ininterruptos; e

b) não possuírem condenação criminal (ao longo desse tempo de residência no Brasil).

CUIDADO!

Para os originários de países lusófonos, o requisito temporal é menor (um ano), mas a exigência moral é mais rígida (idoneidade moral). Já para os originários de qualquer nacionalidade que estão no Brasil há muito tempo, o requisito de residência é mais duro (mais de quinze anos), mas a exigência moral é menor (basta não ter condenação criminal).

ATENÇÃO!

Segundo a jurisprudência do STF, a hipótese da alínea *b* do inciso II do art. 12 é a única em que a concessão da naturalização pelo Brasil configura ato vinculado (naturalização extraordinária). Nas demais hipóteses, a concessão da naturalização é ato discricionário (naturalização ordinária).

3.4 Portugueses equiparados (art. 12, § 1º)

Os portugueses equiparados não são brasileiros naturalizados; são tratados como se fossem brasileiros naturalizados, desde que haja reciprocidade em favor dos brasileiros que residam em Portugal. É o que a doutrina chama de quase-nacionalidade.

4. DISTINÇÕES ENTRE BRASILEIROS

4.1 Extradição (art. 5º, LI e LII)

Conceitos Fundamentais	**Expulsão**	Mandar embora um estrangeiro que cometeu crime no Brasil
	Deportação	Mandar embora um estrangeiro que entrou ilegalmente no Brasil
	Extradição	Entregar alguém a outro país, para que lá seja julgado ou cumpra pena, em virtude de um crime lá cometido
	Banimento	Expulsar do Brasil um brasileiro. **Obs.:** O banimento é proibido atualmente (art. 5º, XVLII, *d*)

Questão de Concurso

(FCC/TRT 15ª Região/Analista Judiciário/Execução de Mandados/2008) No que diz respeito aos Direitos e Deveres Individuais e Coletivos, o ato de entregar o estrangeiro a outro Estado por delito nele praticado é denominado
a) deportação.
b) expulsão.
c) extradição.
d) exclusão.
e) banimento.

Gabarito: c.

A extradição segue regras diferenciadas para brasileiro nato, naturalizado ou estrangeiro:

	Sujeito	Regra geral	Exceção
Extradição	Brasileiro **nato** (art. 5º, LI)	Não pode ser extraditado pelo Brasil	Não há. Não pode ser extraditado pelo Brasil em hipótese alguma
	Brasileiro **naturalizado** (art. 5º, LI)	Não pode ser extraditado pelo Brasil	Só pode ser extraditado em caso de crime comum (nem político nem de opinião) que tenha sido cometido antes da naturalização ou por tráfico de drogas (cometido antes ou depois da naturalização)
	Estrangeiro (art. 5º, LII)	Pode ser extraditado pelo Brasil	Só não pode ser extraditado por crime político ou de opinião

CUIDADO!

A extradição solicitada por Estado estrangeiro é julgada pelo STF (art. 102, I, *g*). Se o Tribunal não a autorizar, não haverá entrega. Se a Corte autorizar a extradição, o processo será encaminhado ao Presidente da República, que, na qualidade de Chefe de Estado (art. 84, VII), decide soberanamente se extradita ou não o cidadão. Foi o que decidiu o STF no caso Cesare Battisti.

Questão de Concurso

(Cespe/TRF-5ª/Juiz Federal/2007) O brasileiro nato não pode ser extraditado pelo governo brasileiro a pedido de governo estrangeiro, a menos que o país requerente igualmente lhe tenha concedido nacionalidade originária.

Gabarito: errado. O brasileiro nato não pode ser extraditado em hipótese alguma.

(Cespe/IRBR/Diplomata/2010) O Estado brasileiro autoriza a extradição de brasileiros natos envolvidos na prática de crime de tráfico de drogas.

Gabarito: errado. O brasileiro nato não pode ser extraditado em hipótese alguma.

4.2 Cargos privativos de brasileiro nato (art. 12, § 3º)

São privativos de brasileiros natos os seguintes cargos:

- Presidente da República

- Vice-Presidente da República
- Presidente da Câmara dos Deputados
- Presidente do Senado Federal
- Ministros do STF
- Membro da carreira diplomática
- Oficial das Forças Armadas (Exército, Marinha e Aeronáutica)
- Ministro de Estado da Defesa

CUIDADO!

Esse rol é taxativo, embora existam outros cargos que são ocupados por essas mesmas pessoas (por exemplo: presidente do com e três cargos de Ministro do TSE, que são ocupados por Ministros do STF).

Questão de Concurso

(Cespe/STM/Analista Judiciário – Área Judiciária/2011) Um brasileiro naturalizado pode exercer a carreira diplomática.

Gabarito: errado.

(Cespe/TJES/Analista Judiciário – Área Administrativa/2011) Um brasileiro naturalizado pode exercer o cargo de coronel da Polícia Militar de um Estado-membro.

Gabarito: certo. Só são privativos de brasileiros natos os cargos de oficial das Forças Armadas (Exército, Marinha e Aeronáutica).

4.3 Função de cidadão no Conselho da República (art. 89, VII)

Do Conselho da República, podem participar tanto brasileiros natos como naturalizados. Contudo, a função de cidadão deve ser exercida por seis cidadãos brasileiros natos.

4.4 Propriedade de empresa jornalística (art. 222)

A propriedade de jornais, revistas e empresas de rádio/TV é privativa de brasileiros natos ou naturalizados há mais de dez anos.

Questão de Concurso

(Cespe/TRF1/Juiz Federal/2009) A CF admite a propriedade de empresa jornalística e de radiodifusão sonora e de sons e imagens exclusivamente aos brasileiros natos.

Gabarito: errado. A propriedade não é exclusiva de brasileiros natos, já que pode ser exercida também por brasileiros naturalizados há mais de dez anos.

5. PERDA DA NACIONALIDADE BRASILEIRA (ART. 12, § 4º)

5.1 Cancelamento, na forma da lei, da naturalização, por sentença judicial, se o naturalizado desenvolver atividade nociva ao interesse nacional (I).

Esse caso de perda da nacionalidade, obviamente, só atinge o brasileiro naturalizado. Essa sentença que decreta o cancelamento da naturalização precisa ser transitada em julgado? Sim. O inciso I do § 4º do art. 12 não faz essa exigência, mas o inciso I, do art. 15 ao se referir à mesma hipótese, prevê que a perda dos direitos políticos ocorre no caso de "cancelamento da naturalização por sentença transitada em julgado". Se, para perder os direitos políticos, é preciso o trânsito em julgado, com mais motivo o será para a perda da nacionalidade.

5.2 Aquisição de outra nacionalidade, a não ser que norma estrangeira imponha a naturalização (§ 4º, II, *b*) ou se trate apenas de reconhecimento de nacionalidade originária (alínea *a*).

Trata-se de perda que pode ocorrer tanto com o brasileiro nato como com o naturalizado. A regra é: quem adquire outra nacionalidade renuncia à brasileira. São exceções (a pessoa passa a ter dupla nacionalidade, pois conquista outra, mas não perde a brasileira):

a) quando outro país reconhece a nacionalidade **originária** (ex.: brasileiro que é reconhecido como italiano nato por ser filho de italianos);

b) quando a pessoa se naturaliza não porque quis, mas porque teve que fazê-lo para poder exercer seus direitos (ex.: jogador de futebol que se vê obrigado a se naturalizar para continuar jogando em um país estrangeiro).

Questão de Concurso

(Cespe/DPU/Procurador Federal/2010) Suponha que Raimundo, brasileiro nato, tenha saído do Brasil para morar nos Estados Unidos da América, onde reside há mais de trinta anos, e que, nesse país, tenha obtido a nacionalidade americana como condição para permanecer no território americano. Nessa situação, caso deseje retornar ao Brasil para visitar parentes, Raimundo necessitará de visto, pois, ao obter a nacionalidade americana, perdeu a nacionalidade brasileira.

Gabarito: errado. Se Raimundo se naturalizou americano para poder permanecer no território, não perdeu a nacionalidade brasileira (art. 12, § 4º, II, b*).*

Divergência doutrinária!

Questão polêmica diz respeito à possibilidade de reaquisição da nacionalidade brasileira. No caso do inciso I do § 4º do art. 12 (cancelamento da naturalização), entende-se que o naturalizado só pode voltar a ser brasileiro se conseguir reverter a ação de cancelamento, o que se faz, quando possível, por meio da ação rescisória. "Mas e o brasileiro nato que perder a nacionalidade? Pode voltar a ser brasileiro?" A resposta é sim. "Mas, se voltar a ser brasileiro, voltará como nato ou naturalizado?" A doutrina é dividida. Parte defende que o brasileiro voltaria como nato (com base no que dispõe a Lei nº 818/1949). É a posição de José Afonso da Silva. Outra parte crê que, como a nacionalidade originária só se adquire em virtude do nascimento, o nato só voltaria a ter esse status *se nascesse de novo. Essa tese é adotada, entre outros, por Alexandre de Moraes. Embora consideremos interessante a discussão (preferimos a segunda teoria), é difícil que o tema seja cobrado em prova, por causa da divergência.*

QUADRO-RESUMO

NACIONALIDADE

ESPÉCIES DE NACIONALIDADE	
Originária (art. 12, I)	**Derivada (art. 12, II)**
– Nascidos no Brasil, a não ser que sejam filhos de pais estrangeiros que estejam a serviço do país (*jus solis*) – Nascidos no estrangeiro, filhos de pai brasileiro ou mãe brasileira que esteja a serviço do Brasil (*jus sanguinis*) – Nascidos no estrangeiro, filhos de pai brasileiro ou mãe brasileira que não esteja a serviço do Brasil, desde que sejam registrados na repartição brasileira competente ou venham a residir no Brasil e optem, a qualquer tempo, depois da maioridade, pela nacionalidade brasileira (*jus sanguinis* combinado)	– Naturalizados na forma da lei – Originários de países lusófonos: 1 ano de residência + idoneidade moral – Originários de qualquer nacionalidade: mais de 15 anos de residência, mas não ter condenação criminal – Portugueses equiparados (quase-nacionalidade): são equiparados aos brasileiros naturalizados, se houver reciprocidade

Distinções entre brasileiros:

- Extradição (brasileiro nato não pode ser extraditado em caso algum; brasileiro naturalizado somente em caso de crime comum cometido antes da naturalização ou por tráfico de drogas)
- Cargos privativos de brasileiros natos
- Função de cidadão no Conselho da República
- Propriedade de empresa jornalística (é privativa de natos ou naturalizados há mais de 10 anos)

Perda da nacionalidade:

- Cancelamento da naturalização, por sentença judicial transitada em julgado
- Aquisição de outra nacionalidade, por meio de naturalização por livre e espontânea vontade

CAPÍTULO 9
Direitos Políticos

1. CIDADANIA

1.1 Ativa (capacidade eleitoral ativa)

É o direito de votar.

1.2 Passiva (capacidade eleitoral passiva)

É o direito de ser votado.

Questão de Concurso

(Cespe/TRE-ES/Técnico/2011) O *status* de cidadão tem duas dimensões: a ativa, que se traduz pela capacidade de exercício do sufrágio, e a passiva, traduzida pela legitimação para o acesso a cargos públicos.

Gabarito: certo.

2. SUFRÁGIO

É o direito de participar da vida política nacional, de influir nas decisões políticas.

O sufrágio deve ser universal, isto é, não se admite qualquer hipótese de sufrágio restrito (= discriminatório), tais como o sufrágio de gênero, censitário (= pela renda), racial ou capacitário (= pelo grau de instrução). Aliás, o sufrágio universal é cláusula pétrea (art. 60, § 4º, II).

3. VOTO

É o instrumento para o exercício do sufrágio; o mecanismo por meio do qual o povo influencia nas decisões políticas.

O voto tem as seguintes características:

3.1 Direto

Nós elegemos diretamente todos os representantes, e não algumas pessoas que vão eleger os representantes.

CUIDADO!

Na esfera federal, só existe um caso de voto indireto, mas que foi criado pelo próprio constituinte originário. É a hipótese do § 1º do art. 81 (quando houver vacância dos cargos de Presidente e de Vice-Presidente da República nos dois últimos anos do mandato).

3.2 Secreto

O voto é sigiloso; a cabine eleitoral é indevassável.

3.3 Periódico

O voto deve ser exercido em intervalos definidos de tempo, até porque os mandatos são temporários.

3.4 Paritário ou igualitário

Voto com valor igual para todos.

3.5 Obrigatório

Para a maioria da população, o voto é, ao mesmo tempo, um direito e um dever.

ATENÇÃO!

As quatro primeiras características são cláusulas pétreas, ou seja, não podem ser abolidas nem mesmo por emenda à Constituição (art. 60, § 4º, I, II e IV – o voto paritário decorre do direito à igualdade, que é um direito individual). No entanto, a obrigatoriedade do voto não é cláusula pétrea: pode ser extinta, desde que o seja por emenda constitucional.

Questão de Concurso

(Cespe/TRT21/Analista Judiciário – Execução de Mandados/2011) O voto, que deve ser exercido de forma direta, apresenta os caracteres constitucionais de personalidade, obrigatoriedade, liberdade, sigilosidade, igualdade e periodicidade. A igualdade revela-se no fato de que todos os cidadãos têm o mesmo valor no processo eleitoral.

Gabarito: certo (as demais características do voto, todas corretas, são citadas pela doutrina do Direito Eleitoral).

4. ESCRUTÍNIO

É o modo de exercício do sufrágio, a forma como se colhem os votos. É o que se chama, na linguagem comum, de eleição (na verdade, a eleição é um procedimento: o escrutínio – votação + apuração – é apenas uma das fases desse procedimento).

Questão de Concurso

(FCC/DPE-PR/Defensor/2008) Percebe-se que o sufrágio universal, o voto e o escrutínio são sinônimos que integram a teoria dos direitos políticos positivos e a ideia nuclear da democracia.

Gabarito: errado. Sufrágio, voto e escrutínio não são sinônimos.

5. ALISTAMENTO ELEITORAL

5.1 Proibido

Não podem alistar-se como eleitores os chamados inalistáveis:

a) os estrangeiros;

b) e, durante o serviço militar obrigatório, os conscritos.

5.2 Obrigatório

O alistamento eleitoral e o voto são obrigatórios para quem tem entre 18 e 70 anos e é alfabetizado.

5.3 Facultativo

O alistamento eleitoral e o voto são facultativos para:
a) menores de 18 anos (e que sejam maiores de 16);
b) maiores de 70 anos;
c) analfabetos (qualquer que seja a idade).

Questão de Concurso

(FCC/DPSPO - Oficial da Defensoria Pública de São Paulo/2008) Nos termos do que estabelece a Constituição Federal, a soberania popular será exercida pelo sufrágio universal e pelo voto direto e secreto
a) obrigatório para os maiores de dezesseis anos.
b) obrigatório para todos.
c) obrigatório para todos, inclusive para os maiores de 70 (setenta) anos.
d) facultativo para os maiores de 60 (sessenta) anos.
e) facultativo para os analfabetos e maiores de 70 (setenta) anos.

Gabarito: e.

6. CONDIÇÕES DE ELEGIBILIDADE (art. 14, § 3º)

São os requisitos que qualquer pessoa deve preencher para poder ser eleito. Entre eles, podemos destacar dois:

6.1 Filiação partidária

No Brasil, não se admite candidatura avulsa. Por isso, qualquer pessoa que queira exercer mandato eletivo deve estar registrada por um partido político.

Aliás, foi com base nessa regra que o TSE e o STF decidiram que a troca injustificada de partido (infidelidade partidária) durante o mandato gera a perda do cargo. Causas justificadas, segundo a jurisprudência, são, por exemplo: mudança de ideologia partidária, fundação de novo partido, perseguição etc.

Questão de Concurso

(Cespe/TRE-BA/Analista Judiciário - Área Judiciária/2010) É vedada a mudança de partido, impondo-se a perda do mandato, conforme o entendimento do TSE, por configurar infidelidade partidária, ainda quando o mandatário pretenda fundar novo ente partidário.

Gabarito: errado. A fundação de novo partido é considerada causa justa.

(Cespe/TRE-BA/Analista Judiciário – Área Judiciária/2010) É permitida a mudança de partido, sem perda de mandato, para quem demonstre a justa causa da mudança, como a perseguição por motivos políticos.

Gabarito: certo.

(Cespe/TRE-BA/Analista Judiciário – Área Judiciária/2010) A perda de mandato por infidelidade partidária decorre de interpretação da justiça eleitoral, promovida pelo TSE, pois a Lei dos Partidos não é específica quanto a essa questão.

Gabarito: certo. Nem a Constituição nem a Lei Orgânica dos Partidos Políticos preveem expressamente a perda do mandato por infidelidade partidária. Trata-se de uma construção jurisprudencial.

6.2 Idade mínima (exigida, segundo o TSE, na data da posse)

Idade	Cargo
18	Vereador
30	Governador Vice-Governador
35	Presidente da República Vice-Presidente da República Senador
21	Demais cargos eletivos: – Deputado (Federal, Estadual ou Distrital) – Prefeito – Juiz de Paz – Ministro de Estado

7. INELEGIBILIDADE

São hipóteses que impedem a pessoa de ser candidato.

Não se confundem as inelegibilidades com as condições de elegibilidade:

	Inelegibilidades	Condições de elegibilidade
Conteúdo	Situações em que a pessoa não pode incidir, sob pena de não poder ser eleita	Requisitos que a pessoa deve cumprir para poder ser eleita
Regulamentação	Por lei complementar (LC nº 64/1990 e alterações)	Por lei ordinária (Lei nº 9.504/1997 e alterações)
Previsão	Art. 14, §§ 5º a 9º	Art. 14, § 3º

7.1 Inelegibilidades absolutas

Impedem a pessoa de concorrer a qualquer cargo.

7.1.1 Inalistáveis

Não podem registrar-se como eleitores; logo, não podem ser eleitos.

7.1.2 Analfabetos

Podem votar, mas não podem ser votados para cargo algum; são alistáveis, mas inelegíveis; possuem capacidade eleitoral ativa, mas não capacidade eleitoral passiva.

> **Questão de Concurso**
>
> (Cespe/MS/Analista Técnico-Administrativo/2010) Aos analfabetos é concedido o direito facultativo de votar, mas não podem ser eleitos para exercer mandato político.
>
> *Gabarito: certo.*

7.2 Inelegibilidades relativas

Impedem a candidatura a determinados cargos, e apenas durante um período determinado.

7.2.1 Inelegibilidade em virtude de exercício prévio de dois mandatos seguidos no Executivo (art. 14, § 5º)

A reeleição (art. 14, § 5º) é permitida aos titulares de cargos do Executivo (Presidente/Governador/Prefeito) para um só período subsequente. Até pode haver o exercício de três mandatos do Executivo, desde que não consecutivos. Note-se que a restrição à reeleição para um mandato subsequente constava da redação original da Constituição, mas a EC nº 16/1997 permitiu **uma** reeleição para um mandato seguido. É preciso perceber, também, que, para cargos do Poder Legislativo, não há qualquer limitação à reeleição.

Se o Chefe do Executivo desejar se candidatar novamente ao mesmo cargo, para um mandato subsequente (reeleição), não precisará se afastar das funções. Se, porém, desejar candidatar-se a **outros cargos**, deverá promover a desincompatibilização (art. 14, § 6º). Deverá licenciar-se do cargo que ocupa até seis meses antes de disputar outro cargo eletivo.

7.2.2 Inelegibilidade em virtude do parentesco (inelegibilidade reflexa) (art. 14, § 7º)

Os parentes (consanguíneos ou afins, inclusive por adoção) dos Chefes do Executivo ou de quem os haja sucedido ou substituído nos seis meses anteriores à eleição não podem candidatar-se a cargos na mesma circunscrição do titular. Trata-se da chamada inelegibilidade reflexa, pois o inelegível não está nessa situação por si só, mas por causa de outra pessoa, seu parente. Observe que a inelegibilidade fica restrita ao território de circunscrição do titular. Se o parente foi Governador, a pessoa não poderá ser candidato a cargo cuja eleição ocorra no Estado (inclusive Senador e Deputado Federal). Se for o Presidente da República, não poderá o parente ser candidato a cargo algum no Brasil.

Ademais, essa inelegibilidade diz respeito aos parentes de titulares de cargos do **Executivo** (Presidente, Governador e Prefeito). Parentes de Deputados, Senadores e Vereadores não são alcançados pela regra restritiva. Há outra ressalva: se o parente em questão já for titular de mandato eletivo, pode ele, se for o caso, candidatar-se à reeleição.

A dissolução da sociedade ou do vínculo conjugal, no curso do mandato, não afasta a inelegibilidade prevista no § 7º do art. 14 da Constituição Federal (Súmula Vinculante nº 18).

Questão de Concurso

(Cespe/TJES/Analista Judiciário – Área Administrativa/2011) Considere a seguinte situação hipotética. José, que jamais exerceu qualquer cargo eletivo, é irmão de Josias, que, por sua vez, é Prefeito de determinado município. Nessa situação, caso José pretenda lançar-se candidato a Vereador, sua candidatura não poderá ser apresentada no mesmo Município em que seu irmão Josias é Prefeito.

Gabarito: certo. Como Josias é Prefeito (cargo do Executivo), seus parentes não podem ser candidatos a cargo algum no mesmo território em que ele exerce o mandato (regra geral). Como José não era titular de mandato eletivo, não se enquadra na exceção prevista no final do art. 14, § 7º, sendo realmente inelegível.

7.2.3 Outros casos previstos em lei complementar (art. 14, § 9º)

Os casos de inelegibilidade previstos na CF não são taxativos: podem ser previstas outras hipóteses, desde que a previsão se faça por meio de lei complementar.

Questão de Concurso

(Cespe/TRF5/Juiz Federal/2011) As hipóteses de inelegibilidade, por configurarem circunstâncias que impedem o cidadão de exercer total ou parcialmente a capacidade eleitoral passiva, constam de rol taxativo previsto na CF.

Gabarito: errado. As hipóteses de inelegibilidade formam um rol meramente exemplificativo. Podem ser ampliadas por lei complementar.

8. PERDA E SUSPENSÃO DOS DIREITOS POLÍTICOS (ART. 15)

A cassação de direitos políticos é vedada (proibida) no Brasil. Tal instituto consistia na declaração unilateral do Poder Executivo, por motivos ideológicos, de que a pessoa por ela atingida não mais poderia exercer os direitos políticos, geralmente de modo definitivo. Justamente por isso, seria hoje inconstitucional, por violar a garantia da proibição das penas de caráter perpétuo e a cláusula do devido processo legal. As restrições possíveis no ordenamento brasileiro são a perda e a suspensão dos direitos políticos. Costuma-se dizer que a perda ocorre de modo definitivo, com o que não concordamos, pois, dessa forma, estaríamos diante de uma pena de caráter perpétuo. Na realidade, existem duas distinções entre a perda e a suspensão dos direitos políticos.

Primeiramente, a perda ocorre por prazo **indeterminado** (o que não quer dizer definitivo), ao passo que a suspensão pode ocorrer por prazo **determinado** ou **indeterminado**. Por outro lado, a perda permite, sim, a reaquisição dos direitos políticos, mas essa reaquisição não se dá de forma automática (é preciso se alistar novamente como eleitor). Ao revés, a suspensão permite a reaquisição automática dos direitos políticos. Por exemplo: a condenação criminal transitada em julgado é causa de suspensão, pois, uma vez cessada a condenação, a pessoa readquire automaticamente os direitos políticos. Já no caso do cancelamento da naturalização (hipótese de perda), mesmo que a pessoa consiga anular o cancelamento da naturalização, será necessário alistar-se novamente como eleitor (pois a reaquisição dos direitos não é automática.

São hipóteses de **suspensão dos direitos políticos**:

a) a incapacidade civil absoluta transitória (inciso I; v. CC, art. 3º, III);

b) improbidade administrativa (V) e

c) condenação criminal transitada em julgado (III), enquanto durarem seus efeitos.

Por outro lado, a perda ocorrerá nos casos de cancelamento de naturalização por sentença transitada em julgado (I) e recusa de cumprir obrigação legal a todos imposta ou prestação social alternativa (IV).

Divergência!

Nesse último caso (recusa em cumprir obrigação legal a todos imposta), há divergência entre a doutrina e a legislação. Segundo a quase unanimidade da doutrina, trata-se de um caso se perda. Afinal, mesmo que a pessoa cumpra a obrigação não adimplida, será necessário alistar-se novamente como eleitor (a reaquisição não é automática). Já as leis que tratam do serviço militar obrigatório e da participação no tribunal do júri falam em suspensão dos direitos políticos.

E na prova? O que marcar (perda ou suspensão)? As bancas elaboradoras não costumam cobrar esse tema, por causa da divergência. Esaf e FCC possuem questões antigas que dão como resposta a perda. O Cespe cobrou recentemente esse tema na prova da Abin para Agente de Inteligência (2008) e deu como resposta a suspensão. Houve recurso, sugerido por nós, e o Cespe anulou a questão, o que dá a entender que o tema não deverá ser cobrado novamente. Se o for, recomendamos ao concursando assinalar a perda como a hipótese mais adequada – embora, repita-se, exista a divergência.

Na prova Cespe/TRF5/Juiz Federal/2011, o gabarito oficial definitivo considerou correta a afirmação de que se trata de um caso de perda dos direitos políticos.

Questão de Concurso

(Cespe/TRF5/Juiz Federal/2011) Apesar de a prestação de serviço militar ser obrigatória, a recusa em cumpri-la é admitida sob a alegação do direito de escusa de consciência, cabendo, nesse caso, às forças armadas atribuir àquele que exercer esse direito serviço alternativo em tempo de paz, cuja recusa enseja como sanção a declaração da perda dos direitos políticos.

Gabarito: certo.

9. ANTERIORIDADE DA LEI ELEITORAL (ART. 16)

Ver comentários no item 4.4. do capítulo sobre Direitos e Garantias Individuais e Coletivos.

QUADRO-RESUMO

DIREITOS POLÍTICOS

Cidadania	Ativa	Direito de votar
	Passiva	Direito de ser votado
Sufrágio	Direito de participação	É universal (cláusula pétrea)
Voto	Instrumento para o exercício do sufrágio	Direito (cláusula pétrea)
		Secreto (cláusula pétrea)
		Periódico (cláusula pétrea)
		Paritário (cláusula pétrea)
		Obrigatório (não é cláusula pétrea)
Escrutínio	Modo de exercício do sufrágio	Corresponde a votação + eleição
Alistamento eleitoral	Proibido	Inalistáveis (estrangeiros e conscritos)
	Obrigatório	Pessoas entre 18 e 70 anos que forem alfabetizadas
	Facultativo	Menores de 18 anos (e maiores de 16 anos); maiores de 70 anos; analfabetos
Condições de elegibilidade	14, § 3º (regulados por lei ordinária)	Idade mínima, filiação partidária etc.
Inelegibilidades (art. 14, §§ 5º a 9º): reguladas por lei complementar	Absolutas	– Analfabetos – Inalistáveis
	Relativas	– Prévio exercício por duas vezes consecutivas de mandato do Executivo – Reflexa (parentesco): lembrar que a dissolução do vínculo não vale para a eleição imediatamente seguinte (Súmula Vinculante nº 18) – Outros casos previstos em lei complementar (o rol não é taxativo)
Perda e suspensão	Perda	Cancelamento da naturalização e recusa em cumprir obrigação legal
	Suspensão	Incapacidade civil absoluta, condenação criminal transitada em julgado ou improbidade administrativa

CAPÍTULO 10
Organização do Estado

1. FEDERAÇÃO

1.1 Origens

A forma federativa de Estado surgiu nos Estados Unidos da América, em 1787, como um "meio-termo" à adoção de um Estado Unitário ou de uma mera confederação.

Estado Unitário	Estado Federal	Confederação
Um só país	Um só país	Vários países unidos
Entes regionais possuem apenas autonomia	Entes regionais possuem autonomia política	Entes regionais possuem soberania (países independentes)
Indissolúvel	Indissolúvel	Dissolúvel
União de Direito Constitucional (interno)	União de Direito Constitucional (interno)	União de Direito Internacional
Exemplo atual: Portugal	Exemplo atual: Brasil	Exemplo atual: Mercosul

1.2 Modelos

1.2.1 Federalismo centrípeto (por agregação): EUA

No caso dos EUA, por exemplo, o federalismo se formou por centralização ou por agregação (federalismo centrípeto). Esse é o modelo clássico, no qual vários Estados independentes se reúnem para dar origem a um Estado Federal. Em tal situação, é comum que os Estados-membros resguardem para si uma grande parcela de competências e atribuições, se comparadas ao plexo de matérias atribuídas à União.

1.2.2 Federalismo centrífugo (por desagregação): Brasil

Já no caso do Brasil, o federalismo se formou de maneira diametralmente oposta. Havia, aqui, um só Estado unitário, que, por força de movimentos autonomistas internos (tais como a Revolução Farroupilha e a Revolução Praieira), terminou subdividindo-se, transformando-se em um Estado Federal. Esse é o movimento conhecido como federalismo por desagregação, ou centrífugo, no qual é comum que a União tenha mais competências do que os Estados-membros.

Questão de Concurso

(Cespe/PGE-AL/Procurador/2009) Doutrinariamente, entende-se que a formação da Federação brasileira se deu por meio de movimento centrípeto (por agregação), ou seja, os estados soberanos cederam parcela de sua soberania para a formação de um poder central. Isso explica o grande plexo de competências conferidas aos Estados-membros brasileiros pela CF se comparados à pequena parcela de competências da União.

Gabarito: errado. O modelo brasileiro é o federalismo por desagregação.

1.3 Características de qualquer Federação

Característica	Significado	Caso brasileiro
Autonomia política dos entes federativos	– Autolegislação (poder de editar suas próprias leis) – Autogoverno (poder de eleger os próprios governantes) – Auto-organização (poder de elaborar a própria Constituição estadual ou lei orgânica municipal) – Autoadministração (poder de gerenciar os próprios recursos e elaborar o próprio orçamento)	União, Estados, DF e Municípios possuem todas essas quatro prerrogativas
Indissolubilidade do vínculo	Não há direito de secessão	A Federação é cláusula pétrea. Se qualquer ente tentar retirar-se, deverá sofrer intervenção
Existência de um órgão legislativo representativo da vontade dos Estados-membros	Por isso, o Poder Legislativo Federal deve ser bicameral	O Senado Federal é a Casa da Federação, formada por representantes dos Estados e do DF

Existência de um Tribunal Federativo	Tribunal para resolver conflitos da Federação	Cabe ao STF processar e julgar "as causas e os conflitos entre a União e os Estados, a União e o Distrito Federal, ou entre uns e outros, inclusive as respectivas entidades da administração indireta" (art. 102, I, *f*)
Nacionalidade única	A nacionalidade é uma só, independentemente do lugar dentro do país em que a pessoa nasceu	Nacionalidade brasileira: art. 12

Questão de Concurso

(Cespe/MPU/Analista Processual/2010) As capacidades de auto-organização, autogoverno, autoadministração e autolegislação reconhecidas aos estados federados exemplificam a autonomia que lhes é conferida pela Carta Constitucional.

Gabarito: certo.

(Cespe/PGE-AL/Procurador/2009) As Constituições dos Estados organizados sob a forma federativa possuem, em regra, instrumentos para coibir movimentos separatistas. No Brasil, a CF prevê a possibilidade de se autorizar a intervenção da União nos Estados para manter a integridade nacional e considera a forma federativa de Estado uma cláusula pétrea.

Gabarito: certo.

2. ENTES FEDERATIVOS

São as pessoas políticas, isto é, os entes que compõem a Federação. Possuem autonomia política, e não apenas administrativa. São eles: a União, os Estados, o DF e os Municípios.

CUIDADO!

Adota-se, no Brasil, o federalismo de 3º grau, pois DF e Municípios também são reconhecidos como entes federativos. A Federação brasileira era de 2º grau, até a promulgação da CF/1988, quando o DF e os Municípios ganharam autonomia política, e a nossa Federação passou a adotar o federalismo de 3º grau.

Questão de Concurso

(Cespe/MPE-RN/Promotor/2009) Existia no Brasil um federalismo de segundo grau até a promulgação da CF, após a qual o país passou a ter um federalismo de terceiro grau.

Gabarito: certo.

ATENÇÃO!

Os Territórios Federais – que atualmente não existem, mas podem vir a ser criados por lei complementar (art. 33) – não são entes federativos; não possuem autonomia política, mas meramente administrativa; são meras autarquias da União.

Questão de Concurso

(Esaf/MPOG/Especialista/2008) Assinale a opção que contempla todos os entes da organização político-administrativa da República Federativa do Brasil, nos termos da Constituição.

a) União, Estados, Distrito Federal e Municípios, todos soberanos.
b) União, Estados, Distrito Federal, Territórios Federais e Municípios, todos soberanos.
c) União, Estados, Distrito Federal, Territórios Federais e Municípios, todos independentes.
d) União, Estados, Distrito Federal, Territórios Federais e Municípios, todos autônomos.
e) União, Estados, Distrito Federal e Municípios, todos autônomos.

Gabarito: e. Nenhum ente federativo é soberano (são apenas autônomos). E os Territórios não são entes federativos.

3. VEDAÇÕES FEDERATIVAS

São proibições constantes do art. 19 e dirigidas a todos os entes federativos:

> **Art. 19.** É vedado à União, aos Estados, ao Distrito Federal e aos Municípios:
> I – estabelecer cultos religiosos ou igrejas, subvencioná-los, embaraçar-lhes o funcionamento ou manter com eles ou seus representantes relações de dependência ou aliança, ressalvada, na forma da lei, a colaboração de interesse público;
> II – recusar fé aos documentos públicos;
> III – criar distinções entre brasileiros ou preferências entre si.

Questão de Concurso

(Funiversa/Apex-Brasil/Analista Pleno/Área Jurídica/2006) É possível, sob determinadas condições, que a União venha a recusar fé aos documentos públicos.

Gabarito: errado.

4. ALTERAÇÕES NA ESTRUTURA DA FEDERAÇÃO

Embora a Federação seja indissolúvel, pode haver alterações na sua estrutura interna.

4.1 Estados (art. 18, § 3º)

Pode haver a fusão (dois Estados se fundem para dar origem a um terceiro ente), a incorporação (um Estado "engole" o outro), a subdivisão (um Estado desaparece, dando origem a dois novos Estados) ou o desmembramento (um Estado perde um "pedaço", que passa a constituir novo ente federativo).

Fusão	A + B = C (novo Estado)
Incorporação	A + B = B (Estado A desaparece)
Subdivisão	A = B + C (o Estado original desaparece)
Desmembramento	A = A + B (o Estado A continua a existir)

Questão de Concurso

(Cespe/AGU/Advogado/2009) No tocante às hipóteses de alteração da divisão interna do território brasileiro, é correto afirmar que, na subdivisão, há a manutenção da identidade do ente federativo primitivo, enquanto, no desmembramento, tem-se o desaparecimento da personalidade jurídica do Estado originário.

Gabarito: errado. Na subdivisão, o Estado original desaparece, enquanto no desmembramento, há a manutenção da personalidade jurídica original.

Requisitos para alteração nos Estados:

- Aprovação da proposta pelas populações diretamente interessadas, em plebiscito convocado pelo Congresso Nacional.
- Criação do Estado pelo Congresso Nacional, por meio de lei complementar federal.

CUIDADO!

Segundo o STF, devem ser ouvidas todas as populações envolvidas: tanto a que quer se separar quanto a que sofrerá a separação.

ATENÇÃO!

Mesmo que a proposta seja aprovada em plebiscito, o Congresso não é obrigado a aprovar a lei complementar.

4.2 Municípios (art. 18, § 4º)

Requisitos para a alteração na estrutura dos Municípios:

- Edição de lei complementar estipulando o período em que poderá ser feita a criação dos Municípios.

CUIDADO!

Como tal lei complementar não foi criada ainda, atualmente não pode haver a criação de novos Municípios.

- Realização de Estudo de Viabilidade Municipal (EVM) atestando que o Município é viável.
- Aprovação da proposta pelas populações diretamente envolvidas, por meio de plebiscito.
- Criação do Município pela Assembleia Legislativa Estadual, por meio de lei ordinária estadual.

5. BENS DA UNIÃO E DOS ESTADOS (ARTS. 20 E 26)

Bens da União (art. 20)	Explicação
Os que atualmente lhe pertencem e os que lhe vierem a ser atribuídos	O rol de bens da União não é taxativo: é meramente exemplificativo
As terras devolutas indispensáveis à defesa das fronteiras, das fortificações e construções militares, das vias federais de comunicação e à preservação ambiental, definidas em lei	Terras devolutas: não estão registradas em nome de nenhum particular, logo são públicas – Só são da União as terras devolutas indispensáveis a uma dessas quatro finalidades: as demais pertencem aos Estados-membros (art. 26, IV) – Toda terra devoluta é pública, mas nem toda terra devoluta é da União

Os lagos, rios e quaisquer correntes de água em terrenos de seu domínio, ou que banhem mais de um Estado, sirvam de limites com outros países, ou se estendam a território estrangeiro ou dele provenham, bem como os terrenos marginais e as praias fluviais	Regra: só pertencem aos Estados-membros os rios que nascem e morrem dentro do mesmo Estado; os demais pertencem à União
As ilhas fluviais e lacustres nas zonas limítrofes com outros países; as praias marítimas; as ilhas oceânicas e as costeiras, excluídas, destas, as que contenham a sede de Municípios, exceto aquelas áreas afetadas ao serviço público e a unidade ambiental federal, e as referidas no art. 26, II	– Ilhas oceânicas: longe da costa – Ilhas costeiras: perto da costa – Ilhas oceânicas e costeiras pertencem à União, mas, nas costeiras, pode haver a sede de Municípios (esses terrenos serão, então, bens municipais)
O mar territorial	Faixa de 12 milhas náuticas ao longo da costa que é considerada território brasileiro
Os recursos naturais da plataforma continental e da zona econômica exclusiva	ZEE: Faixa que vai das 12 até as 200 milhas náuticas e, embora não seja território nacional, só a União pode explorar
Terrenos de marinha e seus acrescidos	Faixa de 33 metros ao longo das praias marítimas e aterros que pertencem à União
Os potenciais de energia hidráulica	Mesmo que a corrente de água seja estadual ou particular, a energia dela gerada pertence à União
Os recursos minerais, inclusive os do subsolo	O proprietário do solo tem direito a participação no produto da lavra, ou compensação financeira (*royalties*)
As cavidades naturais subterrâneas e os sítios arqueológicos e pré-históricos	Grutas, cavernas, sítios com pinturas rupestres etc.
As terras tradicionalmente ocupadas pelos índios	As terras indígenas não pertencem aos índios: pertencem à União. As comunidades indígenas têm apenas o usufruto desses bens (art. 232)

Questão de Concurso

(Cespe/MS/Agente/2008) Na definição dos bens da União, o rol enumerado na CF é exemplificativo, podendo outros lhes serem atribuídos.

Gabarito: certo (art. 20, I).

(Cespe/TJ-AL/Juiz Substituto/2009) São bens da União as terras devolutas.

Gabarito: errado. Não necessariamente: as terras devolutas podem pertencer à União ou aos Estados.

(Cespe/MPOG/2008) Sabendo-se que o rio Jari estabelece parte da fronteira entre os Estados do Amapá e do Pará, é correto afirmar que esse rio deve ser considerado um bem público da União.

Gabarito: certo. Como banha mais de um Estado, o rio pertence à União.

QUADRO-RESUMO

ORGANIZAÇÃO DO ESTADO

1 FEDERAÇÃO

1.1 Modelos: centrípeto (agregação) – modelo americano; centrífugo (desagregação) – modelo brasileiro.

1.2 Características:
- Autonomia política dos entes federativos
- Indissolubilidade do vínculo
- Existência de um órgão legislativo representativo da vontade dos Estados-membros
- Existência de um Tribunal Federativo
- Nacionalidade única

2 ENTES FEDERATIVOS

União, Estados, DF e Municípios (federalismo de 3º grau).

3 ALTERAÇÕES NA ESTRUTURA

Estados	Municípios
Procedimento bifásico	Procedimento quadrifásico
Plebiscito + criação pelo Congresso	Lei Complementar Federal (prevendo o período) + EVM + Plebiscito + criação pela Assembleia
Atualmente já é possível a alteração	Só será possível alteração quando for feita a lei complementar federal
Criação se dá por lei complementar federal	Criação se dá por lei ordinária estadual

4 BENS DA UNIÃO

Principais tópicos:
- Rol exemplificativo
- Rios: só são dos Estados se nascerem e morrerem no território do Estado
- Terras devolutas: podem ser da União ou dos Estados
- Terras indígenas: pertencem à União
- Recursos minerais, inclusive do subsolo: pertencem à União

CAPÍTULO 11
Repartição de Competências

1. CRITÉRIOS

1.1 Interesse predominante

A competência para desempenhar determinada atividade deve ser atribuída ao ente federativo cujo interesse predomine.

Exemplos:

Competência	Interesse predominante	Ente competente
Legislar sobre assuntos de interesse local	Local	Município (art. 30, I)
Manter o serviço postal e o correio aéreo nacional	Nacional	União (art. 21, X)
Instituir regiões metropolitanas, aglomerações urbanas e microrregiões, constituídas por agrupamentos de Municípios limítrofes	Regional	Estados (art. 25, § 3º)

1.2 Subsidiaridade

Uma competência só deve ser atribuída aos Estados se os Municípios não puderem exercê-la; e só deve ser atribuída à União se os Estados não puderem exercê-la.

Exemplos:

- Emitir moeda:

  a) Municípios têm condição de exercer? Não.

  b) Estados têm condição de exercer? Não.

  Competência da União (art. 21, VII).

- Transporte urbano de passageiros:
  a) Municípios têm condição de exercer? Sim.
  Competência municipal (art. 30, V).

- Transporte intermunicipal:
  a) Municípios têm condição de exercer? Não.
  b) Estados têm condição de exercer? Sim.
  Competência estadual (art. 25, § 1º).
- Transporte interestadual e internacional
  a) Municípios têm condição de exercer? Não.
  b) Estados têm condição de exercer? Não.
  Competência da União (art. 21, XII, *e*).

2. CLASSIFICAÇÃO

2.1 Quanto à matéria (conteúdo)

2.1.1 Competências materiais (administrativas)

São atribuições para fazer algo, para desempenhar determinada atividade, para explorar um serviço público. Ex.: competência para manter o serviço educacional; competência dos Estados para explorarem o serviço de gás natural canalizado. Na CF, geralmente são previstas na forma de verbos (explorar, autorizar, emitir etc.).

2.1.2 Competências legislativas

Competências para legislar sobre determinada matéria, para normatizar determinado ramo do Direito (Civil, Penal, Financeiro, Desapropriação).

2.2 Quanto à titularidade

Aqui se analisa quem é o titular da competência e em que regime se dá essa titularidade.

2.2.1 Competências atribuídas a um só ente (só União, só Estados ou só Municípios)

• **Competências exclusivas**
São enumeradas (explícitas) e indelegáveis – não podem ser delegadas a outros entes federativos, em virtude de não existir autorização constitucional para tanto.

Ex.: competência da União para emitir moeda; competência dos Municípios para legislarem sobre assuntos de interesse local.

- **Competências privativas**

São também enumeradas (explícitas), só que delegáveis (por meio de lei complementar). Ex.: competência da União para legislar sobre Direito Civil, Penal, Eleitoral, entre outros.

- **Competências reservadas ou remanescentes**

São implícitas (remanescentes) e atribuídas aos Estados. A CF enumera as competências federais e municipais, as restantes serão estaduais (art. 25, § 1º)

- **Competências residuais**

São também implícitas, mas atribuídas à União e em matéria tributária. Difere da competência reservada porque:

a) a reservada é atribuída aos Estados, a residual, à União;

b) a competência reservada é em matéria geral; a residual, em matéria tributária;

c) na competência reservada, a CF enumera as competências federais e municipais, as demais são dos Estados; já na competência residual, enumeram-se as competências federais, estaduais e municipais e o que porventura restar é da União.

Divergência doutrinária!

Parte da doutrina não aceita a distinção entre competências reservadas e residuais, mas essa categoria específica já foi cobrada em prova da Esaf (CGU/AFC/2004). A maioria das bancas toma como sinônimas as expressões "competências residuais" e "competências reservadas/remanescentes" – inclusive o Cespe –, mas a Esaf costuma cobrar a distinção entre ambas.

2.2.2 Competências atribuídas a mais de um ente (União, Estados, DF e Municípios ou União, Estados e DF)

- **Competências comuns**

São de todos os entes ao mesmo tempo, simultaneamente. Trazem para todos os entes federativos uma obrigação solidária (comum) de efetivar as competências, de modo que a omissão de um não desobriga os demais de cumprirem completamente a obrigação. A CF atribui como competências comuns funções importantes, tais como saúde, educação, preservação do meio ambiente, do patrimônio histórico e cultural.

• **Competências concorrentes**

Trata-se do método alemão das chamadas competências-quadro. A União legisla sobre normas gerais (quadro), e os Estados e o DF legislam sobre normas específicas (competência suplementar). Difere da competência comum porque, na legislação concorrente, cada ente atua em uma esfera específica. Inexistindo norma federal, os Estados e o DF exercem a competência legislativa plena isto é, na omissão federal, os Estados legislam sobre normas específicas e gerais. Caso, depois, sobrevenha lei federal, as leis estaduais **que veiculem normas gerais** ficam com a eficácia suspensa, se forem contrárias às normas gerais da União. Perceba-se que a lei federal não **revoga** nem **anula** a lei estadual. Não anula porque a lei estadual não possuía qualquer defeito ou vício; não revoga a lei porque só uma lei estadual pode revogar outra lei estadual. A lei apenas fica com a eficácia e a executoriedade suspensas, enquanto houver normas gerais da União que lhe sejam contrárias. E se a lei da União for revogada e não for substituída por outra? A lei estadual volta a valer, pois voltou a existir a omissão federal. Trata-se de repristinação? Não, pois a repristinação é a volta da lei **revogada**, e a lei estadual estava apenas suspensa.

- COMPETÊNCIA
  - UM SÓ ENTE
    - EXPLÍCITA (enumerada)
      - Delegável: PRIVATIVA
      - Indelegável: EXCLUSIVA
    - IMPLÍCITA
      - Estados-membros: RESERVADA/REMANESCENTE
      - União (matéria tributária): RESIDUAL (cobrada pela Esaf)
  - MAIS DE UM ENTE
    - Cada um com uma tarefa: CONCORRENTE
      - União: NORMAS GERAIS
      - Estados/DF: NORMAS ESPECÍFICAS
    - Responsabilidade compartilhada: COMUM (União/Estados/DF/Municípios

Dispositivo (artigo)	**Titular**	**Classificação quanto à matéria**	**Classificação quanto à titularidade**
21	União	Material	Exclusiva (indelegável)
22	União	Legislativa	Privativa (delegável aos Estados, mediante lei complementar – art. 22, parágrafo único)

Dispositivo (artigo)	Titular	Classificação quanto à matéria	Classificação quanto à titularidade
23	União, Estados, DF e Municípios	Material	Comum
24	União, Estados e DF	Legislativa	Concorrente
25, § 1º	Estados	Legislativa e Material	Reservada/Remanescente[3]
25, § 2º	Estados	Material	Exclusiva
25, § 3º	Estados	Legislativa	Exclusiva
30	Municípios	Legislativa e Material	Exclusiva
154, I	União	Legislativa	Residual
153	União	Legislativa	Exclusiva (matéria tributária)
155	Estados	Legislativa	Exclusiva (matéria tributária)
156	Municípios	Legislativa	Exclusiva (matéria tributária)

3. HIPÓTESES MAIS COBRADAS DE REPARTIÇÃO DE COMPETÊNCIAS

3.1 Legislar sobre Direito Civil, Penal, Processual, Comercial, do Trabalho, Agrário, Marítimo, Aeronáutico e Espacial

Competência privativa da União.

Questão de Concurso

(Cespe/Antaq/Técnico/2009) Compete privativamente à União legislar sobre direito marítimo, aeronáutico, espacial e do trabalho.

Gabarito: certo.

3.2 Legislar sobre Direito Tributário, Econômico, Financeiro, Penitenciário, Urbanístico, Ambiental, Consumidor

Competência concorrente da União, dos Estados e do DF.

---

[3] Para as bancas, exceto Esaf, pode também ser chamada de competência **residual**.

Questão de Concurso

(Cespe/MPE-ES/Promotor/2010) Compete privativamente à União legislar a respeito da responsabilidade por dano ao consumidor, a bens e direitos de valor artístico, estético, histórico, turístico e paisagístico.

Gabarito: errado.

3.3 Cuidar da natureza, da saúde, da educação, do patrimônio público, construção de moradias

Competência comum de todos os entes federativos.

Questão de Concurso

(Cespe/MPE-ES/Promotor/2010) É da competência exclusiva da União promover programas de construção de moradias e a melhoria das condições habitacionais e de saneamento básico.

Gabarito: errado.

3.4 Legislar sobre sistemas de consórcios e sorteios, inclusive bingos e loterias

Competência privativa da União (Súmula Vinculante nº 2).

Questão de Concurso

(Cespe/ME/Nível Superior/2008) É inconstitucional a lei ou ato normativo estadual ou distrital que disponha sobre sistemas de consórcios e sorteios, inclusive bingos e loterias, pois compete privativamente à União legislar sobre essa matéria.

Gabarito: certo.

3.5 Fixar horário de funcionamento do comércio (em geral)

Competência exclusiva dos Municípios (Súmula nº 645 do STF).

3.6 Fixar horário de funcionamento dos bancos

Competência privativa da União (porque afeta o sistema financeiro nacional).

3.7 Estipular tempo máximo de espera em fila de banco

Competência exclusiva dos Municípios (assunto de interesse local).

3.8 Exigir a instalação de equipamentos de segurança em agência bancária (detector de metais, porta giratória etc.)

Competência exclusiva dos Municípios (assunto de interesse local).

> **Questão de Concurso**
>
> (Cespe/TJ-SE/Juiz/2007) A edição de lei municipal que disponha sobre o tempo de atendimento do consumidor em estabelecimento bancário invade a competência da União para legislar sobre direito bancário.
>
> *Gabarito: errado.*

3.9 Explorar os serviços de gás canalizado

Competência dos Estados (art. 25, § 2º).

CAPÍTULO 12
Intervenção nos Estados, no DF e nos Municípios

1. NOÇÃO

É uma medida de exceção, somente justificável nos casos previstos exaustivamente na Constituição (trata-se de um rol fechado, taxativo, *numerus clausus*). Cuida-se de reduzir temporariamente a autonomia de um ente federativo em prol da unidade nacional e da estabilidade das instituições.

2. PROCEDIMENTO DA INTERVENÇÃO FEDERAL

2.1 Intervenção espontânea

Ocorre por iniciativa do Presidente da República sem a necessidade de provocação. É um ato *ex officio* e **discricionário**, no qual o próprio Presidente da República resolve decretar a intervenção federal. Será o procedimento adotado nas hipóteses dos incisos I, II, III e V do art. 34. O Controle Legislativo será feito pelo Congresso Nacional no prazo de 24 horas para se reunir e 24 horas para decidir. Se o Congresso já estiver reunido, terá somente 24 horas para votar a decisão. É decretada a intervenção e o controle é realizado posteriormente ao início do procedimento. No exercício desse controle, o Congresso deliberará se realmente é necessária a intervenção.

2.2 Intervenção por solicitação

É provocada por solicitação do Poder Executivo ou do Poder Legislativo e decretada pelo Presidente da República nas hipóteses do inciso IV do art. 34. A iniciativa ocorrerá por solicitação do Chefe do Poder coacto. Ex.: Presidente da Assembleia Legislativa ou Governador do Estado.

2.3 Intervenção por requisição

- **Art. 34, inciso IV. Para garantir o livre exercício de qualquer dos Poderes, quando um Poder intervier no poder de outro Poder.**
  Nesse caso, se o Poder coacto (Poder que esta sendo coagido) for o Poder Judiciário, haverá a intervenção na modalidade Requisição.
  A iniciativa é do Supremo Tribunal Federal - STF, que requisitará a intervenção federal. O STF não tomará essa medida de ofício, ele será provocado pelo Poder Judiciário estadual, que solicitará ao Tribunal a requisição para fins interventivos. O STF irá julgar se realmente é necessário intervir; se considerar que sim, requisitará a intervenção ao Presidente da República, que será obrigado a decretá-la (ato **vinculado**).

- **Art. 34, inciso VI (2ª parte). Para garantir o cumprimento das decisões judiciais.**
  A iniciativa, nesse caso, será do Superior Tribunal Eleitoral - TSE (se estiver sendo descumprida uma decisão judicial eleitoral), do Superior Tribunal de Justiça - STJ (se estiver sendo descumprida uma decisão judicial do próprio STJ) ou do Supremo Tribunal Federal - STF (nas demais matérias). A intervenção é instrumentalizada por um decreto **vinculado** do Presidente da República, sendo ele obrigado a decretar a intervenção federal. O Controle Legislativo é **dispensado**.

- **Art. 34, incisos VI (1ª parte) e VII. É o procedimento chamado de Representação Interventiva ou ADIn Interventiva**
  Nesse caso, a iniciativa é do Procurador-Geral da República. No caso de descumprimento de lei Federal ou no caso de descumprimento de um dos princípios sensíveis à intervenção federal, o Procurador-Geral da República ingressará no STF com uma ADIn Interventiva (Representação Interventiva). Se o STF julgar procedente a ação, requisitará ao Presidente da República que decrete a intervenção.

ATENÇÃO!

Princípios sensíveis (art. 34, VII): são aqueles que, quando violados, autorizam a intervenção federal:
a) forma republicana, sistema representativo e regime democrático;
b) direitos da pessoa humana;
c) autonomia municipal;

d) prestação de contas da administração pública, direta e indireta;
e) aplicação do mínimo exigido da receita resultante de impostos estaduais, compreendida a proveniente de transparências, na manutenção e desenvolvimento do ensino e nas ações e serviços públicos de saúde.

Questão de Concurso

(Cespe/PGE-PA/Advogado/2007) Mesmo quando os Estados deixam de aplicar o mínimo exigido da receita resultante de impostos estaduais, compreendida a proveniente de transferências, na manutenção e no desenvolvimento do ensino e em ações e serviços públicos de saúde, a União não pode intervir nesses Estados.

Gabarito: errado.

QUADRO-RESUMO

INTERVENÇÃO FEDERAL

<table>
<tr><th>Modalidade</th><th>Hipótese</th><th>Iniciativa</th><th>Decreto (PR)</th><th>Controle</th></tr>
<tr><td>Espontânea</td><td>Art. 34, I, II, III e V</td><td>Ex officio</td><td rowspan="2">Discricionário</td><td rowspan="2">Há controle Legislativo (24h para reunir + 24h para votar)</td></tr>
<tr><td>Solicitação</td><td>Art. 34, IV, quando o Poder coacto for o Executivo ou o Legislativo</td><td>Chefe do Executivo ou do Legislativo Estadual</td></tr>
<tr><td rowspan="3">Requisição</td><td>Art. 34, IV, quando o coaco for o Judiciário</td><td>TJ → STF</td><td rowspan="3">Vinculado</td><td>Há controle</td></tr>
<tr><td>Art. 34, VI (2ª parte)</td><td>TSE, STJ ou STF</td><td rowspan="2">Dispensa Controle Legislativo</td></tr>
<tr><td>Art. 34, VI (1ª parte), Art. 34, VII.</td><td>PGR → STF</td></tr>
</table>

CAPÍTULO 13
Poder Legislativo (Parte Geral)

1. ORIGEM

O Poder Legislativo surgiu na baixa Idade Média (1066-1215), na Inglaterra (Parlamento inglês), com a função primordial de fiscalizar as finanças do Rei. Só depois é que agregou a função de legislar.

2. ESTRUTURA

A estrutura do Legislativo de um país pode ser **unicameral** (existe apenas uma Casa Legislativa) ou **bicameral** (há duas Casas Legislativas). Nos Estados Federais, geralmente, adota-se o bicameralismo (quanto à Federação), para que uma Casa possa representar a população da Federação e a outra, os Estados federados. A Inglaterra é um dos raros exemplos em que um Estado unitário adota o bicameralismo.

Por sua vez, o bicameralismo é classificado em: igual (ambas as Casas estão em absoluta igualdade) ou desigual (uma das Casas, ainda que momentaneamente, possui certa superioridade sobre a outra). No Brasil, é adotado o bicameralismo (art. 44, *caput*) igual (embora, quanto ao processo legislativo, haja certa supremacia da Casa iniciadora, que pode ser tanto a Câmara quanto o Senado – mas que é, normalmente, a Câmara dos Deputados).

Essa estrutura, porém, não se repete nos Legislativos Estadual e Municipal unicamerais, exercidos, respectivamente, pelas Assembleias Legislativas e Câmaras Municipais (no DF, o Legislativo fica a cargo da Câmara Legislativa). Diz-se que, na esfera federal, o Brasil adota um bicameralismo igual ou paritário. Isso porque ambas as Casas (Câmara e Senado) encontram-se no mesmo patamar hierárquico e possuem atribuições semelhantes, quanto ao processo legislativo.

	Câmara dos Deputados	Senado Federal
Representação	Povo	Estados e DF
Número de representantes por unidade da Federação	Variável de acordo com a população	Fixo (3 por Estado)
Sistema de eleição	Proporcional	Majoritário
Mandato	4 anos	8 anos

CUIDADO!

Caso sejam criados, os Territórios elegerão número fixo de Deputados (4), mas não elegerão Senadores!

Questão de Concurso

(Cespe/AUGE-MG/Auditor Interno/2008) O Poder Legislativo é exercido nos Estados, no DF e nos Municípios, de forma unicameral, diferentemente do que ocorre em âmbito federal, em que se adota o sistema bicameral.

Gabarito: certo.

(FGV/PC-AP/Delegado/2010) A Câmara dos Deputados compõe-se de representantes do povo, eleitos, pelo sistema proporcional, em cada Estado, em cada Território e no Distrito Federal e o Senado Federal compõe-se de representantes dos Estados e do Distrito Federal, eleitos segundo o princípio majoritário.

Gabarito: certo.

3. REUNIÕES PARLAMENTARES

3.1 Legislatura

Legislatura: é o período de quatro anos em que Deputados e Senadores exercem seus mandatos (art. 44, parágrafo único). Coincide com o mandato de um Deputado Federal e com meio mandato de um Senador.

3.2 Sessão legislativa

Segundo a jurisprudência do STF, é o ano parlamentar (ADIn nº 2.010/DF, Relator Ministro Celso de Mello).

Pode ser ordinária ou extraordinária. A sessão legislativa ordinária é o período de um ano em que se desenvolvem as atividades parlamentares; vai de 2.2 a 17.7 e de 1º.8 a 22.12 (*caput*) – na redação da EC nº 50/2006 – , ou nos respectivos dias úteis subsequentes, se alguma data recair em sábado, domingo ou feriado (§ 1º). A SLO não será interrompida se não houver sido aprovado o projeto da Lei de Diretrizes Orçamentárias (§ 2º).

Já a sessão legislativa extraordinária é instalada quando há convocação extraordinária do Congresso durante o recesso, para tomar o compromisso de posse do Presidente e do Vice-Presidente da República, ou para deliberar sobre intervenção federal, estado de defesa ou estado de sítio, ou em outros casos de relevante interesse público.

4. IMUNIDADES PARLAMENTARES

4.1 Imunidade material (inviolabilidade): art. 53, *caput*

É a garantia de que alguns atos relativos ao mandato não sejam punidos como ilícitos civis ou penais. Traduz-se na inviolabilidade civil e penal por opiniões, palavras e votos (exercício do mandato) (*caput*) e na não obrigatoriedade de testemunhar sobre informações recebidas em razão do exercício do mandato (§ 6º). Assim, se um Senador usar da palavra, ainda que fora do Senado, para ameaçar o Presidente da República de dar-lhe uma surra, não cometerá o crime de ameaça, pois possui **imunidade material**. Trata-se de uma regra que visa a assegurar ao Parlamentar a livre expressão de ideias. Tal imunidade, como se vê, abrange apenas **opiniões**, **palavras** e **votos**.

Questão de Concurso

(FGV/PC-AP/Delegado/2010) Os Deputados e Senadores são invioláveis, civil e penalmente, por quaisquer de suas opiniões, palavras e votos.

Gabarito: certo.

4.2 Imunidades formais (procedimentais)

São hipóteses que não excluem a possibilidade de punição, mas apenas trazem regras específicas de processo e julgamento.

A primeira **imunidade processual** dos congressistas é o foro por prerrogativa de função. Nas infrações penais comuns, os Deputados e Senadores têm o julgamento perante o STF (§ 1º) Trata-se de uma imunidade processual (o que o parlamentar cometer é crime, mas sofre um processo especial). Assim, se um Deputado chamar um desafeto de ladrão, não terá cometido o crime de injúria, pois se trata de opinião (imunidade material). Todavia, se atirar em alguém como *animus necandi* (intenção de matar), terá cometido o crime de homicídio (tentado). Deverá responder pelo ato, pois não há, nesse caso, imunidade **material**, mas o processo será diferenciado (**imunidade formal**): será julgado perante o STF (foro por prerrogativa de função).

Dessa forma, ao contrário do cidadão comum, que é processado e julgado, em regra, na Justiça de 1ª instância, os Deputados Federais e Senadores possuem a prerrogativa de só serem processados e julgados, durante o mandato, nas infrações penais comuns, pelo Supremo Tribunal Federal (art. 102, I, *b*).

É preciso, porém, fazer algumas observações. Primeiramente, importante ficar claro que o foro por prerrogativa de função atinge apenas a matéria penal. Com efeito, não existe tal prerrogativa quanto aos processos de natureza cível. Logo, se um Deputado Federal não pagar uma dívida, deverá ser demandado na primeira instância, e não no STF. Caso análogo, por exemplo, quando um Senador for processado em uma ação popular (não custa lembrar que, como essa ação não tem natureza criminal, não se submete à regra do foro por prerrogativa de função).

Ademais, é preciso atentar para o fato de que a regra que prevê o foro especial para Deputados e Senadores, por ser norma específica, prevalece sobre a regra geral do Tribunal do Júri. Portanto, se um Deputado Federal cometer crime doloso contra a vida, deverá ser julgado, durante o mandato, pelo STF, e não pelo Júri. A competência constitucional do Tribunal do Júri não prevalece sobre foro por prerrogativa de função previsto na Constituição Federal (mas prevaleceria se esse foro estivesse previsto apenas em Constituição estadual - STF, Súmula nº 721).

Por fim, é preciso saber que, de acordo com a jurisprudência do STF, o foro por prerrogativa de função (vulgarmente chamado "foro privilegiado") tem validade **enquanto a pessoa ocupar as funções**.

Outra imunidade processual de que gozam os parlamentares federais diz respeito à possibilidade de prisão. Deputados Federais e Senadores podem ser presos, mas apenas em duas hipóteses:

a) flagrante de crime inafiançável (caso em que a Casa respectiva deliberará sobre a prisão): § 2º;

b) sentença penal condenatória transitada em julgado.

Na verdade, a CF só prevê a primeira hipótese de prisão, mas a jurisprudência do STF também admite, por óbvio, a prisão decorrente de condenação penal definitiva. Não é demais lembrar que, mesmo no caso de prisão em flagrante, o auto de prisão será enviado em 24 horas à Casa respectiva (Câmara ou Senado), que deliberará sobre a custódia, podendo relaxá-la, pelo voto da maioria absoluta dos seus membros.

Finalmente, existe mais uma imunidade processual dos parlamentares federais: se forem processados por crime posterior à diplomação, a Casa poderá sustar (suspender) a tramitação do processo (§ 3º), o que também suspenderá a prescrição (§ 5º).

O STF – a quem compete processar e julgar, nos crimes comuns, os Deputados Federais e Senadores – quando instaurar o processo criminal contra um parlamentar (recebendo a denúncia ou a queixa), deve comunicar o fato à Casa. Esta poderá suspender o curso do processo (o que, consequentemente, também suspende a prescrição), mas, para isso, terá que arcar com o ônus político de tal ato.

Essa regra deriva de modificação da EC nº 35/2001, que trouxe grandes reformas nas imunidades formais dos parlamentares, diminuindo a impunidade. Com efeito, antes da referida modificação, o processo só poderia ser instaurado se houvesse **licença** (autorização) da Casa respectiva. Hoje, não: o que a Casa pode fazer é suspender o andamento do processo, que não necessita de qualquer manifestação do Congresso para ser instaurado. Em suma: antigamente, a regra era a impunidade; agora, isso é (ou deve ser) a exceção. Antes, a omissão da Casa beneficiava o parlamentar; agora, o prejudica.

Questão de Concurso

(FGV/Juiz Substituto/TJ-PA/2005) Os Deputados Federais e Senadores podem ser processados criminalmente, independente de licença prévia da Casa a que pertencem.

Gabarito: certo.

QUADRO-RESUMO

PODER LEGISLATIVO (PARTE GERAL)

1. ESTRUTURA DO LEGISLATIVO FEDERAL: Bicameral igual

	Câmara dos Deputados	**Senado Federal**
Representação	Povo	Estados e DF
Número de representantes por unidade da Federação	Variável de acordo com a população	Fixo (3 por Estado)
Sistema de eleição	Proporcional	Majoritário
Mandato	4 anos	8 anos

2 REUNIÕES PARLAMENTARES

- **Legislatura:** 4 anos.
- **Sessão Legislativa Ordinária:** 2 de fevereiro a 17 de julho (1º período) e de 1º de agosto a 22 de dezembro (2º período).
- **Sessão Legislativa Extraordinária:** convocação durante o recesso.

3 IMUNIDADES (PRERROGATIVAS)

Material (impede a punição pelo fato)	São invioláveis, civil e penalmente, por opiniões palavras e votos proferidos na qualidade de parlamentar
Formal (processual): prevê um processamento diferenciado	Foro: STF (art. 102, I, *b*), mesmo que seja crime doloso contra a vida Só dura enquanto o parlamentar estiver no mandato! Só alcança ações criminais!
	Prisão: só em flagrante de crime inafiançável ou por sentença transitada em julgado
	Processo: não precisa de licença da Casa, mas pode ser sustado (nesse caso, também fica suspensa a prescrição)

CAPÍTULO 14
Função Fiscalizatória do Legislativo

1. COMISSÕES PARLAMENTARES DE INQUÉRITO

<table>
<tr><td rowspan="4">CPI</td><td>Criação</td><td>Requerimento assinado por 1/3 dos Deputados e/ou 1/3 dos Senadores (pode ser uma CPI só da Câmara, só do Senado, ou uma CPI Mista - CPMI)</td><td>Preenchidos os requisitos, a jurisprudência entende que a efetiva instalação da CPI pela Mesa configura ato vinculado</td></tr>
<tr><td>Objeto</td><td>Investigar fato determinado</td><td>CPI não julga, não condena, não acusa, não anula: só investiga (inquérito parlamentar)</td></tr>
<tr><td>Prazo</td><td>Determinado (a CF não estabelece qual)</td><td>Segundo o STF, o prazo pode ser prorrogado, desde que a CPI não ultrapasse a legislatura</td></tr>
<tr><td>Poderes</td><td>Poderes de investigação próprios de autoridade judicial, ressalvadas as matérias sob reserva de jurisdição</td><td>CPI pode:
a) convocar testemunha para depor;
b) realizar acareações;
c) requisitar documentos e informações;
d) quebrar sigilo bancário e fiscal;
e) quebrar sigilo telefônico (lista de ligações)
CPI não pode:
a) determinar busca e apreensão em domicílio;
b) prender pessoas, a não ser em flagrante;
c) quebrar sigilo das comunicações telefônicas (interceptação telefônica);
d) anular atos do Executivo;
e) bloquear bens dos investigados.</td></tr>
</table>

Questão de Concurso

(Cespe/PGE-PB/Procurador/2008) As comissões parlamentares de inquérito devem ser criadas por prazo certo para a apuração de fato determinado; nesse ponto, não constituem violação constitucional eventuais prorrogações sucessivas, mesmo que para a legislatura seguinte.

Gabarito: errado.

(Movens/Minc/Analista/2010) As comissões parlamentares de inquérito são formadas a partir de requerimento de parcela dos integrantes da Casa Legislativa, no entanto, a falta de indicação de integrantes para compor a CPI pelos líderes partidários não afronta direito público subjetivo das minorias legislativas de ver instaurado o inquérito parlamentar.

Gabarito: errado. Preenchidos os requisitos constitucionais, a instauração da CPI é ato vinculado, em respeito ao direito das minorias parlamentares de investigar as minorias.

(FGV/Senado/Analista Legislativo – Processo Legislativo/2008) Em relação às comissões parlamentares de inquérito, é correto afirmar que se lhes assegura o poder de decretar medidas assecuratórias de busca e apreensão domiciliar e de indisponibilidade de bens, atuando como órgão dotado de função jurisdicional.

Gabarito: errado. Tais medidas submetem-se à chamada reserva de jurisdição (só podem ser decretadas pelo Judiciário).

2. FISCALIZAÇÃO CONTÁBIL, FINANCEIRA E ORÇAMENTÁRIA

2.1 Mecanismos de controle

2.1.1 Controle interno

Feito por um órgão de um Poder sobre as contas desse mesmo Poder. Ex.: CGU (órgão do Executivo que fiscaliza o Executivo); CNJ (órgão do Judiciário que fiscaliza o próprio Judiciário).

2.1.2 Controle externo

Realizado pelo Congresso Nacional sobre os demais Poderes, com o auxílio técnico do Tribunal de Contas da União.

2.2 TCU

2.2.1 Natureza jurídica

Instituição permanente de controle técnico-jurídico e contábil, vinculada ao Legislativo (**há controvérsias**) e detentora de poderes administrativos (não exerce jurisdição). O TCU não é órgão do Poder Judiciário.

Questão de Concurso

(Cespe/TCE-ES/Procurador/2009) A atuação do TCU é caracterizada pela atividade jurisdicional, cabendo a esse órgão até mesmo apreciar a constitucionalidade de atos do poder público.

Gabarito: errado. O TCU não exerce atividade jurisdicional.

Divergência doutrinária!

Há doutrinadores que situam o TCU como órgão independente de qualquer dos três Poderes; outros, como vinculado ao Legislativo (José Afonso da Silva e Paulo Gustavo Gonet Branco), mas nunca ao Judiciário. O Cespe considera que o Tribunal é um órgão autônomo fora da estrutura tradicional dos Poderes (para fins de provas do TCU, é recomendável adotar o entendimento do Cespe). Já Esaf e FCC consideram-no vinculado ao Legislativo.

*Um consenso na doutrina é que o TCU **não** é um órgão do Poder Judiciário, apesar de ter o nome de "Tribunal", de a lei orgânica do TCU falar em "jurisdição" e de seus ministros terem as mesmas garantias dos ministros do STJ. O TCU **não** é órgão do Poder Judiciário.*

Em suma, há divergência quanto à posição constitucional do TCU. Teríamos, então:

a) doutrina majoritária (José Afonso da Silva, Gilmar Mendes, Alexandre de Moraes, Pedro Lenza e Ives Gandra Martins): órgão vinculado ao Legislativo, embora não haja subordinação. É a posição adotada por Esaf e FCC;

b) doutrina minoritária: TCU seria um órgão autônomo, não vinculado a nenhum dos três Poderes. É a posição adotada pelo Cespe.

2.3 Composição (art. 73)

São 9 Ministros, 6 deles escolhidos pelo Congresso Nacional, 3 pelo Presidente da República, com a aprovação do Senado, sendo: 1 dentre auditores do próprio TCU; 1 dentre membros do Ministério Público junto ao TCU (que não é o Ministério Público comum, nem da União nem dos Estados, mas uma carreira interna do próprio TCU!); e 1 de livre escolha do Chefe do Executivo.

CUIDADO!

Os Ministros do TCU possuem as mesmas garantias dos Ministros do STJ (art. 73, § 3º), mas não são juízes, pois o TCU não integra o Poder Judiciário nem é órgão jurisdicional.

2.4 Principais atribuições do TCU (art. 71)

Atribuição	Explicação
Apreciar as contas anualmente prestadas pelo Presidente da República	O TCU apenas dá parecer (parecer obrigatório, mas não vinculante), pois quem julga as contas do Presidente da República é o Congresso Nacional (art. 49, IX)
Julgar as contas dos demais administradores de recursos federais	Aqui, o TCU julga as contas. Pode até aplicar multa e imputar débito em decisão que tem eficácia de título executivo (extrajudicial). Deve prestar contas qualquer pessoa que "toque" em recursos federais
Apreciar, para fins de registro, a legalidade dos atos de admissão de pessoal, a qualquer título (excetuadas as nomeações para cargo de provimento em comissão), bem como a das concessões de aposentadorias, reformas e pensões	O TCU só não aprecia os atos de nomeação para cargo em comissão. No caso de apreciação de ato que concede aposentadoria, reforma ou pensão, em regra, não é preciso dar ampla defesa e contraditório (Súmula Vinculante nº 3)
Sustar, se não atendido, a execução do ato impugnado	O TCU pode sustar a execução de um ato administrativo (edital de licitação, p.ex.). Entretanto, em se tratando de contrato administrativo, o ato de sustação, em regra, terá que ser tomado pelo titular do controle externo (Congresso Nacional)

Questão de Concurso

(Cespe/TCE-TO/Técnico de Controle Externo/2009) Compete ao Tribunal de Contas da União (TCU) apreciar e julgar as contas do Chefe do Poder Executivo.

Gabarito: errado. As contas do Chefe do Executivo são julgadas pelo Congresso Nacional.

(Cespe/Bacen/Procurador/2009) Devido à natureza privada das empresas públicas e sociedades de economia mista exploradoras de atividade econômica, não há espaço para que essas entidades sejam fiscalizadas pelo TCU.

Gabarito: errado. Qualquer pessoa que administre recursos públicos deve prestar contas ao TCU.

(FCC/TCE – AL/Auditor/2009) Compete ao Tribunal de Contas da União sustar a execução de contrato impugnado perante o órgão, solicitando ao Poder Executivo a imediata adoção das medidas cabíveis.

Gabarito: errado. A sustação da execução de um contrato administrativo compete ao Congresso Nacional.

CUIDADO!

Segundo o STF, o TCU pode deixar de aplicar uma lei, no caso concreto, por entendê-la inconstitucional (Súmula nº 347)!

Questão de Concurso

(Cespe/TCE-RN/Assessor/2009) O TCU, no exercício de suas atribuições, pode apreciar a constitucionalidade das leis e dos atos do poder público.

Gabarito: certo (Súmula nº 347).

QUADRO-RESUMO

FUNÇÃO FISCALIZATÓRIA DO LEGISLATIVO

<table>
<tr><td rowspan="4">CPI</td><td>Criação</td><td>Requerimento assinado por 1/3 dos Deputados e/ou 1/3 dos Senadores (pode ser uma CPI só da Câmara, só do Senado, ou uma CPI Mista – CPMI)</td><td>Preenchidos os requisitos, a jurisprudência entende que a efetiva instalação da CPI pela Mesa configura ato vinculado</td></tr>
<tr><td>Objeto</td><td>Investigar fato determinado</td><td>CPI não julga, não condena, não acusa, não anula: só investiga (inquérito parlamentar)</td></tr>
<tr><td>Prazo</td><td>Determinado (a CF não estabelece qual)</td><td>Segundo o STF, o prazo pode ser prorrogado, desde que a CPI não ultrapasse a legislatura</td></tr>
<tr><td>Poderes</td><td>Poderes de investigação próprios de autoridade judicial, ressalvadas as matérias sob reserva de jurisdição</td><td>CPI pode:
a) convocar testemunha para depor
b) realizar acareações
c) requisitar documentos e informações
d) quebrar sigilo bancário e fiscal
e) quebrar sigilo telefônico (lista de ligações)

CPI não pode:
a) determinar busca e apreensão em domicílio
b) prender pessoas, a não ser em flagrante
c) quebrar sigilo das comunicações telefônicas (interceptação telefônica)
d) anular atos do Executivo
e) bloquear bens dos investigados</td></tr>
</table>

<table>
<tr><td rowspan="3">TCU</td><td>Natureza</td><td>Divergência doutrinária (autônomo ou vinculado ao Legislativo?)
Certeza: não é do Judiciário; não é subordinado ao Congresso</td></tr>
<tr><td>Composição</td><td>9 Ministros, que possuem as mesmas garantias e prerrogativas que os Ministros do STJ</td></tr>
<tr><td>Atribuições</td><td>– Apreciar as contas anualmente prestadas pelo Presidente da República
– Julgar as contas dos demais administradores de recursos federais
– Apreciar nomeações (menos cargos em comissão), aposentadorias, reformas e pensões
– Aplicar multa e imputar débito (decisão com força de título executivo)
– Sustar atos administrativos (contratos não!)
– Deixar de aplicar uma lei que entenda ser inconstitucional (Súmula nº 347)</td></tr>
</table>

CAPÍTULO 15
Processo Legislativo

1. INTRODUÇÃO

O processo legislativo – assim entendido como o processo de formação das leis – tem sua matriz prevista na Constituição. Todavia, não se esgota nos procedimentos mencionados na Carta Magna, uma vez que é regulamentado por diversos outros instrumentos normativos, tais como os regimentos internos das Casas legislativas e a Lei Complementar nº 95/1998.

O procedimento é o modo como se desenrola o processo, os vários caminhos que podem ser tomados. Assim, o processo legislativo é o mecanismo de formação das leis, que, por sua vez, abrange vários procedimentos legislativos (caminhos que o projeto de lei pode tomar).

Os procedimentos se dividem em comum e especiais. O procedimento comum é a regra, o padrão, o *standard*. No nosso contexto, procedimento comum é o procedimento de aprovação das leis ordinárias (= leis comuns). O procedimento comum pode ainda subdividir-se em: *a)* procedimento ordinário; *b)* procedimento sumário; *c)* procedimento abreviado.

O procedimento comum ordinário é a tramitação completa do projeto de lei ordinária, ou seja, é a tramitação do projeto passando por todas as fases possíveis (inclusive discussão em plenário) e sem prazo definido. Já o procedimento sumário (ou procedimento da urgência constitucional) se caracteriza por ter as mesmas fases do procedimento ordinário, mas prevê a existência de prazos para a deliberação do Congresso Nacional (CF, art. 64, §§ 1º e ss.). Por fim, o procedimento abreviado dispensa a apreciação do projeto de lei ordinária pelo Plenário da Câmara ou do Senado, considerando-se aprovado se for aceito pelas comissões de cada Casa (diz-se que o projeto tramita em caráter terminativo ou conclusivo: CF, art. 58, § 2º, I).

Os chamados procedimentos especiais regulam a tramitação que não segue totalmente os padrões da aprovação de uma lei ordinária comum. Desse modo, qualquer diferenciação substancial no trâmite de uma proposição legislativa significa que se trata de um procedimento especial (= específico, não comum). Temos, então, como procedimentos especiais:

a) leis orçamentárias (embora sejam leis ordinárias, a matéria de que tratam é tão específica que determina várias diferenças de tramitação);

b) emendas constitucionais;

c) leis complementares;

d) leis delegadas;

e) medidas provisórias;

f) decretos legislativos;

g) resoluções.

2. PROCEDIMENTO COMUM ORDINÁRIO

O procedimento comum ordinário é o procedimento-padrão de aprovação das leis ordinárias. Compõe-se de três fases básicas:

a) fase pré-parlamentar, ou preliminar, ou iniciativa;

b) fase constitutiva, em que a lei é efetivamente produzida, por meio de decisões (deliberações):

b.1) deliberação legislativa (discussão e votação);

b.2) deliberação executiva (sanção ou veto);

c) fase complementar, que serve para dar eficácia a uma lei já existente (promulgação e publicação).

2.1 Iniciativa

A iniciativa é o ato que dá início à tramitação do projeto de lei – PL (que recebe número quando é protocolado na Mesa da Casa respectiva – Câmara ou Senado). É o ato que deflagra o processo legislativo. A iniciativa geralmente se desenvolve na Câmara; apenas no caso de projeto proposto por Senador ou Comissão do Senado é que a tramitação terá início no Senado (CF, arts. 64 e 65). Dessa forma, a Casa Iniciadora é, geralmente, a Câmara.

O poder de iniciativa é o poder de provocar o Congresso Nacional para que delibere sobre uma determinada proposição legislativa.

A iniciativa pode ser classificada segundo a titularidade, ou seja, de acordo com quem pode suscitar a deliberação do Congresso Nacional. Assim, a iniciativa pode ser:

a) geral (ou comum);

b) privativa (ou reservada ou exclusiva);

c) popular.

2.1.1 Iniciativa "privativa" (ou reservada ou exclusiva)

Verifica-se quando a Constituição determina que uma matéria específica só pode ser suscitada ao Congresso Nacional por uma autoridade específica. Nessas hipóteses, o Legislativo não pode deliberar sobre o tema *ex officio* (= de ofício, por iniciativa própria), sob pena de o projeto ser considerado inconstitucional.

A iniciativa reservada é atribuída ao Presidente da República, aos Tribunais, ao Ministério Público e até mesmo à própria Câmara e ao Senado Federal. Estudemos as principais hipóteses de iniciativa reservada previstas na Constituição.

2.1.1.1 Presidente da República

De acordo com o § 1º do art. 61, são de iniciativa privativa do Presidente da República (na condição de Chefe de Governo, isto é, de Chefe do Poder Executivo) as leis que:

> I – fixem ou modifiquem os efetivos das Forças Armadas;
> II – disponham sobre:
> *a)* criação de cargos, funções ou empregos públicos na administração direta e autárquica ou aumento de sua remuneração;
> *b)* organização administrativa e judiciária, matéria tributária e orçamentária, serviços públicos e pessoal da administração dos Territórios;
> *c)* servidores públicos da União e Territórios, seu regime jurídico, provimento de cargos, estabilidade e aposentadoria; *(Redação dada pela Emenda Constitucional nº 18, de 1998)*
> *d)* organização do Ministério Público e da Defensoria Pública da União, bem como normas gerais para a organização do Ministério Público e da Defensoria Pública dos Estados, do Distrito Federal e dos Territórios;
> *e)* criação e extinção de Ministérios e órgãos da administração pública, observado o disposto no art. 84, VI; *(Redação dada pela Emenda Constitucional nº 32, de 2001)*
> *f)* militares das Forças Armadas, seu regime jurídico, provimento de cargos, promoções, estabilidade, remuneração, reforma e transferência para a reserva.

Questão de Concurso

(FGV/Senado Federal/Analista Legislativo – Área Processo Legislativo/2008) No sistema bicameral atuam ambas as Casas Legislativas no processo de formação da lei, cabendo a iniciativa a parlamentares, órgãos legislativos, cidadãos, órgãos do Executivo, do Judiciário e do Ministério Público. Assim, sendo a lei de conteúdo estruturador da organização judiciária dos Territórios, tal iniciativa é conferida ao Presidente:

a) do Supremo Tribunal Federal.
b) da República.
c) do Senado Federal.
d) da Câmara dos Deputados.
e) do Congresso Nacional.

Gabarito: b (art. 61, § 1º, II, b*).*

CUIDADO!

De todas as matérias citadas nesse dispositivo (art. 61, § 1º, II, *b*), a única que é de iniciativa privativa do Presidente tanto na esfera dos Territórios quanto da União é a matéria orçamentária, nos termos do art. 165.

ATENÇÃO!

Matéria tributária da União **não** é de iniciativa privativa do Presidente da República; a iniciativa reservada prevista no art. 61, § 1º, II, *b*, trata da matéria tributária **dos territórios**. Em outras palavras: **matéria tributária da união é conteúdo de iniciativa geral, e não privativa**. O Supremo Tribunal Federal já decidiu que "a Constituição de 1988 admite a iniciativa parlamentar na instauração do processo legislativo em tema de direito tributário" (STF, Pleno, ADIn nº 724/RS, Relator Ministro Celso de Mello, *DJ* de 27.4.2001).

Questão de Concurso

(Cespe/TRF5/Juiz Federal/2009) Considere que um projeto de lei de iniciativa parlamentar tenha por objeto autorizar o parcelamento de débitos tributários federais em 60 meses, especificando o seu alcance e requisitos. Nessa situação hipotética, a sanção presidencial elimina a inconstitucionalidade formal do referido projeto de lei, visto que a matéria é de competência privativa do Presidente da República.

Gabarito: errado. Em primeiro lugar, projeto de lei em matéria tributária não é de iniciativa privativa do Presidente da República. E, ainda que se tratasse de iniciativa privativa, o eventual vício não seria sanado com a sanção.

VEJA BEM!

Projeto de lei complementar sobre organização (estruturação) e funcionamento (atribuições) do MPU pode ser proposto ao Legislativo pelo Presidente da República (sozinho), ou pelo Procurador-Geral da República (sozinho), ou por ambos em conjunto. Trata-se de um caso de iniciativa legislativa concorrente (art. 61, § 1º, II, *d*, e art. 128, § 5º).

Questão de Concurso

(Cespe/PGE-PA/Advogado/2007) Compete ao Presidente da República ou ao Procurador-Geral da República a iniciativa de projeto de lei complementar que disponha acerca da organização do Ministério Público da União.

Gabarito: certo (art. 61, § 1º, II, d, *c/c art. 128, § 5º).*

ATENÇÃO!

Quanto à criação de cargos dessa instituição, o STF já afirmou que se trata de iniciativa privativa do PGR (STF, MS nº 21.239).

2.1.1.2 Tribunais

A iniciativa do projeto de lei complementar sobre as garantias, deveres e vedações da magistratura nacional (Loman) é privativa do Supremo Tribunal Federal, nos termos do art. 93, *caput*.

São de iniciativa privativa dos Presidentes dos Tribunais Superiores e do TCU os projetos de autoadministração, nos termos do art. 96, *in verbis*:

> Compete privativamente: [...]
> II – ao Supremo Tribunal Federal, aos Tribunais Superiores e aos Tribunais de Justiça propor ao Poder Legislativo respectivo, observado o disposto no art. 169:
> *a)* a alteração do número de membros dos tribunais inferiores;
> *b)* a criação e a extinção de cargos e a remuneração dos seus serviços auxiliares e dos juízos que lhes forem vinculados, bem como a fixação do subsídio de seus membros e dos juízes, inclusive dos tribunais inferiores, onde houver; *(Redação dada pela Emenda Constitucional nº 41, 19.12.2003)*
> *c)* a criação ou extinção dos tribunais inferiores;
> *d)* a alteração da organização e da divisão judiciárias.

Segue-se, então, a regra geral já exposta: a criação/extinção de cargos, bem como a fixação das respectivas remunerações, se dá por lei votada pelo Congresso, mas de iniciativa privativa de cada Poder (no caso, o Judiciário). Essa regra se aplica também à criação de cargos no TCU, por expressa previsão constitucional (art. 73, que, por sua vez, manda aplicar ao TCU as regras do já estudado art. 96 da CF).

2.1.1.3 Ministério Público da União

A iniciativa de projetos de lei complementar sobre organização e funcionamento do MPU é concorrente entre o Presidente da República e o chefe da instituição

(Procurador-Geral da República). Não é disso, contudo, que agora tratamos. O que aqui se estuda é a iniciativa para propor ao Congresso a criação/extinção de cargos no MPU e a fixação das respectivas remunerações ou subsídios. Nesse caso, a iniciativa é privativa (= exclusiva = reservada) do próprio MPU, por meio do chefe da instituição: o Procurador-Geral da República.

Com efeito, o § 2º do art. 127 assim dispõe: "Ao Ministério Público é assegurada autonomia funcional e administrativa, podendo, observado o disposto no art. 169, propor ao Poder Legislativo a criação e extinção de seus cargos e serviços auxiliares [...]".

ATENÇÃO!

Matéria	Instrumento	Iniciativa
Organização e funcionamento do MPU	Lei complementar	Concorrente (PR ou PGR): art. 61, § 1º, II, *d*, c/c art. 128, § 5º
Criação/extinção de cargos no MPU e fixação da remuneração	Lei ordinária	Privativa do MPU (art. 127, § 2º)

2.1.1.4 Câmara dos Deputados e Senado Federal

A criação e extinção de cargos públicos da Câmara e do Senado se dá por resolução, e não por lei, como é a regra geral. No entanto, mesmo nesses casos, embora a criação não exija lei em sentido formal, a fixação da remuneração dos servidores tem que ser feita por meio de lei, votada pelo Congresso (ambas as Casas) e sancionada pelo Presidente da República, mas cuja iniciativa é reservada à Câmara dos Deputados ou ao Senado Federal, respectivamente (essa iniciativa é exercida pela Mesa da Casa respectiva). A fixação dos vencimentos dos membros (parlamentares) é feita por decreto legislativo (art. 49, VI).

Podemos, então, resumir a iniciativa para projetos de lei sobre criação/extinção de cargos e fixação de remunerações nos diversos Poderes da República:

Objeto	Iniciativa	Instrumento
Criação de cargos no Executivo	Presidente da República	Lei
Criação de cargos no Legislativo	Mesa de cada uma das Casas	Resolução
Criação de cargos no Judiciário	Tribunais	Lei
Aumento dos vencimentos dos cargos do Executivo	Presidente da República	Lei

Aumento dos vencimentos dos cargos dos servidores do Legislativo	Mesa de cada uma das Casas	Lei
Aumento dos vencimentos dos cargos do Judiciário	Tribunais superiores (âmbito federal)	Lei
Revisão geral anual dos servidores de todos os Poderes (art. 37, X)	Presidente da República	Lei
Criação de cargos no Ministério Público e respectivo aumento dos vencimentos	Procurador-Geral da República	Lei

2.1.2 Iniciativa concorrente, geral ou comum

Todos os casos que não sejam de iniciativa reservada ou concorrente (em sentido estrito) são de iniciativa geral, ou comum, ou seja: podem ser propostos pelo Presidente da República, ou por qualquer Senador sozinho, ou qualquer Deputado Federal sozinho, ou por alguma das comissões da Câmara, do Senado ou do Congresso Nacional. É a regra do art. 61, *caput*, de modo que as hipóteses de inciativa comum são encontradas por exclusão.

2.1.3 Iniciativa popular

É um instituto da democracia semidireta. Configura-se como o direito de que dispõem os cidadãos de propor um projeto de lei para a apreciação do Poder Legislativo. Para propor um projeto de lei perante a Câmara dos Deputados, é preciso que a proposição seja subscrita por 1% do eleitorado nacional, distribuído em pelo menos cinco unidades federativas (Estado ou DF), e com pelo menos 0,3% do eleitorado de cada um deles (art. 61, § 2º). A Constituição Federal previu também a iniciativa legislativa em âmbito estadual (art. 27, § 4º) e municipal (art. 29, XIII).

Questão de Concurso

(Cespe/PC-RN/Agente/2009) A iniciativa popular pode ser exercida pela apresentação, à Câmara dos Deputados, de projeto de lei subscrito por, no mínimo, 1% do eleitorado nacional, distribuído pelo menos por cinco Estados, com não menos de 0,3% dos eleitores de cada um deles.

Gabarito: certo (art. 61, § 2º).

2.2 Discussão

Nessa fase, o projeto será analisado pelas duas Casas do Congresso Nacional (ou apenas por uma delas, se for rejeitado, pois não precisa, nesse caso, seguir à deliberação da Casa Revisora). É o momento em que o projeto de lei é encaminhado para que o Poder Legislativo possa apreciá-lo, analisá-lo.

Primeiramente, o projeto será encaminhado à análise das comissões, órgãos fracionários de cada uma das Casas Legislativas (existem, portanto, comissões tanto da Câmara dos Deputados quanto do Senado Federal).

Antes, porém, é preciso analisar em qual das Casas o projeto iniciará sua tramitação. Isso será determinado pela iniciativa do projeto. Com efeito, o art. 64, *caput*, dispõe: "A discussão e votação dos projetos de lei de iniciativa do Presidente da República, do Supremo Tribunal Federal e dos Tribunais Superiores terão início na Câmara dos Deputados".

Como se vê, a regra geral é que a Casa Iniciadora seja a Câmara, atuando, então, o Senado Federal como Casa Revisora. Essa regra, porém, admite exceções: iniciam sua tramitação pelo Senado Federal (que, nesses casos, atuará como Casa Iniciadora) os projetos de lei propostos por Senador ou por comissão do Senado Federal.

Iniciativa	Casa Iniciadora
Deputado	Câmara dos Deputados
Comissão da Câmara	Câmara dos Deputados
Presidente da República	Câmara dos Deputados
Procurador-Geral da República	Câmara dos Deputados
STF	Câmara dos Deputados
Iniciativa popular	Câmara dos Deputados
Senador	Senado Federal
Comissão do Senado	Senado Federal

2.2.1 O poder de emendas

No momento da apreciação, o Poder Legislativo poderá propor modificações ao projeto, poderão ser propostas emendas (modificações) ao projeto. Emendas são proposições de membros da Casa para modificar o projeto.

O poder de emendar um projeto é, em regra, atribuído exclusivamente aos parlamentares e às comissões. Com efeito, mesmo nos casos de iniciativa privativa, uma vez proposto o projeto, não mais pode ser alterado pela autoridade iniciadora.

2.2.1.1 Limitações ao poder de emenda

Existe, porém, uma limitação ao poder do Congresso de emendar projetos de lei (art. 63), assim redigido:

> Não será admitido aumento da despesa prevista:
> I – nos projetos de iniciativa exclusiva do Presidente da República, ressalvado o disposto no art. 166, § 3º e § 4º;
> II – nos projetos sobre organização dos serviços administrativos da Câmara dos Deputados, do Senado Federal, dos Tribunais Federais e do Ministério Público.

Dessa forma, não poderão sofrer **aumento** das despesas previstas os projetos: *a)* de iniciativa exclusiva do Presidente da República, a não ser as modificações no projeto de Lei Orçamentária Anual (desde que compatíveis com o PPA e com a LDO compensem o aumento com o corte de outras despesas ou emendas de redação ou meramente modificativas) ou de Lei de Diretrizes Orçamentárias (desde que respeitado o PPA); ou *b)* sobre organização dos serviços administrativos da Câmara, do Senado, dos Tribunais Federais (STF, STJ, TSE, TST e STM) e do Ministério Público.

Perceba-se que, nessas hipóteses, o poder de emenda não é suprimido, mas restringido. Em outras palavras: não é que não se admitam emendas, mas que não são possíveis emendas para aumentar a despesa prevista.

Questiona-se, então, quais os tipos de projeto de lei que podem ser modificados pelo Congresso? Todos os tipos de projeto de lei, toda e qualquer proposição legislativa em tramitação no Congresso Nacional podem ser modificados, porque o Congresso é o titular da função legislativa. Por outro lado, até que ponto pode haver emendas em projetos de lei? não poderá haver para aumentar despesas nos projetos de iniciativa privativa (CF, art. 63). Perceba-se, uma vez mais: tais projetos poderão sofrer emendas, **desde que** não se aumente a despesa prevista.

> **Questão de Concurso**
>
> (Cespe/TRF5/Juiz Federal/2011) O Poder Legislativo não detém competência para emendar projeto de lei de iniciativa reservada ao Chefe do Poder Executivo.
>
> *Gabarito: errado. Projeto de lei, mesmo de iniciativa privativa, pode ser emendado: só não pode ser objeto de emenda para aumentar despesa.*

2.3 Votação

Terminada a discussão do projeto, com a apresentação das emendas (se for o caso), o projeto entra na fase de votação (deliberação propriamente dita, decisão).

2.3.1 Quórum de instalação da sessão de votação ("quórum de presença") e quórum de aprovação

Quórum é, na definição do *Dicionário Aurélio*, o "número mínimo de pessoas presentes exigido por lei ou estatuto para que um órgão coletivo funcione". No processo legislativo, há que se distinguir dois tipos de quórum:

a) o quórum de presença, número mínimo de parlamentares presentes para que a sessão de votação tenha início;

b) o quórum de aprovação, número mínimo de votos "sim" para que se considere aprovado o projeto.

Quanto às leis ordinárias, vale a regra geral do art. 47 da CF, que assim dispõe: "Salvo disposição constitucional em contrário, as deliberações de cada Casa e de suas Comissões serão tomadas por maioria dos votos, presente a maioria absoluta de seus membros".

Perceba-se que a Constituição separou claramente o quórum de aprovação do projeto (maioria simples, também chamada maioria relativa, isto é, a "maioria dos votos") do quórum de presença (maioria absoluta, ou seja, a sessão de votação em uma Casa só se inicia se estiver "presente a maioria absoluta de seus membros").

Maioria simples (ou relativa) é a maioria dos votos dos presentes. Trata-se de um número variável, que depende da quantidade de parlamentares que compareceram à sessão. Por isso chama-se relativa. Para a aprovação da lei ordinária, o quórum necessário é essa maioria simples, isto é, basta que o número de votos "sim" suplante os votos "não".

Questão de Concurso

(FGV/Senado Federal/Analista Legislativo – Área Processo Legislativo/2008) Regra geral, as deliberações são tomadas por maioria simples, presentes trinta por cento dos parlamentares da Casa.

Gabarito: errado. O quórum de presença é de maioria absoluta, e não 30%.

Da votação na Casa Iniciadora podem surgir dois resultados: aprovação ou rejeição do projeto.

a) **Projeto aprovado**

Será, então, encaminhado à outra Casa Legislativa, para a revisão (nova discussão e nova votação, desta vez na Casa Revisora).

b) **Projeto rejeitado**

Se o projeto de lei for rejeitado, será arquivado. Perceba-se que, nesse caso, o projeto não precisa ser encaminhado à Casa Revisora.

CUIDADO!

O conteúdo de um projeto de lei que foi rejeitado pode ser objeto de novo projeto de lei? Essa questão é respondida pelo art. 67 da CF, que dispõe: "A matéria constante de projeto de lei rejeitado somente poderá constituir objeto de novo projeto, na mesma sessão legislativa, mediante proposta da maioria absoluta dos membros de qualquer das Casas do Congresso Nacional". Trata-se do chamado princípio da irrepetibilidade. De acordo com esse princípio, um projeto de lei rejeitado não pode ser reapresentado na mesma sessão legislativa (= ano parlamentar). O projeto rejeitado só pode ser reapresentado na mesma sessão legislativa se o for por iniciativa da maioria absoluta dos membros de uma das Casas do Congresso.

Questão de Concurso

(Cespe/TCE-BA/Procurador/2010) Se um projeto de lei for rejeitado em uma das Casas do Congresso Nacional, a matéria dele constante somente poderá ser objeto de novo projeto, no mesmo ano legislativo, mediante proposta de dois terços dos membros de qualquer das Casas Legislativas.

Gabarito: errado. Para excepcionar o princípio da irrepetibilidade, é necessária a adesão da maioria absoluta dos membros de qualquer das Casas (e não 2/3).

ATENÇÃO!

A irrepetibilidade do conteúdo do projeto de lei rejeitado é limitada à sessão legislativa (= ano parlamentar) e, mesmo assim, é uma proibição relativa, pois pode ser derrubada pela manifestação da maioria absoluta dos membros de qualquer das Casas Legislativas.

Divergência doutrinária!

Há uma questão polêmica a ser resolvida: quando a Constituição fala em "sessão legislativa", ela está se referindo a todo o ano parlamentar ou apenas à sessão legislativa ordinária (2 de fevereiro a 22 de dezembro)? Em outras palavras: em caso de convocação extraordinária do Congresso (sessão legislativa extraordinária), poderia um projeto ser reapresentado mesmo sem a iniciativa da maioria absoluta de uma das Casas?

Pontes de Miranda entendia que sim, pois "não se trata da mesma sessão legislativa". No entanto, o Supremo Tribunal Federal decidiu de forma um pouco mais restritiva. Realmente, no julgamento do pedido de medida cautelar na ADIn nº 2.010/DF, a Corte Suprema decidiu que o projeto de lei rejeitado em uma sessão legislativa ordinária poderia ser objeto de nova proposta na sessão legislativa extraordinária desde que fosse apresentado no mês de janeiro, pois estaria em outro ano parlamentar (sessão legislativa). Perceba-se: o STF não afirmou que a sessão legislativa extraordinária é outra sessão; afirmou que o projeto poderia ser reapresentado (mesmo sem a maioria absoluta) no mês de janeiro, por se tratar de outra sessão legislativa (outro ano parlamentar).

O projeto de lei aprovado por uma Casa será revisado pela outra, em turno único de discussão e de votação (art. 65). Trata-se de uma regra decorrente do próprio regime bicameral adotado no Brasil. Com isso, vigora a regra de que um projeto de lei só se transforma em lei com a concordância de ambas as Casas do Congresso.

Na fase de revisão, o projeto será novamente discutido e votado, só que, dessa vez, pela outra Casa Legislativa (denominada, então, Casa Revisora). Por óbvio, quando a Casa Iniciadora for a Câmara dos Deputados (essa é a regra geral), a Casa Revisora será o Senado Federal – e vice-versa.

Na Casa Revisora, o projeto poderá ser aprovado ou rejeitado. Mesmo a aprovação, porém, pode ocorrer com ou sem emendas, em relação ao teor do projeto que veio da Casa Iniciadora. Vejamos o que acontece em cada uma dessas hipóteses.

a) **Projeto rejeitado**

Caso o projeto seja rejeitado na Casa Revisora, as consequências serão as mesmas da rejeição na Casa Iniciadora: a proposição será arquivada, e a matéria dela constante só poderá ser objeto de novo projeto de lei na próxima sessão legislativa (= próximo ano parlamentar), ou, na mesma sessão legislativa, apenas por iniciativa da maioria absoluta dos membros de uma das Casas do Congresso Nacional. Em outras palavras: incide, normalmente, o princípio da irrepetibilidade (art. 67).

b) **Projeto aprovado**

Se o projeto for aprovado pela Casa Revisora, duas situações podem ocorrer: ou o projeto foi aprovado do jeito que veio da Casa Iniciadora (aprovado sem emendas da Casa Revisora), ou, ao contrário, a Casa Revisora aprovou o projeto, mas com modificações (com emendas em relação ao que foi aprovado pela Casa Iniciadora).

b.1) **Projeto aprovado pela Casa Revisora *sem* emendas**

Nessa hipótese, o projeto seguirá para a próxima fase, qual seja, a deliberação executiva (sanção ou veto). Será remetido, portanto, ao Presidente da República, sendo desnecessário o retorno da proposição à Casa Iniciadora.

b.2) **Projeto aprovado pela Casa Revisora *com* emendas**

Se a Casa Revisora aprovar o projeto, mas com modificações de conteúdo, será preciso que ele retorne à deliberação da Casa Iniciadora, para que se colha a manifestação sobre se concorda ou não com as modificações feitas ao projeto de lei, tal como fora por ela aprovado.

É dizer: se houver emendas por parte da Casa Revisora, o projeto deverá ser remetido de volta à Casa Iniciadora, para resolver esse "conflito bicameral". A Casa Iniciadora, nessa hipótese, não irá apreciar novamente todo o conteúdo do projeto de lei, mas apenas aquilo que foi alterado pela Revisora, ou seja, apenas as emendas. Ao apreciá-las, a Casa Iniciadora pode acatá-las ou rejeitá-las. Em qualquer caso, o projeto não retornará à Casa Revisora (sob pena de tornar infindável sua tramitação): seguirá, com o texto final aprovado pela Casa Iniciadora, à sanção ou ao veto do Presidente da República.

CUIDADO!

A Casa Iniciadora **não** poderá rever outro ponto a não ser os que foram alterados na Casa Revisora. A Casa Iniciadora, quanto às emendas, somente poderá aceitar ou rejeitar, **não** pode fazer mais qualquer alteração.

1 Projeto é rejeitado pela Casa Iniciadora: **arquivado**.
1.1 Pode ser proposto novamente na próxima sessão legislativa (ano parlamentar)? **Sim**
1.2 Pode ser proposto novamente na mesma sessão legislativa (ano parlamentar)? Em regra, **não**, a não ser que a iniciativa decorra da maioria absoluta dos membros de uma das Casas (princípio da irrepetibilidade: art. 67).

2 Projeto é aprovado pela Casa Iniciadora: segue para a **revisão**.
2.1 Na Casa Revisora, o projeto é rejeitado: **arquivado**.
2.1.1 Pode ser proposto novamente na próxima sessão legislativa (ano parlamentar)? **Sim**.
2.1.2 Pode ser proposto novamente na mesma sessão legislativa (ano parlamentar)? Em regra, **não**, a não ser que a iniciativa decorra da maioria absoluta dos membros de uma das Casas (princípio da irrepetibilidade: art. 67).
2.2 Na Casa Revisora, o projeto é aprovado sem emendas: segue para **sanção** ou **veto**.
2.3 Na Casa Revisora, o projeto é aprovado com emendas (que alterem o conteúdo): o projeto **volta para a Casa Iniciadora**.
2.3.1 Casa Iniciadora acata as emendas: o projeto segue para **sanção** ou **veto** com a nova redação sugerida pela Casa Revisora.
2.3.2 Casa Iniciadora rejeita as emendas: o projeto segue para **sanção** ou **veto** com a redação antiga.

2.4 Sanção e veto

Aprovado o projeto de lei pelo Congresso, a Casa em que tiver sido concluída a votação enviará o texto final aprovado para o Presidente da República, na forma de autógrafos. A partir do recebimento dos autógrafos, o Chefe do Executivo terá o prazo de quinze dias úteis para enunciar concordância ou não com o conteúdo do projeto de lei.

Sanção designa o ato de competência exclusiva do Chefe de Governo por meio do qual ele declara sua concordância com o conteúdo do projeto de lei, transformando-o em lei propriamente dita. Bem se vê, desde logo, que a sanção é o divisor de águas entre o projeto e a lei: o Presidente sanciona um projeto de lei, integrando a vontade do Legislativo, transformando o projeto em lei já existente. É a sanção que transforma o projeto de lei em lei.

A sanção pode ser classificada em expressa ou tácita. Realmente, a sanção demonstra aquiescência do Presidente com o entendimento do Legislativo, seja de forma expressa, seja de forma tácita, deixando transcorrer em branco o prazo constitucional.

Já o veto pode ser classificado quanto à extensão e aos motivos. De acordo com esse critério, o veto pode ser classificado em total ou parcial. O veto parcial só pode atingir texto inteiro de artigo, inciso, alínea ou parágrafo. Perceba-se: ainda se adota o veto parcial no Brasil? Sim. Esse poder é ilimitado? Não. Se o Presidente desejar vetar apenas um inciso, poderá fazê-lo? Sim, mas terá que vetar todo o inciso, e não apenas as palavras ou expressões que lhe desagradem.

Quanto aos motivos, o veto pode ser classificado em veto político ou veto jurídico. O veto (por motivo) jurídico se verifica quando o Presidente nega sanção a um projeto de lei por entendê-lo inconstitucional. Já o veto (por motivo) político é aquele em que o Chefe do Executivo nega sua sanção ao projeto por achá-lo contrário ao interesse público (ou seja, por motivo de mérito – conveniência e oportunidade).

CUIDADO!

Nem toda proposição legislativa submete-se à sanção (ou ao veto) do Presidente da República. Algumas espécies normativas produzem-se (ou podem produzir-se) sem a aquiescência (e até sem a participação) do Chefe do Executivo. Só há sanção ou veto para projetos de lei (ordinária ou complementar). Não existe essa fase (o Presidente não é consultado) para emendas constitucionais, leis delegadas, medidas provisórias (a não ser que sofram emendas no Congresso), decretos legislativos e resoluções.

Questão de Concurso

(Cespe/TJCE/Analista Judiciário – Área Judiciária/2008) O presidente da República tem poder de vetar emenda constitucional contrária ao interesse público.

Gabarito: errado.

(Cespe/AGU/Advogado/2009) Não há veto ou sanção presidencial na emenda à Constituição, em decretos legislativos e em resoluções, nas leis delegadas, na lei resultante da conversão, sem alterações, de medida provisória.

Gabarito: certo.

CUIDADO!

O prazo para o Presidente sancionar ou vetar um projeto de lei é de quinze dias úteis. Transcorrido esse prazo sem manifestação presidencial, verifica-se a sanção tácita.

Questão de Concurso

(Cespe/TRE-MT/Analista Judiciário – Área Judiciária/2010) Decorrido o prazo de quinze dias para o exame do projeto de lei aprovado pelo Congresso Nacional, o silêncio do Presidente da República importará veto, em razão da impossibilidade de ocorrer sanção tácita.

Gabarito: errado.

O principal efeito da sanção é transformar o projeto de lei em lei. Contudo, o mais importante, nesse ponto, é conhecer um efeito que a sanção não produz: a convalidação de vício de iniciativa. Realmente, "A sanção do projeto de lei não convalida o vício de inconstitucionalidade resultante da usurpação do poder de iniciativa. A ulterior aquiescência do Chefe do Poder Executivo, mediante sanção do projeto de lei, ainda quando dele seja a prerrogativa usurpada, não tem o condão de sanar o vício radical da inconstitucionalidade. Insubsistência da Súmula nº 5/STF. Doutrina. Precedentes" (STF, Pleno, ADI nº 2.867, Relator Ministro Celso de Mello, *DJ* de 9.2.2007).

Questão de Concurso

(Cespe/DPE-CE/Defensor/2008) A sanção do Governador a projeto de lei de iniciativa de Deputado Estadual que disponha sobre reajuste de defensores públicos estaduais sana a inconstitucionalidade formal.

Gabarito: errado.

O principal efeito do veto, no Brasil, é devolver o projeto à análise do Congresso Nacional (efeito meramente suspensivo). Realmente, o § 1º do art. 66 impõe ao Presidente da República a tarefa de, no prazo de até 8 horas depois de vetar o projeto, comunicar sua decisão – e os respectivos motivos – ao Presidente do Congresso Nacional (que é o Presidente do Senado Federal).

Ciente do veto, o Presidente do Congresso deverá convocar sessão conjunta (Câmara + Senado) para deliberar sobre a manifestação presidencial. O que acontece se o Congresso não apreciar o veto no prazo de 30 dias? Sobrestar-se-ão todas as demais tramitações do Plenário do Congresso Nacional (CF, art. 66, § 3º). Trata-se do conhecidíssimo fenômeno do trancamento de pauta. Mas cuidado! O veto não apreciado tranca a pauta do Plenário do Congresso Nacional, e não das comissões do Congresso, nem do Plenário da Câmara dos Deputados ou do Senado Federal.

Percebe-se, então, que o veto devolve o projeto de lei para a deliberação do Poder Legislativo. Se o parlamento concordar com as razões do Presidente e acatar o veto, o projeto estará rejeitado. Se, porém, o Legislativo derrubar o veto presidencial, o projeto estará mantido, e nesse momento transformado em lei, seguindo para a próxima fase do procedimento comum ordinário (promulgação pelo Presidente da República).

2.4.1 Características do veto

2.4.1.1 Relativo

Diz-se que o veto, no Brasil, é relativo, porque pode ser derrubado pelo Congresso Nacional (por maioria absoluta). Aliás, isso é relevante até mesmo para definir em que momento o projeto de lei transforma-se em lei propriamente dita: se for sancionado, "vira" lei nesse exato momento; se for vetado, converte-se em lei no momento em que o veto for derrubado pelo Congresso.

2.4.1.2 Motivado

Todos os atos têm que ter motivo (= causa), embora nem sempre seja exigida a motivação (= explicação, explicitação dos motivos). O veto deve ter motivo e motivação, pois o Presidente é vinculado a apontar os motivos pelos quais está vetando a deliberação legislativa.

Questão de Concurso

(Cespe/TRF5/Juiz Federal/2011) Apesar de não admitir o veto presidencial tácito, a CF admite o denominado veto sem motivação, resguardando ao Presidente da República a prerrogativa de simplesmente vetar, sem explicar os motivos de seu ato.

Gabarito: errado.

2.4.1.3 Irretratável

Diz-se que o veto é irretratável porque, uma vez aposto, não pode mais ser desfeito. Assim, quando o Presidente da República veta um projeto de lei, não mais é possível "desvetá-lo". O máximo que pode fazer é rogar ao Congresso para que rejeite o veto do qual ele (Presidente) se arrependeu.

No mesmo sentido, Pontes de Miranda ensinava que "o fato de se comunicar ao Senado Federal o veto, por si só, exaure o poder de aquiescer e integrar o projeto".

2.4.1.4 Expresso

Como o silêncio do Presidente da República, no prazo de quinze dias úteis, importa a sanção tácita do projeto de lei, chega-se à lógica conclusão de que o veto só pode ser exercido de forma expressa. Ademais, como o Presidente é obrigado a expor os motivos do veto, outra característica não poderia ser mais apropriada.

2.5 Promulgação

É o ato que declara que a ordem jurídica foi inovada. Em outras palavras: é o ato que declara (faz saber) que surgiu uma nova lei no ordenamento. Pode-se, para ter uma ideia mais concreta do que é a promulgação, dizer que se trata da própria montagem do texto final da lei, inclusive com a respectiva cláusula de sanção ("O Presidente da República faço saber [...]"). Assim, quando o Presidente recebe o projeto do Congresso, trata-se ainda de um projeto de lei. Com a sanção, surge uma nova lei, que terá seu texto final "montado" por meio da promulgação. Justamente por isso, a promulgação antecede a publicação.

Questão de Concurso

(Cespe/TJDFT/Notário/2008) A promulgação de uma lei torna o ato perfeito e acabado, sendo o meio pelo qual a ordem jurídica é inovada. A publicação, por sua vez, é o modo pelo qual se dá conhecimento a todos sobre o novo ato normativo que se deve cumprir.

Gabarito: errado. O que torna a lei um ato perfeito e acabado é a sanção, não a promulgação. A promulgação apenas declara que a ordem jurídica foi inovada.

O Presidente dispõe de 48 horas para promulgar a lei. E se o Presidente da República recusar-se a promulgar o projeto de lei? A atribuição passará para o Presidente do Senado Federal, que disporá, igualmente, de 48h. E se ele também não promulgar a lei? Então, a competência passará para o Vice-Presidente do Senado Federal, que terá a obrigação constitucional de efetuar a promulgação.

2.6 Publicação

É a divulgação oficial do conteúdo da lei, verdadeira condição para que a norma possa ser conhecida, cumprida e exigida. A publicação é o ato que torna a lei potencialmente obrigatória. Diz-se potencialmente porque a lei pode ser obrigatória desde a sua publicação (vigência imediata), mas pode, também, começar a vigorar num momento posterior (vigência diferida ou adiada). Nesse último caso, o período em que a lei já publicada ainda não está em vigor chama-se *vacatio legis*.

3. PROCEDIMENTO COMUM SUMÁRIO (REGIME DE URGÊNCIA CONSTITUCIONAL – ART. 64, §§ 1º AO 4º)

Depois de analisarmos como se dá a tramitação dos projetos de lei pelo procedimento comum ordinário (padrão), é hora de estudarmos um outro caminho (procedimento) que os projetos de lei ordinária podem tomar dentro do Congresso Nacional: o procedimento da urgência constitucional (procedimento comum sumário).

3.1 Legitimidade para requerer a urgência

De acordo com o texto constitucional, somente o Presidente da República (na esfera federal, obviamente) está autorizado a requerer ao Congresso Nacional que determinado projeto de lei tramite em caráter de urgência constitucional.

3.2 Projetos em que pode ser requerida urgência

Segundo a Constituição Federal (art. 64, § 1º), o Presidente da República só pode solicitar urgência nos projetos de lei "de sua iniciativa", isto é, dele mesmo, Presidente. Assim, o Chefe do Executivo não pode requerer, por exemplo, que tramite em caráter de urgência projeto de lei de autoria de um Deputado Federal ou de um Senador.

Questão de Concurso

(Cespe/OAB/2008) O Presidente da República poderá solicitar urgência para votação de projetos de lei da iniciativa tanto de Deputados Federais quanto de Senadores.

Gabarito: errado.

3.3 Prazos

Nos termos do art. 64, §§ 2º e 3º, da CF, os prazos são: *a)* 45 dias para apreciação do projeto na Casa Iniciadora (que, nessa hipótese, será necessariamente a Câmara, pois se trata de projeto de iniciativa do Presidente da República); *b)* 45 dias para apreciação na Casa Revisora (que, nesse caso, será sempre o Senado Federal); *c)* 10 dias para apreciação, na Câmara, de eventuais emendas apresentadas pelo Senado Federal.

Desde já, nota-se que o prazo constitucional máximo para a tramitação do projeto de lei em regime de urgência, no Congresso Nacional, é de 90 dias (45+45), se não houver emendas no Senado, ou 100 dias (45+45+10), caso haja tais modificações na Casa Revisora.

E qual a consequência jurídica em caso de desrespeito, por parte do Congresso, a esses prazos constitucionais? Como não existe mais (felizmente) aprovação por decurso de prazo, a consequência será o trancamento de pauta da Casa responsável pelo descumprimento (isto é, da Casa que violou os prazos constitucionais). É o que prevê o § 2º do art. 64: "Se, no caso do § 1º, a Câmara dos Deputados e o Senado Federal não se manifestarem sobre a proposição, cada qual sucessivamente, em até quarenta e cinco dias, sobrestar-se-ão todas as demais deliberações legislativas da respectiva Casa, com exceção das que tenham prazo constitucional determinado, até que se ultime a votação" (redação dada pela EC nº 32/2001).

Como em todos os demais prazos do processo legislativo, ocorre a suspensão desses prazos durante o recesso, isto é, o início do recesso faz para a contagem, que volta (de onde tinha sido suspensa) com o retorno dos trabalhos.

4. PROCEDIMENTOS LEGISLATIVOS ESPECIAIS

4.1 Emendas à Constituição

4.1.1 Iniciativa

Como já vimos no momento adequado, a iniciativa de leis ordinárias é atribuída, em geral, a qualquer Deputado (isoladamente), Senador (idem) ou Comissão (da Câmara, do Senado ou do Congresso Nacional), ao Presidente da República, aos Tribunais Superiores, ao Procurador-Geral da República e até mesmo ao povo (CF, art. 61, *caput*).

Esse procedimento não acontece com a iniciativa de propostas de emendas à Constituição (PEC). De acordo com o rol taxativo (fechado) do art. 60, podem propor emendas à Constituição Federal:

a) 1/3 dos Deputados;

b) 1/3 dos Senadores;

c) o Presidente da República;

d) a maioria absoluta (= mais da metade) das Assembleias Legislativas estaduais (incluindo a Câmara Legislativa do DF), manifestando-se, cada uma delas, pela maioria relativa (= maioria simples) dos seus membros. Analisemos cada uma dessas hipóteses.

CUIDADO!

Não há iniciativa popular de emenda constitucional!

Questão de Concurso

(Cespe/TRF5/Juiz Federal/2009) A CF admite emenda constitucional por meio de iniciativa popular.

Gabarito: errado. A CF ***não acolheu, para a emenda constitucional, a possibilidade de iniciativa popular****. Há autores (como José Afonso da Silva e Pedro Lenza) que defendem tal legitimidade, com base numa interpretação sistemática do art. 1º, mas essa posição é minoritária. O art. 60, caput, dispõe que os legitimados para propor PEC são:*

a) 1/3 dos Deputados ***ou*** *1/3 dos Senadores (I);*

b) Presidente da República (II);

c) maioria absoluta das Assembléias Legislativas (incluída a Câmara Legislativa do DF), mediante manifestação da maioria relativa dos membros de cada uma (III).

4.1.2 Número de turnos

Enquanto as demais proposições legislativas só precisam, em regra, ser aprovadas em um turno em cada Casa do Congresso, as propostas de emenda à Constituição devem ser apreciadas por cada Casa duas vezes (dois turnos), totalizando quatro votações. A proposta será considerada aprovada se for acatada em todas as quatro votações. Perdendo em uma delas, estará rejeitada e será arquivada, expondo-se à limitação do § 5º art. 60, adiante explicada.

4.1.3 Quórum

O quórum exigido para a aprovação de emendas à Constituição é substancialmente maior que o necessário para aprovar as demais proposições legislativas. Enquanto para as leis ordinárias basta o apoio da maioria dos votos dos presentes (maioria simples ou relativa) e, para aprovar leis complementares, exige-se a maioria do total de membros da Casa (maioria absoluta, mais de 50% do total), as PECs só podem ser consideradas aprovadas se obtiverem pelo menos 3/5 (= 60%) do total de votos dos membros da Casa em que se dá a votação.

4.1.4 Irrepetibilidade absoluta na mesma sessão legislativa

A PEC rejeitada ou havida por prejudicada não pode ter seu conteúdo objeto de nova proposta na mesma sessão legislativa. É o que se depreende do § 5º do art. 60: "A matéria constante de proposta de emenda rejeitada ou havida por prejudicada não pode ser objeto de nova proposta na mesma sessão legislativa".

Trata-se de uma aplicação do princípio da irrepetibilidade que se aplica aos projetos de lei rejeitados (art. 67), só que muito mais rígida: aqui, a PEC não pode ser reeditada na mesma sessão legislativa em hipótese alguma. A irrepetibilidade na mesma sessão legislativa é absoluta, ao contrário do que ocorre com os projetos de lei, em que se cuida de uma proibição relativa, que pode ser derrubada com o apoio da maioria absoluta dos membros de qualquer das Casas do Congresso.

	Projeto de Lei	**PEC**
Irrepetibilidade na mesma sessão legislativa	Sim	Sim
Previsão	Art. 67	Art. 60, § 5º
Característica da irrepetibilidade	Relativa (pode ser derrubada com o apoio da maioria absoluta dos membros de qualquer das Casas)	Absoluta

Questão de Concurso

(Cespe/TRF5/Juiz Federal/2009) Uma proposta de emenda constitucional que tenha sido rejeitada ou prejudicada somente pode ser reapresentada na mesma sessão legislativa mediante a propositura da maioria absoluta dos membros de cada Casa do Congresso Nacional.

Gabarito: errado. Se a proposta de emenda constitucional for rejeitada na votação ou havida por prejudicada no aspecto da constitucionalidade, não poderá ser proposta a mesma matéria na mesma sessão legislativa (art. 60, § 5º). Não há exceção. A possibilidade de nova proposição pela maioria absoluta dos membros de uma das Casas do Congresso se aplica apenas aos projetos de LEI (art. 67).

4.1.5 Inexistência da fase de deliberação executiva

Como já afirmamos, ao tratar do procedimento comum ordinário, a fase de deliberação executiva (sanção ou veto) só existe na tramitação de projetos de lei (ordinária ou complementar). Logo, não existe a fase de sanção ou veto no caso das propostas de emenda à Constituição.

4.1.6 Promulgação

Como a PEC não é encaminhada ao Presidente da República (pois não há sanção nem veto), a promulgação não será tarefa do Chefe de Governo. Na verdade, segundo o texto constitucional, a "emenda à Constituição será promulgada pelas Mesas da Câmara dos Deputados e do Senado Federal, com o respectivo número de ordem" (art. 60, § 3º).

4.2 Leis complementares

4.2.1 Objeto (matéria)

Não é qualquer matéria que pode ser regulamentada por meio de lei complementar. É dizer: o legislador não é livre para definir quais os casos em que regulamentará o tema por meio de lei complementar. Só se deve aprovar lei complementar nas hipóteses taxativamente previstas no texto da Constituição.

Assim, por exemplo, o § 3º do art. 14 da CF prevê que "são condições de elegibilidade, na forma da lei (...)": então, a lei a regulamentar essa matéria deve ser ordinária. Ao revés, o mesmo art. 14 (já no § 9º) dispõe que "lei complementar estabelecerá outros casos de inelegibilidade [...]": nesse caso, a matéria é tratada por lei complementar, pois há expressa previsão constitucional. Realmente, o STF já decidiu que, "quando a Constituição exige lei complementar para disciplinar determinada matéria, essa disciplina só pode ser feita por essa modalidade normativa" (Pleno, ADIn nº 2.436-MC/DF, Relator Ministro Moreira Alves, *DJ* de 9.5.2003).

Questão de Concurso

(Cespe/STF/Técnico/2008) Só cabe lei complementar, no sistema normativo brasileiro, quando formalmente for necessária a sua edição por norma constitucional explícita.

Gabarito: certo.

4.2.2 Quórum

O quórum exigido para a aprovação de leis complementares é substancialmente mais elevado que o necessário para se aprovar uma lei ordinária. Na realidade, no procedimento comum ordinário, o quórum de aprovação é de maioria simples (relativa) – art. 47 –, ao passo que, na tramitação dos projetos de lei complementar, exige-se a aprovação por maioria absoluta.

Façamos uma tabela comparando as duas votações (lei ordinária, maioria simples; lei complementar, maioria absoluta) em situações hipotéticas no Senado Federal (lembrando que o total de Senadores, atualmente, é igual a 81, e imaginando que todos os votos sejam "sim" ou "não"):

Senadores presentes	Maioria simples (relativa)	Maioria absoluta
50	26	41
60	31	41
70	36	41
81	41	41

Como se percebe, a maioria absoluta não varia de acordo com o número de presentes. E é um número sempre maior que a maioria simples, ou pelo menos igual a ele. Simbolicamente:

MA ≥ MS

Isso significa que, se uma lei foi aprovada como complementar (maioria absoluta), necessariamente também conseguiria ser aprovada se fosse uma lei ordinária (maioria simples), mas a recíproca não é verdadeira.

Divergência doutrinária!

Quanto à hierarquia das leis complementares, existe grande controvérsia na doutrina. Uma corrente clássica defende que as leis ordinárias seriam inferiores às leis complementares. Já a corrente mais moderna, capitaneada por Celso Bastos, considera que tanto as leis complementares quanto as ordinárias encontram-se no mesmo patamar hierárquico, apenas tratam de matérias distintas.

Defendem a teoria clássica, por exemplo: Pontes de Miranda, Manoel Gonçalves Ferreira Filho, Geraldo Ataliba, Alexandre de Moraes. Já a favor da teoria moderna posicionam-se, entre outros; Michel Temer e Celso Bastos. A jurisprudência pacífica do STF afirma que não há hierarquia entre leis complementares e leis ordinárias; e essa é a posição que deve ser adotada em concursos públicos.

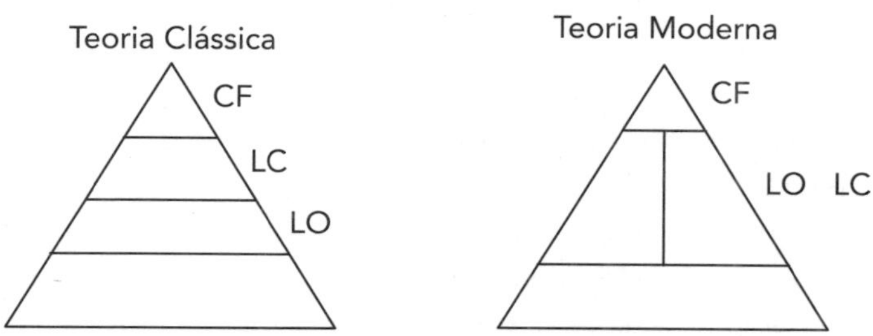

Questão de Concurso

(Cespe/TJCE/Técnico/2008) Leis complementares são hierarquicamente superiores às ordinárias.

Gabarito: errado (jurisprudência do STF).

4.2.3 Conflitos entre lei ordinária e lei complementar

4.2.3.1 Primeiro conflito: lei ordinária invade o assunto de lei complementar

Pode acontecer (e acontece!) de o Congresso Nacional (por erro ou má-fé) aprovar uma lei ordinária para tratar de um assunto que a Constituição reserva para a lei complementar. Nesse caso, a lei ordinária será inválida, inconstitucional, porque violou a regra constitucional que reserva a matéria ao tratamento por lei complementar (na teoria clássica, a lei ordinária seria declarada ilegal).

Deverá, então, ser declarada inconstitucional pelo Poder Judiciário, por provocação de qualquer prejudicado pela legislação, ou, especificamente, pelo STF, em ação direta de inconstitucionalidade (CF, art. 102, I, *a*), por provocação de qualquer dos legitimados para tanto (CF, art. 103, I a IX).

4.2.3.2 Segundo conflito: lei complementar invade assunto de lei ordinária

Também pode ocorrer de o Congresso regulamentar por meio de lei complementar um assunto a ela não reservado pelo constituinte, ou seja, aprovar uma lei complementar que invade o assunto de lei ordinária. Ao se adotar a lógica geral citada no item anterior, a lei complementar deveria ser declarada inconstitucional, por violar a regra constitucional que deixou o assunto à disposição da lei ordinária.

Todavia, por uma questão de utilidade, a lei complementar será aproveitada. Realmente, se a normatização foi aprovada por maioria absoluta, então fatalmente também teria sido aprovada por maioria simples. Nada impede, portanto, que se "aproveite" a manifestação de vontade do Legislativo em aprovar aquela normatização. A lei complementar, nesse caso, será considerada válida, constitucional.

Entretanto, caso a lei ficasse valendo como complementar, estar-se-ia permitindo ao legislador dar maior estabilidade a um assunto ao qual o constituinte não desejou conferir tal atributo. Por isso, a lei complementar aprovada com "invasão" de assunto reservado à lei ordinária é válida (é constitucional), mas com força de lei ordinária (com *status* de lei ordinária): será uma lei formalmente complementar (terá nome e número de lei complementar), mas materialmente ordinária (terá *sta-*

tus de lei ordinária, valerá como se fosse uma lei ordinária, podendo até ser revogada por outra lei ordinária).

Essa é a única hipótese em que uma lei ordinária pode revogar uma lei (formalmente) complementar: quando esta (complementar) tiver invadido o assunto da lei ordinária. E poderá revogar porque, em tais hipóteses, a lei é apenas formalmente complementar: na prática, vale como se fosse uma lei ordinária, podendo ser revogada por outra lei ordinária (STF, RE nº 377.457/PR).

Diferenças entre lei complementar e lei ordinária:

LEI	MATÉRIA	QUÓRUM	INVASÃO
Lei Complementar	Taxativa	Maioria absoluta Mais da metade do total de membros (invariável)	Lei complementar que invade assunto de lei ordinária é válida, mas com força de lei ordinária
Lei Ordinária	Residual	Maioria simples ou relativa – maioria dos votos dos presentes	Lei ordinária que invade assunto de lei complementar é inválida e inconstitucional

Questão de Concurso

(Cespe/DPE-CE/Defensor/2008) Lei ordinária pode revogar lei complementar.

Gabarito: certo. De acordo com a jurisprudência do STF (Pleno, RE nº 377.457/PR), lei ordinária pode revogar lei complementar que tenha invadido seu âmbito material. É a única hipótese em que tal revogação pode existir. Como a questão usou a expressão "pode revogar", e existe uma possibilidade, a assertiva está correta.

4.3 Leis delegadas

A elaboração das leis delegadas é responsabilidade do Presidente da República, por delegação do Congresso Nacional, verdadeiro detentor da função legislativa ordinária. Assim, a delegação legislativa deve ser solicitada pelo Chefe do Executivo, por meio de mensagem enviada ao Poder Legislativo. É o que dispõe o *caput* do art. 68 da CF, *in verbis*: "As leis delegadas serão elaboradas pelo Presidente da República, que deverá solicitar a delegação ao Congresso Nacional".

A delegação legislativa – como qualquer forma de legislação pelo Executivo – é tingida pela marca da excepcionalidade. Isso induz duas características: a temporariedade (afinal, a delegação se exaure na elaboração da lei objeto de transferência temporária de competência, e o Legislativo pode sempre, a qualquer momento, legislar sobre a matéria) e a restrição material.

Com efeito, a delegação de função típica não é a regra no esquema constitucional de separação dos Poderes (CF, art. 2º). Por isso, há determinadas matérias que não podem ser objeto de delegação, assim como existem temas que não podem ser veiculados por medida provisória (art. 62, § 1º, entre outros dispositivos).

Segundo o § 1º do art. 68 da CF, não podem ser objeto de delegação as matérias a seguir enumeradas.

1) Matérias de competência exclusiva do Congresso Nacional ou de competência privativa da Câmara dos Deputados ou do Senado Federal (art. 68, § 1º, *caput*).

2) Matérias reservadas à regulamentação por lei complementar (art. 68, § 1º, *caput*).

3) Organização do Poder Judiciário e do Ministério Público e as garantias dos seus membros (art. 68, § 1º, I).

4) Nacionalidade, cidadania, direitos individuais, políticos e eleitorais (art. 68, § 1º, II).

5) Planos plurianuais, diretrizes orçamentárias e orçamentos (art. 68, § 1º, III).

Segundo o § 3º do art. 68, a delegação legislativa "terá a forma de resolução do Congresso Nacional, que especificará seu conteúdo e os termos de seu exercício". Assim sendo, a mensagem presidencial solicitando a delegação converter-se-á em verdadeira iniciativa de resolução do Congresso, que será votada em sessão conjunta do Congresso.

Quando aprova a resolução, o Congresso Nacional deverá especificar os termos e limites da delegação, isto é, quando delega a tarefa de legislar ao Presidente da República, o Legislativo deverá especificar: *a)* sobre qual matéria o Chefe do Executivo poderá legislar por delegação; *b)* qual o prazo que o Presidente terá para editar a lei delegada; *c)* se elaborada a lei delegada, será necessária a aprovação posterior do Congresso.

Há dois tipos de delegação:

a) delegação própria (ou típica): o Congresso Nacional, ao delegar a tarefa de legislar ao Presidente da República, poderá prever que a lei delegada deva, antes de ser promulgada, ser aprovada pelo Plenário do Parlamento. Quando essa exigência não constar expressamente da resolução, não será necessária a apreciação da lei delegada pelo Congresso. Nesses casos, uma vez elaborada a lei delegada pelo Presidente, ela será diretamente promulgada e publicada. É a chamada delegação própria (= típica);

b) delegação imprópria (ou atípica): o Congresso pode exigir que a lei delegada só seja promulgada se for aprovada pelo Plenário do Parlamento. Nesses casos, fala-se em delegação imprópria. Para tanto, será preciso que tal necessidade de aprovação pelo Congresso esteja expressamente prevista na resolução. Sobre o tema, a Constituição dispõe que: "Se a resolução determinar a apreciação do projeto pelo Congresso Nacional, este a fará em votação única, vedada qualquer emenda". Como se vê, ao deliberar sobre o projeto, o Congresso não pode emendar o projeto: ou o aprova integralmente ou o rejeita *in totum*.

Questão de Concurso

(Cespe/OAB/2008) A delegação legislativa é instituto de índole excepcional, devendo ser solicitada pelo Presidente da República ao Congresso Nacional.

Gabarito: certo.

4.4 Decretos legislativos e resoluções

Os decretos legislativos e as resoluções guardam entre si várias semelhanças e algumas diferenças. Por isso mesmo, preferimos tratar de ambas as espécies conjuntamente, deixando para depois as distinções mais relevantes.

É importante notar que a Constituição nada estabelece acerca da tramitação dos decretos legislativos e das resoluções, de modo que a regulamentação da matéria é dada de forma quase exclusiva, pela doutrina e pelos regimentos internos das Casas Legislativas e do Congresso Nacional.

Normalmente, decretos legislativos e resoluções possuem hierarquia legal, isto é, situam-se no mesmo patamar hierárquico das leis (ordinárias, complementares e delegadas). A distinção entre decretos legislativos e resoluções e as leis é apenas a matéria de que cada espécie trata, mas o *status* que ocupam na hierarquia do ordenamento jurídico é igual.

Tanto no caso de decreto legislativo quanto em relação à resolução não existe a fase de deliberação executiva. Não há sanção nem veto em nenhuma das duas espécies normativas.

Realmente, só cabe ao Presidente da República sancionar ou vetar projetos de lei (art. 84, IV e V, e art. 66), o que não abrange os decretos legislativos e resoluções, que, uma vez aprovados, seguem direto para a promulgação.

4.4.1 Distinções entre decretos legislativos e resoluções

É tradicional na doutrina definir o decreto legislativo como sendo o ato normativo primário editado pelo Congresso Nacional, sem a participação do Presidente da República, para regulamentar as matérias de competência exclusiva do Poder

Legislativo, e geralmente com efeitos externos. Já as resoluções são normalmente definidas como atos normativos primários de cada Casa do Congresso Nacional, isoladamente, com efeitos internos (*interna corporis*), que servem para regulamentar as matérias de competência privativa da Câmara dos Deputados ou do Senado Federal.

4.4.1.1 Competência

Enquanto os decretos legislativos são editados pelo Congresso Nacional, como um todo (ambas as Casas, conjuntamente), as resoluções são atos de cada Casa do Congresso, isoladamente (atos da Câmara dos Deputados, sozinha, ou do Senado Federal, sozinho).

Embora haja exceções a essa regra, é um parâmetro seguro para diferenciar, num primeiro momento, essas duas espécies normativas.

4.4.1.2 Matéria

Essa diferença já apontada traz, por conseguinte, uma outra distinção: a matéria (= conteúdo) a ser tratada individualmente por esses dois instrumentos normativos.

4.4.1.3 Efeitos

Mais uma vez, estamos diante de uma regra geral, que admite exceções, é verdade, mas que pode ser útil no estudo da matéria.

	Decretos Legislativos	**Resoluções**
Competência	Congresso Nacional	Câmara ou Senado (exceto nos casos de delegação legislativa, em que a resolução é do Congresso)
Matéria	Art. 49 e art. 62, § 3º	Arts. 51 e 52; art. 68; art. 155, § 1º, IV, e § 2º, V, *b*
Efeitos	Externos	Internos (*interna corporis*), exceto alguns casos, como delegação legislativa, matéria tributária, suspensão da eficácia da lei declarada inconstitucional pelo STF em controle difuso etc.

* **Obs.:** Resoluções que possuem efeitos externos: delegação legislativa (art. 68, § 2º); matéria tributária (art. 155, § 1º, IV; § 2º, IV e V, *b*); suspensão da eficácia de lei declarada inconstitucional pelo STF em controle difuso (art. 52, X), entre outras.

Questão de Concurso

(Cespe/Bacen/Procurador/2009) As resoluções constituem atos normativos secundários que dispõem acerca da regulação de determinadas matérias do Congresso Nacional não inseridas no âmbito de incidência dos decretos legislativos e da lei.

Gabarito: errado. As resoluções são atos primários, com força de lei, e não secundários..

4.5 Medidas provisórias

Pode-se conceituar medida provisória como um ato normativo primário, excepcional no quadro da separação de Poderes, editado pelo Presidente da República em matérias relevantes e situações de urgência, e sujeita a condição resolutiva. Analisemos esse conceito.

Primeiramente, fica claro que a medida provisória é um ato normativo primário, isto é, retira seu fundamento de validade diretamente da Constituição; pode criar direitos e obrigações; tem, no dizer da Constituição, "força de lei" (art. 62, *caput*). Não é lei, pois nela só se transformará se for aprovada pelo Congresso Nacional; mas, enquanto isso, vale como se lei fosse. Dito de outra forma: é um projeto de lei que já vale como lei.

Ademais, está sujeita a condição resolutiva. Editada pelo Presidente da República, deve ser imediatamente publicada e remetida ao Congresso para apreciação. A partir daí, começará a correr o "prazo de validade" (ou melhor, de vigência) da MP (sessenta dias, prorrogáveis por mais sessenta). Se, nesse período, o Congresso rejeitar a medida ou não apreciá-la, o ato deixará de produzir efeitos (condição resolutiva). Caso, porém, a medida seja votada e aprovada pelo Congresso, pode-se dizer, *grosso modo*, que deixará de ser uma medida provisória para se transformar em lei, definitivamente (quer dizer, até que seja revogada por outra lei).

Por fim, deve ficar claro que a medida provisória, uma espécie de legislação pelo Executivo, não é a regra no esquema da separação de Poderes. Realmente, a função de legislar é prerrogativa principal do Legislativo. Qualquer ato editado pelo Presidente da República no exercício da função legislativa, ou com força de lei (lei delegada, medida provisória, decreto autônomo), configura uma exceção, e como exceção deve ser interpretado (ou seja, deve ser encarado de forma restritiva).

4.5.1 Pressupostos de validade

A medida provisória, com a natureza excepcional que tem, só deve (ou deveria) ser utilizada pelo Presidente da República em situações absolutamente (permita-se a repetição) excepcionais.

Por isso mesmo, as medidas provisórias, no Brasil, só podem ser utilizadas para tratar de matérias relevantes, importantes, fundamentais. É inconstitucional, por violação ao art. 62 da Constituição, medida provisória que trate, por exemplo, de matérias secundárias, como instituição de loteria para auxiliar os clubes de futebol (como infelizmente já tivemos).

Contudo, existe outro pressuposto constitucional para a edição de MPs que deve ser preenchido cumulativamente com aquele já citado (relevância): é a urgência. Com efeito, o normal é que o Presidente da República, como detentor da iniciativa de projetos de lei (art. 61, *caput* e § 1º), remeta as matérias que julgar pertinentes, de regulamentação ao Congresso, por meio de projeto de lei. Nos casos em que considere essa aprovação absolutamente urgente, poderá remeter o projeto com a mensagem de urgência, o que fará com que o Legislativo delibere sobre o projeto no prazo máximo de 100 dias (descontados os períodos de recesso) – ver art. 64, §§ 2º a 4º. Apenas nos casos em que nem mesmo esse prazo de 100 dias pudesse ser respeitado é que o Presidente estaria autorizado a editar medidas provisórias, com vigência imediata.

Em um primeiro momento, o Supremo Tribunal Federal entendeu que, por se tratar de ato político, a medida provisória não se submeteria à análise do Judiciário, quanto aos pressupostos de relevância e urgência. Numa evolução jurisprudencial, a Corte passou a entender que, embora os conceitos de relevância e urgência sejam discricionários, pode a medida provisória ser declarada inconstitucional, quando evidentemente não preenchesse os pressupostos constitucionais. Porém, essa apreciação deve resguardar-se a casos excepcionais.

Questão de Concurso

(FGV/TJ-PA/Juiz/2009) Apenas excepcionalmente o Poder Judiciário poderá, no controle de constitucionalidade da medida provisória, examinar a adequação dos requisitos de relevância e urgência, por força da regra da separação de Poderes.

Gabarito: certo.

4.5.2 Competência

A edição de medidas provisórias é atribuição exclusiva do Presidente da República, na qualidade de chefe de governo (Chefe do Executivo).

CUIDADO!

É válida a edição de medidas provisórias por Governadores e Prefeitos (por simetria), mas desde que haja previsão expressa na respectiva Constituição Estadual ou Lei Orgânica Municipal ou do DF (por ser exceção, deve vir prevista expressamente). Ademais, devem ser respeitados os mesmos princípios e limitações previstos na Constituição Federal.

Questão de Concurso

(Cespe/DPE-CE/Defensor/2008) Desde que prevista competência na Constituição Estadual, pode o Governador editar medida provisória.

Gabarito: certo.

4.5.3 Limitações materiais

Matérias em que não pode ser editada medida provisória	**Vedações explícitas**	Regulamentação do Fundo Social de Emergência	ADCT, Art. 73
		Exploração de gás canalizado pelos Estados-membros	Art. 25, § 2º
		Regulamentação de artigo da Constituição cuja redação foi alterada entre 1º de janeiro de 1995 e 11 de setembro de 2001	Art. 246
		Nacionalidade, cidadania, partidos políticos e Direito Eleitoral	Art. 62, § 1º, I, *a*
		Direito Penal, Processual Penal e Processual Civil **Obs.:** Direito Civil **pode**!	Art. 62, § 1º, I, *b*
		Garantias dos membros do Judiciário e do MP	Art. 62, § 1º, I, *c*
		Matéria orçamentária (só pode autorizar a abertura de créditos extraordinários: ADIn nº 4.048/DF)	Art. 62, § 1º, I, *d* Art. 167, § 3º
		Matéria reservada a lei complementar	Art. 62, § 1º, III
		Detenção ou sequestro de ativos financeiros	Art. 62, § 1º, II
		Matéria constante de projeto de lei pendente de sanção ou veto do Presidente	Art. 62, § 1º, IV
	Vedações Implícitas	Matérias de iniciativa exclusiva dos demais Poderes	Ex.: arts. 96; 93; 51, IV; 127
		Matérias de decreto legislativo ou resolução	Arts. 49, 51 e 52

Questão de Concurso

(Cespe/TRF5/Juiz Federal/2009) Suponha que determinado projeto de lei ordinária seja encaminhado para sanção presidencial e que, nesse mesmo momento, o Presidente da República resolva editar uma medida provisória acerca da mesma matéria tratada no referido projeto. Nessa situação hipotética, desde que atendidos os demais preceitos constitucionais, não há impedimento para se editar a referida medida provisória.

Gabarito: errado (art. 62, § 1º, IV).

(Cespe/TRF5/Juiz Federal/2009) O orçamento público rege-se pelo princípio da reserva de lei. Assim, os orçamentos e os créditos adicionais e extraordinários somente podem ser aprovados ou autorizados por meio de lei, não sendo admitida a edição de medida provisória.

Gabarito: errado. Realmente, os instrumentos orçamentários ***em geral*** *se submetem à reserva legal. Porém, pode ser editada Medida Provisória para abrir crédito* ***extraordinário****, ao contrário do que dita a questão. O § 1º do art. 62 dispõe: "É vedada a edição de medidas provisórias sobre matéria: I - relativa a: [...] d) planos plurianuais, diretrizes orçamentárias, orçamento e créditos adicionais e suplementares, ressalvado o previsto no art. 167, § 3º". O § 3º do art. 167 permite a edição de MP para abrir crédito* ***extraordinário****: "A abertura de crédito extraordinário somente será admitida para atender a despesas imprevisíveis e urgentes, como as decorrentes de guerra, comoção interna ou calamidade pública, observado o disposto no art. 62".* Vide, *também, a decisão do STF na ADIn nº 4.048/DF, que declarou inconstitucional uma MP que abria crédito extraordinário, mas apenas porque entendeu que a situação não se enquadrava nas hipóteses que autorizam a abertura desse tipo de crédito.*

(Cespe/TRF5/Juiz Federal/2009) Para regulamentar a exploração direta, ou mediante concessão, dos serviços locais de gás canalizado, pode ser utilizada pelos Estados medida provisória, desde que prevista a sua edição na respectiva Constituição Estadual.

Gabarito: errado. Os Governadores podem editar Medidas Provisórias, desde que haja previsão expressa na Constituição. Todavia, o § 2º do art. 25 da CF dispõe o seguinte: "Cabe aos Estados explorar diretamente, ou mediante concessão, os serviços locais de gás canalizado, na forma da lei, vedada a edição de medida provisória para a sua regulamentação.".

CUIDADO!

Medida provisória pode criar tributos ou majorar-lhes a alíquota?

Sim, exceto para aqueles tributos que tenham de ser instituídos por lei complementar (CF, art. 154, c/c/ art. 62, § 1º, III). O § 2º do art. 62 afirma que "Medida provisória que implique instituição ou majoração de impostos, exceto os previstos nos arts. 153, I, II, IV, V, e 154, II, só produzirá efeitos no exercício financeiro seguinte se houver sido convertida em lei até o último dia daquele em que foi editada".

Questão de Concurso

(Esaf/Receita Federal/Auditor Fiscal/2006) A medida provisória pode ser editada para:

a) aumentar imposto.
b) simplificar procedimentos regulados no Código de Processo Civil.
d) estabelecer hipóteses de perda da nacionalidade brasileira pelo brasileiro naturalizado.
e) dispor sobre direito eleitoral.

Gabarito: a.

ATENÇÃO!

É admitida medida provisória que aumente a alíquota de um imposto, ou mesmo o institua, desde que: a) haja relevância e urgência; b) caso se trate de um imposto sujeito ao princípio da anterioridade geral (CF, art. 150, III, *b*), em que a MP seja convertida em lei no exercício financeiro anterior à cobrança da nova alíquota.

4.5.4 Efeitos

De acordo com Paulo Gustavo Gonet Branco, a medida provisória "produz, ao ser editada, dois efeitos básicos: inova a ordem jurídica imediatamente, e provoca o Congresso Nacional a deliberar sobre o assunto".

Questão de Concurso

(Cespe/TCU/Analista de Controle Externo – Área Auditoria Governamental/2008) As MPs produzem, ao serem editadas, pelo menos dois efeitos: o efeito inovador da ordem jurídica e o efeito provocador do Congresso Nacional para que este delibere sobre o assunto.

Gabarito: certo.

4.5.5 Prazos

Quanto às medidas provisórias, é preciso destacar a existência de dois prazos diferentes que correm em paralelo:

a) um prazo de vigência, que é de 60 dias, prorrogáveis automaticamente por mais 60;

b) um prazo de trancamento de pauta do Congresso, que corresponde a 45 dias.

Esses dois prazos correm em paralelo, de forma independente, e têm o mesmo termo inicial: a edição da MP. O término de cada um deles produz diferentes efeitos jurídicos:

a) escoado o prazo de vigência da MP, sem apreciação do Congresso, considera-se que ela perdeu os efeitos: foi tacitamente rejeitada pelo Legislativo;

b) esgotado o prazo de trancamento de pauta, a Casa Legislativa em que a MP estiver tramitando sofrerá o sobrestamento das demais deliberações, enquanto não apreciar a MP ("trancamento" de pauta).

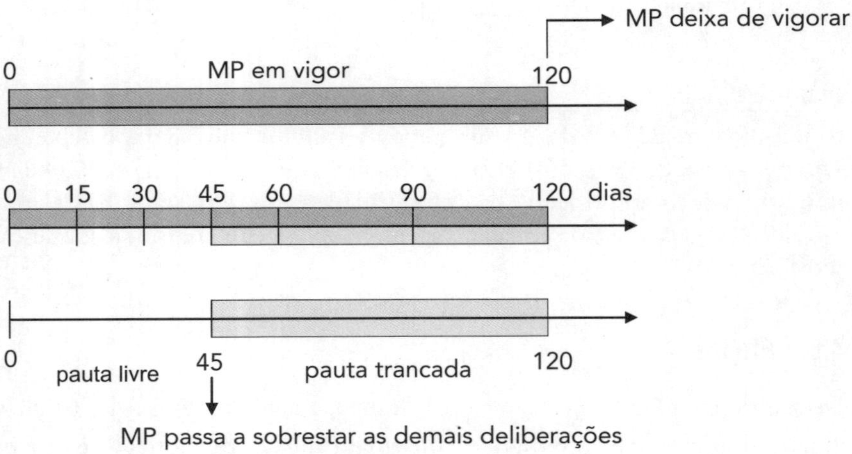

Dia 1: MP está em vigor e não tranca a pauta
Dia 46: MP está em vigor, mas já tranca a pauta
Dia 90: MP ainda está em vigor e ainda está trancando a pauta
Dia 121: MP deixa de vigorar e, consequentemente, de trancar a pauta

ATENÇÃO!

Tais prazos não correm durante o recesso do Congresso Nacional.

Divergência doutrinária!

Embora o art. 62 diga que ficam sobrestadas "todas as demais deliberações legislativas", vem ganhando corpo no Congresso a interpretação, capitaneada pelo

Presidente da Câmara dos Deputados, Michel Temer, de que só ficam sobrestados os projetos de lei ordinária. As demais espécies normativas poderiam ser discutidas e votadas mesmo com medida provisória trancando a pauta da Casa Legislativa.

É de se ter cuidado, porém, que essa interpretação ainda não foi referendada pela Corte. O que houve foi a decisão monocrática do Relator, Ministro Celso de Mello, que indeferiu o pedido de medida cautelar no MS nº 27.931/DF (DJe de 31.3.2009). Aguardemos a decisão definitiva do Plenário do STF.

4.5.6 Tramitação

A medida provisória, uma vez editada, deve ser imediatamente submetida pelo Presidente da República à apreciação do Congresso Nacional. A apreciação se dá pela Câmara dos Deputados e pelo Senado Federal, isolada e sucessivamente. Entre as Casas do Congresso, fica claro que a função de Casa Iniciadora caberá à Câmara dos Deputados (art. 62, § 8º), até mesmo por se tratar de ato do Presidente da República (art. 64, *caput*).

Antes mesmo do encaminhamento à Câmara, porém, a MP precisa ser apreciada por uma comissão mista do Congresso Nacional. A própria Constituição estabelece que a "deliberação de cada uma das Casas do Congresso Nacional sobre o mérito das medidas provisórias dependerá de juízo prévio sobre o atendimento de seus pressupostos constitucionais" (art. 62, § 5º). Esse parecer prévio é dado por uma comissão mista de Deputados e Senadores, designada, caso a caso, para analisar se a medida provisória preenche os requisitos de relevância e urgência (e, nos termos da Resolução nº 1/2002-CN, também sobre o mérito da MP e sua compatibilidade financeira).

Havendo, no Senado, modificações no texto aprovado pela Câmara, a MP (na verdade, o projeto de lei conversão da MP) retorna à Casa Iniciadora, que irá apreciar as emendas senatoriais.

4.5.7 Rejeição

Se a medida provisória for rejeitada pela Câmara ou pelo Senado, estará definitivamente arquivada, nos termos do que ocorre com os projetos de lei. Quanto às MPs, porém, a rejeição pode ser expressa ou tácita: esta última se verifica quando o Congresso deixa escoar o prazo de 60+60 dias sem votar o ato. Nesse caso, a medida perderá seus efeitos, isto é, será tida como rejeitada tacitamente.

CUIDADO!

Uma vez rejeitada a MP (repita-se, seja de forma tácita ou expressa), deixará imediatamente de produzir efeitos. Deixará de existir. E mais: a matéria constante da MP rejeitada não poderá ser objeto de nova medida provisória na mesma sessão legislativa, em hipótese alguma. Confira-se o § 10 do art. 62 da CF: "É vedada a reedição, na mesma sessão legislativa, de medida provisória que tenha sido rejeitada ou que tenha perdido sua eficácia por decurso de prazo".

1 PROJETO DE LEI REJEITADO
- 1.1 A matéria dele constante pode ser objeto de nova proposição:
  - 1.1.1 Em outra sessão legislativa? SIM.
  - 1.1.2 Na mesma sessão legislativa (ano parlamentar)?
    - 1.1.2.1 Em regra: NÃO.
    - 1.1.2.2 Existe exceção: SIM (maioria absoluta dos membros de uma Casa).

2 MEDIDA PROVISÓRIA REJEITADA
- 2.1 A matéria dele constante pode ser objeto de nova proposição:
  - 2.1.1 Em outra sessão legislativa? SIM.
  - 2.1.2 Na mesma sessão legislativa (ano parlamentar)?
    - 2.1.2.1 Em regra: NÃO.
    - 2.1.2.2 Existe exceção: NÃO (vedação absoluta na mesma sessão legislativa).

4.5.7.1 Efeitos da rejeição

O que acontece com os efeitos que a MP já produziu?

Rejeitada a medida provisória (ou perdida a eficácia pelo escoamento do prazo, o que equivale a uma rejeição tácita), deixa imediatamente de produzir novos efeitos. Quanto aos efeitos já produzidos, a regra geral é que a MP continuará aplicável, a não ser que o Congresso, em 60 dias (a contar da rejeição), edite decreto legislativo dispondo de forma diversa.

A rejeição (expressa ou tácita) da MP pelo Congresso produz, em regra, efeitos *ex nunc* (de agora em diante, daqui para a frente), a não ser que o Congresso resolva dar efeitos retroativos à rejeição (efeitos *ex tunc*) – para tanto, deverá, em até 60 dias, editar um decreto legislativo específico.

4.5.8 Aprovação

4.5.8.1 Aprovação sem emendas (de conteúdo)

Uma vez aprovada a medida provisória sem emendas que alterem a essência, o conteúdo do ato originalmente editado pelo Presidente da República, a MP estará automaticamente convertida em lei. Não é necessário retornar à Presidência para sanção ou veto. A MP foi confirmada, e deixará, então, de existir, para dar lugar à lei objeto de sua conversão.

4.5.8.2 Aprovação com emendas (de conteúdo)

Se a medida provisória for aprovada, na essência, mas o Congresso fizer emendas (de conteúdo) ao texto originalmente editado pelo Presidente da República, a MP não estará definitiva e automaticamente convertida em lei. Não. Nesse caso, a MP se transforma num projeto de lei de conversão (PLV), que deverá ser encaminhado (como qualquer projeto de lei) à sanção ou ao veto do Presidente da República.

Entretanto, deve ser lembrado que o prazo para sanção ou veto é de 15 dias úteis (ver Capítulo 3, tópico 1.2.2.1, item c). Durante esse tempo, o que acontece com a MP? O texto originalmente editado pelo Presidente continua a valer, enquanto o Chefe do Executivo não se manifestar sobre o PLV, sancionando-o ou vetando-o. A partir da sanção ou veto, o texto original da MP deixa definitivamente de vigorar, e o PLV seguirá a tramitação normal de um projeto de lei.

ESQUEMAS

Resumo sobre a tramitação da MP

1 MP REJEITADA
- 1.1 Deixa de produzir efeitos.
  - 1.1.1 Em regra: perde a eficácia daqui para a frente (*ex nunc*).
  - 1.1.2 Excepcionalmente: a rejeição poderá ser *ex tunc*, se o Congresso editar decreto legislativo nesse sentido.

2. MP APROVADA
- 2.1 Sem emendas de conteúdo: está automaticamente convertida em lei.
- 2.2 Com emendas de conteúdo: transforma-se em PLV (projeto de lei de conversão), que segue para a sanção ou veto do Presidente
  - 2.2.1 Enquanto isso: continua valendo a redação original da MP, até que o PLV seja sancionado ou vetado.

Esquema sobre a tramitação da MP dentro do Congresso Nacional

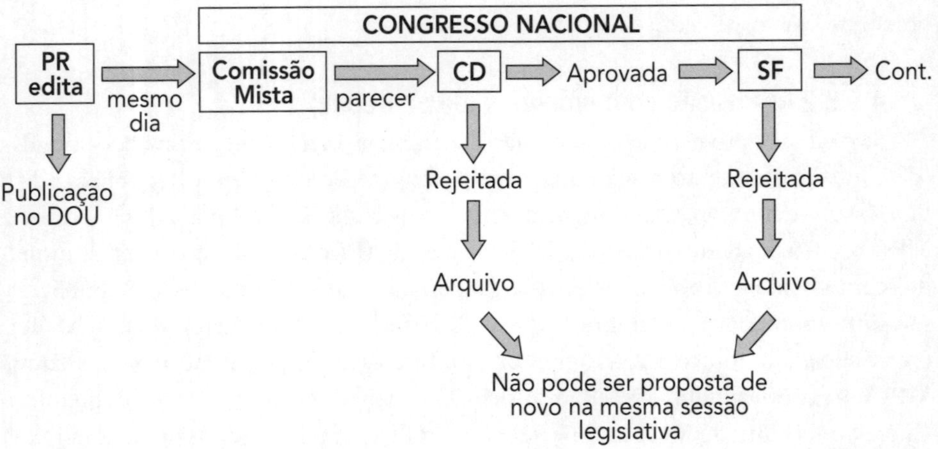

Esquema sobre a tramitação da MP entre os Poderes

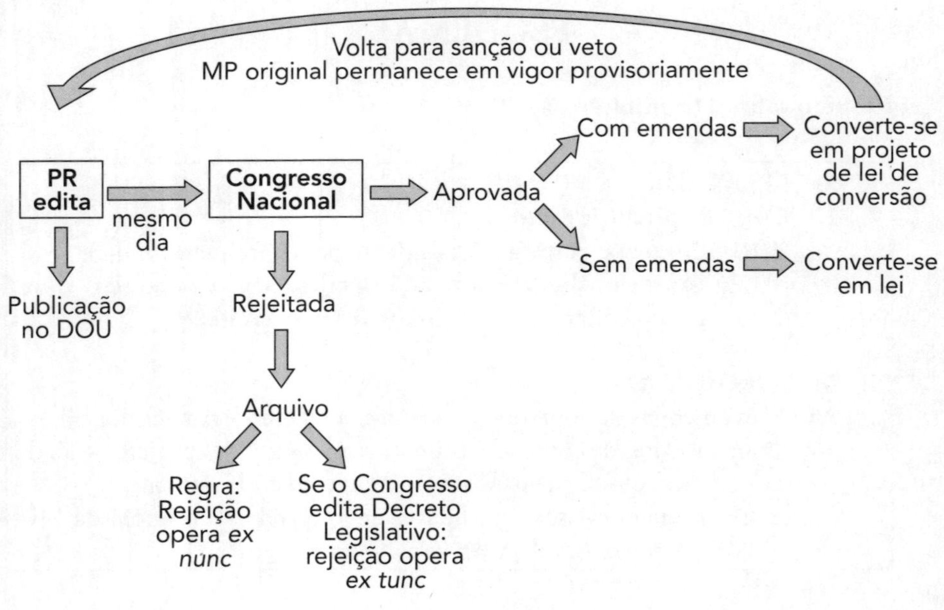

TRAMITAÇÃO LEGISLATIVA / PROJETO DE LEI / PROCEDIMENTO COMUM ORDINÁRIO

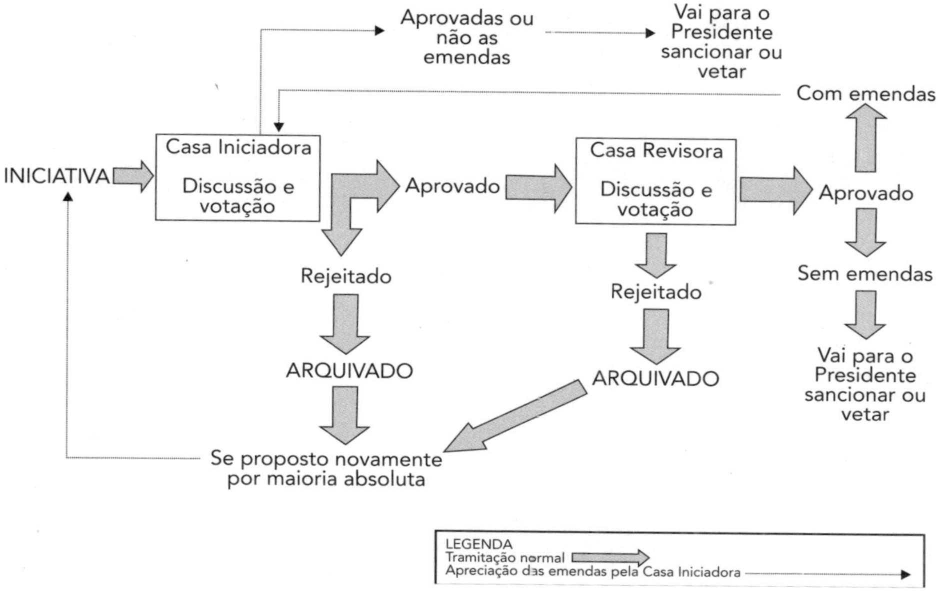

CAPÍTULO 16
Poder Executivo

1. PRESIDENTE DA REPÚBLICA

1.1 Mandato

O mandato presidencial é, atualmente, de quatro anos, permitida uma reeleição para mandato subsequente.

1.2 Eleição

A eleição para Presidente e Vice-Presidente da República faz-se de forma conjunta, pelo sistema majoritário absoluto (maioria absoluta): será eleito o candidato que obtiver mais da metade dos votos válidos (total de votos, exceto nulos e brancos). Se nenhum candidato alcançar a maioria absoluta dos votos válidos em primeiro turno, faz-se um segundo turno, só com os dois candidatos mais votados. Caso algum deles fique impossibilitado de concorrer, convoca-se o próximo mais votado.

> **Questão de Concurso**
>
> (Cespe/TRE-BA/Técnico/2010) Na eleição do Presidente e do Vice-Presidente da República, se nenhum candidato alcançar maioria absoluta na primeira votação, deve ser feita nova eleição, concorrendo os dois candidatos mais votados. Se, antes de realizado o segundo turno, ocorrer a morte de candidato, deverão ser convocadas novas eleições.
>
> *Gabarito: errado. Nessa hipótese, convoca-se o próximo candidato mais votado (terceiro lugar).*

1.3 Sucessão

O Presidente será sucedido pelo Vice-Presidente da República em caso de vacância do cargo (morte, renúncia, cassação). O Vice, então, completará o mandato do titular.

1.4 Substituição

Já no caso de impedimento (temporário) do Presidente da República, haverá a substituição, seguindo-se à seguinte ordem:

a) Vice-Presidente da República;

b) Presidente da Câmara dos Deputados;

c) Presidente do Senado Federal;

d) Presidente do Supremo Tribunal Federal.

1.5 Dupla vacância

E se ocorrer a dupla vacância (Presidente e Vice)? Serão feitas novas eleições!

E se, durante o mandato, o Vice-Presidente morrer? Quem o sucederá? Ninguém, o Presidente continuará governando sem um Vice.

E se morrer o Presidente e o Vice-Presidente o suceder, quem será o Vice? Ninguém, o novo Presidente terminará o mandato sem um Vice.

E se, numa das hipóteses anteriores, o titular morrer (ou renunciar ou sofrer *impeachment*), de modo que vaguem os cargos de Presidente e de Vice-Presidente da República? Então, será necessário realizar nova eleição, para eleger novos mandatários, que completarão o mandato já em curso (o que a doutrina chama de mandato-tampão).

Dependendo de quando ocorrer a última vaga, a eleição terá contornos diferentes. Se a última das vacâncias ocorrer nos dois **primeiros** anos do mandato, a eleição será direta (todos os eleitores votam), realizada no prazo de 90 dias (art. 81, *caput*). Porém, se a última vaga se verificar quando já transcorrida mais da metade do mandato (ou seja, se ocorrer nos últimos dois anos), a eleição será indireta (realizada pelo Congresso Nacional), no prazo de 30 dias (art. 81, § 1º).

Perceba-se que, em ambos os casos, qualquer cidadão brasileiro nato maior de 35 anos e no pleno gozo dos direitos políticos poderá concorrer ao cargo de Presidente. A diferença é que, caso a vacância ocorra nos dois primeiros anos do mandato, quem vai votar são todos os eleitores; caso ocorra nos dois últimos anos, os eleitores serão apenas os Deputados Federais e os Senadores (eleição indireta).

Em qualquer dos casos, repita-se, os eleitos vão apenas completar o que falta do mandato dos antecessores (art. 81, § 2º).

	Vacância dos cargos de Presidente e Vice nos dois PRIMEIROS anos do mandato	**Vacância dos cargos de Presidente e Vice nos dois ÚLTIMOS anos do mandato**
Eleição	DIRETA (feita pelo povo)	INDIRETA (votam apenas Deputados e Senadores)
Prazo	90 dias a contar da última vaga	30 dias a contar da última vaga

Questão de Concurso

(Cespe/TCE-BA/Procurador/2010) Havendo vacância dos cargos de Presidente e de Vice-Presidente da República nos dois primeiros anos do mandato, deverá ser realizada eleição noventa dias depois de aberta a última vaga, mas, se a vacância ocorrer nos últimos dois anos do mandato, a eleição para ambos os cargos será feita de forma indireta, pelo Congresso Nacional, trinta dias depois de aberta a última vaga.

Gabarito: certo.

2. ATRIBUIÇÕES DO PRESIDENTE DA REPÚBLICA (ART. 84)

	Conteúdo	Função	Delegável
Principais atribuições do Presidente	Nomear e exonerar Ministros de Estado	Chefia de Governo	Não
	Exercer a direção superior da Administração Pública Federal	Chefia de Governo (José Afonso da Silva diz ser atribuição de chefia administrativa)	Não
	Sancionar, promulgar e fazer publicar as leis	Chefia de Governo	Não
	Expedir decretos e regulamentos para a fiel execução das leis (decretos regulamentares)	Chefia de Governo	Não
	Editar decretos autônomos (para reorganizar a Administração ou extinguir cargos vagos do Executivo)	Chefia de Governo	Sim
	Manter relações com Estados estrangeiros	Chefia de Estado	Não
	Celebrar tratados internacionais, sujeitos a referendo do Congresso	Chefia de Estado	Não
	Conceder indulto e comutar penas	Chefia de Governo (há divergência na doutrina)	Sim
	Prover (e desprover) cargos públicos na forma da lei	Chefia de Governo	Sim
	Extinguir cargos públicos na forma da lei	Chefia de Governo	Não

Questão de Concurso

(Cespe/MS/Agente/2008) O decreto do Presidente da República é instrumento hábil para dispor sobre a extinção de cargo público vago.

Gabarito: certo (art. 84, VI, b*).*

(Cespe/Detran-DF/Analista/2009) A Constituição Federal dispõe que compete privativamente ao Presidente da República celebrar tratados, convenções e atos internacionais, sujeitos a referendo do Congresso Nacional. Ao fazê-lo, o Presidente exerce as funções de Chefe de Estado.

Gabarito: certo.

CUIDADO!

O rol constitucional de atribuições presidenciais não é taxativo (meramente exemplificativo).

ATENÇÃO!

As atribuições que o Presidente da República pode delegar são apenas três: a) editar decretos autônomos (inciso VI); b) conceder indulto e comutar penas (inciso XII); c) prover (e desprover) cargos públicos na forma da lei (inciso XXV, primeira parte). E para quem ele pode delegar? Para os Ministros de Estado, o Procurador-Geral da República ou o Advogado-Geral da União.

Questão de Concurso

(Cespe/TRF-5/Juiz/2009) Conforme entendimento do STF, o Presidente da República pode delegar aos Ministros de Estado, por meio de decreto, a atribuição de demitir, no âmbito das suas respectivas pastas, servidores públicos federais.

Gabarito: certo.

(Cespe/TJES/Analista Judiciário – Área Judiciária/2011) As competências privativas atribuídas ao Presidente da República pelo texto constitucional não podem, pela sua natureza, em nenhuma hipótese, ser objeto de delegação.

Gabarito: errado (art. 84, parágrafo único).

3. IMUNIDADES (PRERROGATIVAS) DO PRESIDENTE DA REPÚBLICA

O Presidente da República, assim como outras autoridades dos demais Poderes, possui prerrogativas (imunidades). É de se lembrar, todavia, que o Presidente **não**

possui imunidades materiais, mas apenas imunidades **processuais** (formais) - ao contrário dos Deputados Federais e Senadores, que possuem imunidades formais e materiais.

3.1 Foro por prerrogativa de função

O Presidente da República, durante o mandato, só pode ser processado por crimes comuns perante o STF (art. 102, I, *b*) e por crimes de responsabilidade, no Senado Federal (art. 52, I).

CUIDADO!

Não há prerrogativa de foro quanto a questões cíveis, tais como ação de execução, ação popular, notificação extrajudicial cível, reclamação trabalhista, questões essas que devem ser tratadas nos órgãos judiciários de primeira instância, assim como as "pessoas comuns". Só existe foro por prerrogativa de função para infrações penais comuns (crimes e contravenções) e para os crimes de responsabilidade.

ATENÇÃO!

Por outro lado, tal prerrogativa de foro só existe enquanto a pessoa ocupar o cargo.

3.2 Restrições à prisão

O Presidente não pode sofrer prisões cautelares, tais como a prisão em flagrante, prisão preventiva ou prisão temporária. O Chefe de Estado só pode ser preso por sentença penal condenatória, isto é, sentença de mérito. É o que dispõe o § 3º do art. 86: "Enquanto não sobrevier sentença condenatória, nas infrações comuns, o Presidente da República não estará sujeito a prisão".

3.3 Necessidade de autorização da Câmara dos Deputados para a instauração de processo criminal

Durante o mandato, o Presidente da República só pode ser processado por infração penal comum ou por crime de responsabilidade se houver **prévia autori-**

zação da Câmara, por 2/3 dos membros da Casa do povo. Realmente, segundo o inciso I do art. 51 é competência privativa da Câmara "autorizar, por dois terços de seus membros, a instauração de processo contra o Presidente e o Vice-Presidente da República e os Ministros de Estado".

Trata-se de um verdadeiro juízo político de admissibilidade do processo, que só pode começar se tiver o aval da Casa, **tanto quanto aos crimes comuns quanto com relação aos "crimes" de responsabilidade**.

Questão de Concurso

(Cespe/STM/Analista Judiciário - Área Administrativa/2011) Os crimes de responsabilidade relativos ao Presidente da República devem ser processados e julgados no Senado Federal, após autorização de pelo menos 2/3 da Câmara dos Deputados.

Gabarito: certo.

3.4 Imunidade processual temporária (irresponsabilidade temporária)

O § 4º do art. 86 dispõe que "O Presidente da República, na vigência de seu mandato, não pode ser responsabilizado por atos estranhos ao exercício de suas funções". Essa é a chamada imunidade processual temporária, regra segundo a qual o Presidente, Chefe de Estado, fica, durante o mandato, imune a processos relativos a crimes comuns que não tenham a ver com o exercício das funções presidenciais. Assim, por exemplo, se o Presidente injuriar um Deputado de oposição, poderá ser responsabilizado durante o mandato (trata-se de crime comum que tem a ver com o exercício das atribuições). Entretanto, se injuriar um porteiro de um clube, quando para lá se dirigia em férias, só poderá ser criminalmente processado **após o término do mandato**.

Como assinalado pela doutrina e jurisprudência: 1) não se trata de imunidade material, pois não exclui a punição do fato, mas de prerrogativa **processual**, que apenas aplica uma regra diferenciada ao processo; 2) durante esse período, a prescrição fica suspensa; 3) após o mandato, o ex-Presidente será julgado na primeira instância e independentemente de autorização da Câmara, pois não exerce mais o mandato e não pode, portanto, gozar das prerrogativas de cargo que não mais ocupa.

Em suma: o Presidente, se cometer crime comum que tenha a ver com o exercício das atribuições, será julgado no STF após autorização da Câmara; se, porém, cometer crime comum que nada tem a ver com o exercício das atribuições, só será processado após deixar o cargo (mas a prescrição do crime fica suspensa).

Questão de Concurso

(FCC/Ministério Público do Ceará/Promotor Justiça/2009) O Presidente da República, na vigência de seu mandato, pode ser responsabilizado por atos estranhos ao exercício de suas funções.

Gabarito: errado (art. 86, § 4º).

VEJA BEM!

Governadores têm foro por prerrogativa de função no STJ (art. 105, I, *a*). Quanto às demais prerrogativas do Presidente, a única que lhes é extensível é a necessidade de autorização do Legislativo para a abertura de processo por crime comum ou de responsabilidade, o que depende de previsão na Constituição Estadual.

4. RESPONSABILIDADES DO PRESIDENTE DA REPÚBLICA

Natureza	Infração penal - crime (= delito)	Infração político-administrativa
Penas possíveis	Reclusão, detenção, perda de bens etc.	Perda do mandato (*impeachment*) e inabilitação para o exercício da função pública
Provocação	Procurador-Geral da República, por meio de denúncia	Qualquer **cidadão**
Juízo prévio de admissibilidade	Câmara dos Deputados (2/3)	Câmara dos Deputados (2/3)
Juízo definitivo de admissibilidade da acusação	Supremo Tribunal Federal (decisão de recebimento da denúncia ou queixa)	Não há
Competência para o julgamento	STF	Senado Federal
Afastamento das funções	A partir da decisão do STF (recebimento da denúncia ou queixa)	A partir da instauração de processo pelo Senado

QUADRO-RESUMO

PODER EXECUTIVO

PRESIDENTE DA REPÚBLICA	**Mandato**	Quatro anos, permitida uma reeleição
	Eleição	Maioria absoluta dos votos válidos
	Sucessor	Vice-Presidente
	Substitutos	– Vice-Presidente – Presidente da Câmara – Presidente do Senado – Presidente do STF
	Dupla vacância (Presidente e Vice)	Novas eleições: – Direta, em 90 dias (se a vacância for nos dois primeiros anos) – Indireta, em 30 dias (se a vacância for nos dois últimos anos do mandato)
	Atribuições	Chefia de Governo e Chefia de Estado Delegáveis: – Editar decretos autônomos – Conceder indulto e comutar penas – Prover (e desprover) cargos públicos na forma da lei
	Imunidades	– Foro: STF (crimes comuns) e SF (crimes de responsabilidade) – Prisão: só em caso de sentença condenatória – Autorização para o processo: Câmara (2/3) – Imunidade processual temporária
	Responsabilidades	Ficará suspenso das funções, por até 180 dias, caso seja recebida a denúncia ou queixa pelo STF, ou caso seja instaurado o processo pelo Senado

CAPÍTULO 17
Poder Judiciário (Parte Geral)

1. AUTONOMIA DO JUDICIÁRIO

1.1 Autonomia funcional e administrativa (art. 96)

É o poder do Judiciário de exercer sua função típica (julgar) com independência em relação aos demais Poderes, bem como autoadministrar-se.

1.2 Autonomia financeira e orçamentária (arts. 99 e 168)

O Judiciário elabora sua própria proposta orçamentária, que deve, então, ser encaminhada ao Executivo (autonomia orçamentária).

Além disso, gerencia seus próprios recursos, que são recebidos do Executivo até o dia 20 de cada mês, na forma de duodécimos (art. 168). É a chamada autonomia financeira.

Questão de Concurso

(Cespe/TST/Analista Judiciário – Área Judiciária/2008) No plano federal, existe lei orçamentária anual específica para o Poder Judiciário, de iniciativa privativa do Supremo Tribunal Federal (STF), que define as receitas e despesas dos tribunais superiores, bem como das justiças do trabalho, militar e federal.

Gabarito: errado. O Judiciário elabora sua própria proposta orçamentária, mas a lei orçamentária é uma só para todos os Poderes.

2. INGRESSO

Concurso público de provas e títulos, com participação da OAB em todas as fases, exigindo-se do bacharel em Direito ao menos três anos de atividade jurídica (art. 93, I)

Questão de Concurso

(Cespe/STJ/Técnico/2008) O Presidente do STF não pode propor lei complementar que exclua a participação da Ordem dos Advogados do Brasil dos concursos públicos para ingresso na magistratura.

Gabarito: certo. A participação da OAB deriva de regra constitucional.

CUIDADO!

Segundo o STF, a atividade jurídica deve compreender apenas funções exercidas após a colação de grau!

2.1 Nomeação direta para os tribunais (arts. 101, 104, 94 etc.)

TRIBUNAL	COMPOSIÇÃO	PREVISÃO
STF	Onze Ministros, nomeados pelo Presidente da República, depois de aprovada a escolha pela maioria absoluta do Senado. Integrantes devem ser brasileiros natos, maiores de 35 e menores de 65 anos, de notável saber jurídico e reputação ilibada	Art. 101, *caput* e parágrafo único
STJ	No mínimo, 33 Ministros (1/3 entre desembargadores de TJ, 1/3 entre membros de TRF e 1/3, alternadamente, entre membros de Ministério Público e da advocacia)	Art. 104
TJs, TRFs e TRTs	Número variável 1/5 entre membros do MP e da advocacia, alternadamente ("quinto constitucional")	Art. 94, *caput* e parágrafo único

3. GARANTIAS

3.1 Vitaliciedade (art. 95, I)

É a garantia do membro de não perder o cargo, salvo por sentença judicial transitada em julgado.

A vitaliciedade é conquistada pelos membros que ingressaram por concurso, após dois anos de efetivo exercício. Para os membros que ingressaram por nomeação direta, a vitaliciedade é adquirida imediatamente na data da posse.

Questão de Concurso

(Cespe/STF/Analista Judiciário – Área Administrativa/2008) Um advogado que, em virtude do quinto constitucional, for nomeado desembargador de um tribunal de justiça estadual adquirirá a vitaliciedade imediatamente, sem a necessidade de aguardar dois anos de exercício.

Gabarito: certo.

3.2 Inamovibilidade (art. 95, II), salvo por motivo de interesse público, decisão da maioria absoluta dos membros do tribunal respectivo ou do CNJ (art. 93, VIII) OU por motivo disciplinar, por decisão da maioria absoluta do CNJ (art. 103-B, § 4º, III, c/c art. 93, VIII)

Questão de Concurso

(Cespe/DPU/Defensor Público Federal/2007) O art. 95, inciso II, da CF prevê como garantia dos juízes a inamovibilidade, salvo por motivo de interesse público. Sendo assim, o Conselho Nacional de Justiça não tem competência para determinar remoção de magistrados como sanção administrativa.

Gabarito: errado (art. 103-B, § 4º, III).

3.3 Irredutibilidade de subsídios

CUIDADO!

A irredutibilidade não autoriza o juiz a receber mais que o teto constitucional (art. 37, X).

ATENÇÃO!

Segundo o STF, a irredutibilidade é apenas nominal: não assegura reajustes para garantir o valor de compra.

4. VEDAÇÕES (ART. 95, PARÁGRAFO ÚNICO)

Art. 95, parágrafo único:
Aos juízes é vedado:
I – exercer, ainda que em disponibilidade, outro cargo ou função, salvo uma de magistério;

II – receber, a qualquer título ou pretexto, custas ou participação em processo;

III – dedicar-se à atividade político-partidária.

IV – receber, a qualquer título ou pretexto, auxílios ou contribuições de pessoas físicas, entidades públicas ou privadas, ressalvadas as exceções previstas em lei; (Incluído pela Emenda Constitucional nº 45, de 2004)

V – exercer a advocacia no juízo ou tribunal do qual se afastou, antes de decorridos três anos do afastamento do cargo por aposentadoria ou exoneração. (Incluído pela Emenda Constitucional nº 45, de 2004)

CUIDADO!

Não é que o juiz, quando se aposenta, não possa advogar. Ele pode! Apenas ficará com uma restrição: três anos sem poder advogar no mesmo juízo ou tribunal em que atuava.

ATENÇÃO!

Segundo o STF, o juiz até pode exercer mais de uma função de magistério, desde que não prejudique a função jurisdicional. A palavra "uma" da expressão "salvo uma" é artigo, e não numeral.

Questão de Concurso

(Cespe/TRF5/Juiz Federal/2009) Suponha que um juiz federal substituto ocupe cargo de professor em uma universidade pública, na qual lecione a disciplina de direito penal, duas vezes por semana, no turno noturno, e que esse mesmo magistrado tenha sido convidado a ministrar aulas em um cursinho preparatório para a magistratura, uma vez por semana, também no turno noturno. Nessa situação hipotética, há violação à CF, visto que, conforme o entendimento do STF, juiz somente pode ocupar um único cargo de professor.

Gabarito: errado.

5. PROMOÇÃO

A promoção – desenvolvimento do juiz na carreira – dá-se pelos critérios alternados de antiguidade e merecimento.

Na promoção por antiguidade, faz-se uma lista dos juízes mais antigos. O mais antigo na carreira deve ser promovido, salvo se o nome for rejeitado pelo quórum qualificado de 2/3 dos membros do tribunal.

Já na promoção por merecimento não há a obrigatoriedade de se promover o juiz mais antigo, embora a antiguidade também seja levada em conta. Nesse caso, faz-se uma lista com os 20% mais antigos; entre essas opções, o tribunal deve decidir, de maneira fundamentada e com base em critérios objetivos, qual juiz será promovido. Somente se pode, na promoção por merecimento, promover juiz que não está entre os 20% mais antigos se entre eles não houver quem aceite a promoção.

6. REQUISITOS DE VALIDADE DAS DECISÕES

Para que sejam consideradas válidas e eficazes, as decisões judiciárias devem cumprir alguns requisitos, tais como a publicidade e a fundamentação (motivação).

6.1 Publicidade

Os atos do Poder Judiciário devem, via de regra, ser públicos e acessíveis ao público. Excepcionam-se apenas aquelas situações (processos que correm em segredo de justiça) em que o direito coletivo à informação deva ceder em relação ao direito individual à intimidade.

6.2 Fundamentação

Trata-se de uma exigência absoluta em relação às decisões judiciais. Todas elas devem ser claras, expressas e devidamente motivadas, sob pena de nulidade. A exigência de motivação tem fundamentação na própria ideia de Estado Democrático de Direito, uma vez que é a motivação que permite à sociedade o controle da qualidade das decisões judiciais.

CUIDADO!

De acordo com a jurisprudência do STF, aliás, não se aceitam fundamentações genéricas, abstratas, descoladas dos fatos e do caso concreto. Embora possa ser sucinta, a fundamentação deve ser clara, precisa, racional, razoável, específica e persuasiva.

ATENÇÃO!

Segundo a atual jurisprudência do STF, a única decisão que não precisa ser motivada é o veredicto dos jurados no Conselho de Sentença do Tribunal do Júri, pois lá impera o sigilo das votações.

7. PRECATÓRIOS

Em virtude do princípio da continuidade do serviço público, os bens públicos são impenhoráveis. Para satisfazer as pessoas que possuem créditos judiciais em relação ao Estado, criou-se o regime de precatórios – que são ordens judiciais para que o poder público inclua no orçamento do próximo período a satisfação do débito. Assim, os créditos judiciais em face da Fazenda Pública serão satisfeitos mediante precatórios (ou RPV), e não por penhora.

A Emenda Constitucional nº 62, de 9 de dezembro de 2009 – pejorativamente conhecida como a "PEC do Calote" –, alterou profundamente o regime constitucional de pagamento dos precatórios. Trouxe várias novidades, algumas boas, outras nem tanto. Dentre essas novas disposições, podemos destacar:

1) Renegociação dos precatórios vencidos e não pagos até a data da promulgação da EC nº 62/2009 (art. 97 do ADCT, incluído pela própria Emenda): os precatórios que já estavam vencidos (mas não honrados pelas entidades federativas) poderão, a partir da EC nº 62, ser parcelados e quitados em até 15 anos.

2) Compensação automática de débitos inscritos em dívida ativa, independentemente de concordância do credor (art. 100, § 9º): no regime anterior, a compensação do valor do precatório com eventuais débitos ostentados pelo credor em face do poder público já era possível, mas dependia da iniciativa do credor. Agora, a compensação é automática, independentemente da vontade do credor do precatório (devedor do poder público).

3) Possibilidade de cessão de créditos decorrentes de precatórios, independentemente de concordância do poder público (art. 100, § 13): a cessão de créditos independe, agora, de concordância do poder público, de forma que o credor pode "vender" o precatório, bastando que haja a comunicação à Fazenda Pública (§ 14).

4) "Leilão" de precatórios (ADCT, art. 97, § 9º): como forma de estimular a quitação de precatórios vencidos, a EC nº 62 passou a permitir que o poder público realize leilões de precatórios, considerando-se vencedor o credor que aceitar o maior deságio (desconto) no valor do precatório ("quem aceita menos").

Questão de Concurso

(Cespe/DPU/Defensor Público Federal/2010) O credor pode ceder a terceiros, total ou parcialmente, seus créditos em precatórios, de qualquer valor e natureza, independentemente da concordância do devedor.

Gabarito: certo.

QUADRO-RESUMO

PODER JUDICIÁRIO (PARTE GERAL)

1 AUTONOMIA
- Funcional e administrativa
- Financeira e orçamentária

2 INGRESSO
- Concurso público (com participação da OAB e exigência de três anos de atividade jurídica)
- Nomeação direta

3 GARANTIAS
- Vitaliciedade (juiz vitalício só perde o cargo por sentença transitada em julgado)
- Inamovibilidade (pode ser excepcionalmente removido pelo tribunal ou pelo CNJ, mas por maioria absoluta)
- Irredutibilidade de subsídios

4 VEDAÇÕES
- Exercer qualquer outra função pública, salvo magistério
- Exercer a advocacia no juízo ou tribunal em que atuava, antes de decorridos três anos da aposentadoria ou exoneração ("quarentena")

5 PROMOÇÃO

Critérios alternados de antiguidade e merecimento

6 REQUISITOS DE VALIDADE DAS DECISÕES
- Publicidade
- Fundamentação (exceto decisão dos jurados no Conselho de Sentença do Tribunal do Júri)

7 PRECATÓRIOS

Novidades da EC nº 62/2009:
- Renegociação
- Leilão de precatórios
- Compensação automática de débitos
- Cessão a terceiros, independentemente de concordância do poder público

CAPÍTULO 18
Competências do Judiciário

1 JUSTIÇAS FEDERAIS ESPECIALIZADAS

1.1 Justiça do Trabalho

As competências da Justiça Trabalhista estão previstas no art. 114 da CF, e foram significativamente ampliadas com a EC nº 45/2004. Por exemplo: após a Reforma do Judiciário, passou a ser competência da JT julgar as causas decorrentes da relação de trabalho. Antes da Emenda, a competência era apenas para julgar as ações relativas à relação de emprego, o que é mais restrito. Agora, estão incluídas também as ações relativas a representantes comerciais autônomos, entre outras (art. 114, I).

Obs.: Servidor público estatutário não é julgado pela Justiça do Trabalho, mas sim pela justiça comum (federal ou estadual).

> **Questão de Concurso**
>
> (Cespe/TRT-5/Analista/2008) Caso um servidor público federal regido pela Lei nº 8.112/1990, em exercício em TRE, tenha ajuizado reclamação trabalhista contra a União, com o objetivo de condená-la ao pagamento de gratificação suprimida de seus vencimentos, a ação deverá ser julgada por uma das varas da Justiça do Trabalho da capital onde se encontre o referido tribunal.
>
> *Gabarito: errado.*

Também cabe à JT julgar as causas decorrentes do exercício do direito de greve (exceto dos servidores públicos estatutários), inclusive no que se refere a ações possessórias (reintegração de posse etc.). Súmula Vinculante nº 23: "a Justiça do Trabalho é competente para processar e julgar ação possessória ajuizada em decorrência do exercício do direito de greve pelos trabalhadores da iniciativa privada".

A EC nº 45/2004 também ampliou a competência da JT para julgar ações sobre indenização por dano moral e material a respeito da relação de trabalho, inclusive as chamadas ações acidentárias (ações de acidente de trabalho). Então, teremos:

a) ação de acidente de trabalho do empregado contra o INSS (autarquia federal) – competência da Justiça Estadual comum (art. 109, I, parte final); *b)* ação de acidente de trabalho do empregado contra o empregador (depois da EC nº 45) – competência da Justiça do Trabalho (art. 114, VI).

Questão de Concurso

(Cespe/TRT1/Juiz do Trabalho/2010) De acordo com entendimento do STF, não compete à Justiça do Trabalho processar e julgar as ações de indenização por dano moral, com base em acidente de trabalho, ainda que propostas por empregado contra empregador.

Gabarito: errado.

Súmula Vinculante nº 22:

> A Justiça do Trabalho é competente para processar e julgar as ações de indenização por danos morais e patrimoniais decorrentes de acidente de trabalho propostas por empregado contra empregador, inclusive aquelas que ainda não possuíam sentença de mérito em primeiro grau quando da promulgação da Emenda Constitucional nº 45/2004.

Obs.: A Justiça do Trabalho não possui nenhuma competência criminal.

Questão de Concurso

(Cespe/TRF5/Juiz Federal/2009) Suponha que um juiz do trabalho tenha determinado a prisão em flagrante de uma testemunha, pelo crime de falso testemunho, nos autos de uma reclamação trabalhista. Nessa situação hipotética, compete à Justiça do Trabalho, e não à Justiça Federal, julgar o referido crime.

Gabarito: errado. Tal crime será julgado pela Justiça Federal Comum (art. 109, IV), e não pela Justiça do Trabalho, que não possui nenhuma competência criminal!

1.2 Justiça Eleitoral

Julga as matérias (cíveis ou criminais) relativas às eleições, inclusive crimes eleitorais. A Justiça Eleitoral possui, então, alguma competência criminal.

1.3 Justiça Militar (da União)

Não se trata, aqui, da Justiça Militar Estadual, que pode ser criada pelos Estados (art. 125, § 3º). Fala-se, sim, da Justiça Militar da União, que julga crimes militares, nos termos do art. 124. Outra característica é que a Justiça Militar (da União) não possui órgão de segunda instância. Da decisão da Auditoria Militar cabe recurso direto para o Tribunal Superior, o STM.

2. JUSTIÇA FEDERAL COMUM

A competência da Justiça Comum (Federal e Estadual) é residual, ou seja, sua competência é encontrada por exclusão. Entre as competências da Justiça Comum, as da Justiça Federal são taxativas, previstas nos arts. 108 (TRFs) e 109 (juízes federais).

Podemos destacar:

a) causas em que a União, autarquias federais, fundações públicas de direito público ou privado federais e empresas públicas federais intervenham, a qualquer título (autoras, rés, assistentes, oponentes etc.).

Obs.: Sociedade de economia mista federal não é julgada na Justiça Federal, mas sim na Justiça Estadual (STF, Súmula nº 556).

CUIDADO!

Causas de falências e de acidentes de trabalho são julgadas sempre na Justiça Estadual (art. 109, I, parte final).

Questão de Concurso

(Cespe/PGE-PA/Advogado/2007) Compete à Justiça Federal julgar as causas em que seja parte sociedade de economia mista.

Gabarito: errado.

b) causa entre Estado estrangeiro/organismo internacional e União/Estados/DF é julgada pelo STF (art. 102, I, *e*); Estado estrangeiro/organismo internacional e Município/pessoa domiciliada no Brasil é de competência da Justiça Federal de 1ª instância, com recurso ordinário direto para o STJ (art. 109, II, c/c art. 105, II, *c*).

Questão de Concurso

(Cespe/TRT17/Analista Administrativo/2009) Compete ao Superior Tribunal de Justiça julgar, em recurso ordinário, as causas em que Estado estrangeiro ou organismo internacional forem partes, de um lado, e, do outro, Município ou pessoa residente ou domiciliada no país.

Gabarito: certo (art. 105, II, c).

c) crimes eleitorais são de competência da Justiça Eleitoral; crimes políticos são julgados pela Justiça Federal da 1ª instância, com recurso ordinário direto para o STF (art. 109, IV, primeira parte, c/c art. 102, II, *b*).

Questão de Concurso

(Cespe/TRE-BA/Técnico/2010) Compete aos juízes federais processar e julgar os crimes políticos e compete ao Supremo Tribunal Federal julgar o recurso ordinário contra as sentenças advindas do julgamento desses crimes.

Gabarito: certo (art. 109, IV, e 102, II, b*).*

d) crimes contra o sistema financeiro, contra a ordem econômica, crimes previstos em tratado internacional, crimes contra a organização do trabalho, crimes cometidos a bordo de navios ou aeronaves ou em detrimento da União, autarquias, fundações públicas ou empresas públicas federais.

CUIDADO!

Nos casos de crimes cometidos a bordo de navios ou aeronaves, não interessa o tipo de crime, nem se a aeronave estava em solo: a competência é da Justiça Federal.

Questão de Concurso

(Cespe/PGE-AL/Procurador/2009) A Justiça Estadual é competente para julgar denunciados pela suposta prática do crime de roubo qualificado ocorrido no interior de aeronave que se encontre em solo.

Gabarito: errado. A competência é da Justiça Federal.

Obs.1: Crime contra sociedade de economia mista federal é de competência da Justiça Estadual.

Obs.2: Podem ser deslocados para a Justiça Federal, em qualquer fase do inquérito ou processo, os crimes que causem grave violação de direitos humanos. Trata-se do Incidente de Deslocamento de Competência, que pode ser requerido apenas pelo Procurador-Geral da República ao STJ (art. 109, § 5º).

Questão de Concurso

(Cespe/TRF2/Juiz Federal/2009) Na hipótese de grave violação de direitos humanos, o Procurador-Geral da República ou o Advogado-Geral da União, com a finalidade de assegurar o cumprimento de obrigações decorrentes de

> tratados internacionais de direitos humanos dos quais o Brasil seja parte, poderão suscitar, perante o STJ, incidente de deslocamento de competência para a Justiça Federal.
>
> *Gabarito: errado. Só quem pode suscitar o IDC perante o STJ é o Procurador-Geral da República.*

e) causas relativas ao direito dos indígenas.

3. ÓRGÃOS DE SUPERPOSIÇÃO

3.1 STF

As competências do STF (taxativas) podem ser classificadas em três tipos:

a) originárias (processos que nascem direto no STF);

b) recursais ordinárias (processos que chegam ao STF em grau de recurso comum, oriundo dos Tribunais Superiores ou da Justiça Federal de 1ª instância);

c) recursais extraordinárias (recurso que chega ao STF, vindo das instâncias ordinárias, quando se tratar de matéria constitucional).

Podemos destacar, das competências originárias:

a) ações de controle concentrado de constitucionalidade: ADIn ("genérica" e por omissão); ADC; ADPF; Representação Interventiva (art. 102, I, *a*, e § 1º; art. 36, III);

b) causas criminais de autoridades que possuem foro por prerrogativa de função:

- *b.1.)* só nos crimes comuns: Presidente da República, Vice-Presidente da República, Senadores e Deputados Federais, Ministros do próprio STF e o Procurador-Geral da República (art. 102, I, *b*);
- *b.2.)* tanto nos crimes comuns quanto nos de responsabilidade: Ministros de Estado, Comandantes do Exército, da Marinha e da Aeronáutica, Ministros dos Tribunais Superiores e do TCU e chefes de missão diplomática permanente (art. 102, I, *c*).

Obs.1: Ministro de Estado é julgado pelo STF nos crimes comuns; nos crimes de responsabilidade, depende: se conexo com o do Presidente, a competência será do Senado (art. 52, I), se não, o julgamento será no STF (art. 102, I, *c*).

Obs.2: Governadores, crimes comuns: STJ (art. 105, I, *a*); Prefeitos, crimes comuns: TJ (art. 29, X).

Obs.3: Ministros do TCU são julgados no STF (art. 102, I, *c*); Conselheiros de Tribunal de Contas Estadual, no STJ (art. 105, I, *a*).

Foro por prerrogativa de função (principais casos)

Poder	Autoridade	Tipo de crime	Foro	Art.
Executivo	Presidente da República*	Comum	STF	102, I, *b*
	Presidente da República	Responsabilidade	Senado	52, I
	Governador	Comum	STJ	105, I, *a*
	Prefeito	Comum	TJ ou TRF (se for crime estadual ou federal)	29, X, e 108
Legislativo	Deputados Federais e Senadores**	Comum	STF	102, I, *b*
Judiciário	Ministros dos Tribunais Superiores***	Comum ou responsabilidade	STF	102, I, *c*
	Membros de tribunal de 2ª instância (TJ, TRF, TRT ou TRE)****	Comum ou responsabilidade	STJ	105, I, *a*
	Juízes de 1ª instância	Comum ou responsabilidade	TJ (juízes de direito) ou TRF (juízes da esfera federal)	96, III, *e* 108, I, *a*

* Seguem o mesmo foro por prerrogativa de função do Presidente da República: *a)* Vice-Presidente da República; *b)* Ministros do STF; *c)* PGR; d*)* AGU.

** Deputados Federais e Senadores não cometem crime de responsabilidade, e sim quebra de decoro (art. 55, II).

*** Ministros do TCU possuem o mesmo foro dos Ministros do STJ.

**** Conselheiros de Tribunal de Contas Estadual têm o mesmo foro de membros de tribunal de 2ª instância.

Questão de Concurso

(FCC/TRE-SE/Técnico Judiciário/2007) Compete ao Supremo Tribunal Federal processar e julgar, originariamente, nas infrações penais comuns, os membros dos Tribunais Regionais Federais.

Gabarito: errado. A competência é do STJ (art. 105, I, a).

(FCC/Prefeitura Recife/Procurador Judicial/2008) De acordo com a Constituição Federal, compete originariamente ao Tribunal de Justiça julgar o Prefeito pela prática de crimes comuns, ainda que possam se enquadrar na competência da Justiça Federal.

Gabarito: errado. Se o crime for de competência da Justiça Federal, a competência será do TRF, e não do TJ (STF, Súmula nº 702).

(Cespe/STJ/Técnico/2008) Se um conselheiro do Tribunal de Contas do Estado do Paraná cometer um crime de responsabilidade, não poderá ser processado e julgado pelo tribunal de justiça daquele Estado.

Gabarito: certo. A competência não é do TJ, é do STJ (art. 105, I, a*).*

c) causa entre Estado estrangeiro/organismo internacional e União/Estados/DF é julgada pelo STF (art. 102, I, *e*).

d) conflitos federativos (art. 102, I, *f*).

e) pedido de extradição solicitado por Estado estrangeiro (art. 102, I, *g*). Atenção: o STF autoriza ou não a extradição. Não autorizada, o processo é extinto; autorizada, a decisão sobre extraditar ou não caberá ao Presidente (caso Cesare Battisti).

f) homologação de sentença estrangeira e concessão de *exequatur* às cartas rogatórias eram de competência do STF; hoje, são tarefas do STJ (art. 102, I, *h*, c/c art. 105, I, *i*).

Obs.: A execução da sentença homologada pelo STJ e da carta rogatória, depois de concedido o *exequatur*, é competência da Justiça Federal de 1ª instância (art. 109, X).

Questão de Concurso

(Esaf/ANA/Especialista/2009) Compete ao Supremo Tribunal Federal, precipuamente, a guarda da Constituição, cabendo-lhe, entre outras funções, processar e julgar, originariamente, a homologação de sentenças estrangeiras e a concessão de *exequatur* às cartas rogatórias.

Gabarito: errado.

g) reclamação contra usurpação de sua competência por outros órgãos, ou contra desrespeito de suas decisões (art. 102, I, *l*), inclusive súmula vinculante (art. 103-A, § 3º).

h) ações contra o CNJ e o CNMP (art. 102, I, *r*).

i) edição, revisão e cancelamento de súmula vinculante, após reiteradas decisões em matéria constitucional, e pelo voto de 2/3 dos Ministros (art. 103-A).

Quanto aos recursos ordinários para o STF, são cabíveis em dois casos:

a) da decisão dos Tribunais Superiores, quando forem denegados *writs* constitucionais (exceto ação popular) que lá tiveram origem (competências originárias dos Tribunais Superiores): art. 102, II, *a*.

Obs.: Ação popular é julgada sempre na primeira instância.

b) crimes políticos, julgados pelos juízes federais de 1ª instância (art. 102, II, *b*).

Por fim, o STF também julga recurso extraordinário em matéria constitucional (art. 102, III). O recurso extraordinário (RE) possui três importantes requisitos de admissibilidade: *a)* matéria constitucional (art. 102, III, *a* a *d*); *b)* prequestionamento; *c)* repercussão geral (art. 102, § 3º).

Questão de Concurso

(Cespe/PGE-AL/Procurador/2009) Compete ao STJ julgar, em recurso especial, as causas decididas, em única ou última instância, pelos tribunais regionais federais ou pelos tribunais dos estados, do DF e territórios, quando a decisão recorrida julgar válida lei local contestada em face de lei federal.

Gabarito: errado. A competência recursal é do STF, por meio de recurso extraordinário (art. 102, III, d*). Apesar de se falar em conflito de lei local com lei federal, na verdade esse tema é constitucional, pois, se lei estadual e federal estão em conflito, é porque uma das duas é inconstitucional (invadiu competência do outro ente federativo). Logo, se a discussão é constitucional, o recurso é o RE para o STF, e não o REsp para o STJ.*

3.2 STJ

As competências do STJ, previstas no art. 105, assemelham-se, em sistematicidade, às do STF. Além do que já destacamos, é preciso citar que o STJ recebe recursos especiais, sobre matéria de lei federal (art. 105, III). Assim, teremos: decisão de TJ/TRF que contrarie a Constituição – recurso extraordinário para o STF (art. 102, III); decisão de TJ/TRF que contrarie lei federal – recurso especial para o STJ (art. 105, III).

4. JUSTIÇA ESTADUAL (ARTS. 125 E 126)

A Justiça Estadual julga as matérias que não sejam de competência da Justiça Federal (comum ou especializada), inclusive controle de constitucionalidade das leis, em face da Constituição estadual (art. 125, § 2º).

5. CONSELHO NACIONAL DE JUSTIÇA (CNJ)

O Conselho Nacional de Justiça foi criado pela EC nº 45/2004, na esteira de anseio social por um maior controle do Poder Judiciário. Este é o único dos três Poderes cujos membros não são eleitos e gozam de vitaliciedade, o que justifica o controle disciplinar mais rígido, até mesmo no que diz respeito ao cumprimento dos deveres funcionais e às vedações do parágrafo único do art. 95.

Para exercer esse controle, foi então criado um órgão de controle **interno** do Judiciário (cuja criação já foi considerada constitucional pelo STF): o CNJ. Observe-se que O **CNJ é órgão de controle interno do Judiciário. É um órgão do Judiciário, formado na maioria por membros do Judiciário, controlando o Judiciário. Controle interno, enfim. Justamente por isso, a criação do CNJ foi considerada constitucional pelo STF.**

> **Questão de Concurso**
>
> (Cespe/TJDFT/Analista Judiciário – Execução de Mandados/2008) O Conselho Nacional de Justiça tem natureza meramente administrativa e configura órgão de controle externo do Poder Judiciário.
>
> *Gabarito: errado. O CNJ é órgão de controle interno.*

Integram o CNJ quinze Conselheiros: o Presidente do STF (membro nato e Presidente do Conselho) e mais quatorze Conselheiros eleitos (com aprovação da maioria absoluta do Senado) para um mandato de dois anos (permitida **uma** recondução), sendo: um Ministro do STJ, escolhido pelo próprio STJ (e que acumulará as funções de Conselheiro e Corregedor-Nacional de Justiça); um juiz federal e um de TRF, escolhidos também pelo STJ; um juiz estadual e um desembargador de TJ, escolhidos pelo STF; um Ministro do TST, um juiz do trabalho e um de TRT, escolhidos pelo TST; dois advogados, escolhidos pelo Conselho Federal da OAB; dois membros do Ministério Público, escolhidos pelo Procurador-Geral da República; dois cidadãos, escolhidos pela Câmara (um) e pelo Senado (outro).

A Emenda Constitucional nº 61, de 11.11.2009, alterou a redação do art. 103-B para deixar claro que o Presidente do STF é membro nato do CNJ (não precisa ser eleito nem aprovado pelo Senado).

O CNJ é um órgão de controle **interno** do Judiciário. Mesmo assim, não controla a atividade-fim, mas apenas realiza a fiscalização contábil, financeira, orçamentária, administrativa e disciplinar do Poder julgador. É responsável pelo controle administrativo-financeiro e disciplinar do Judiciário, seus membros e serviços auxiliares, além de zelar pelas prerrogativas do Poder que integra.

CUIDADO!

O CNJ é órgão do Judiciário, mas não exerce a jurisdição. Não é órgão jurisdicional. Por isso, não pode declarar a inconstitucionalidade de lei. Tem competência apenas para o controle orçamentário, contábil, financeiro, disciplinar e administrativo do Judiciário.

Questão de Concurso

(Cespe/TRE-MT/Analista Judiciário – Área Judiciária/2010) O Conselho Nacional de Justiça é um órgão do Poder Judiciário e tem jurisdição em todo território nacional.

Gabarito: errado. O CNJ não exerce jurisdição.

QUADRO-RESUMO

COMPETÊNCIAS DO JUDICIÁRIO

JUSTIÇA DO TRABALHO

- Causas decorrentes da **relação de trabalho**
- Servidor estatutário **não é julgado na Justiça do Trabalho**
- Justiça do Trabalho julga **greve de empregados celetistas** (estatutários não!)
- Justiça do Trabalho julga **ações de indenização por dano moral ou material decorrente da relação de trabalho**
- Ação de acidente de trabalho do empregado contra o INSS: Justiça Estadual (art. 109, I, parte final)
- Ação de acidente de trabalho do empregado contra o empregador: Justiça do Trabalho (art. 114, VI)
- **A Justiça do Trabalho não possui nenhuma competência criminal**

JUSTIÇA FEDERAL COMUM

- Causas envolvendo entidade da Administração federal, **exceto sociedade de economia mista**
- **Falências e acidentes de trabalho = Justiça estadual**

<table>
<tr><td rowspan="2">Estado estrangeiro ou organismo internacional</td><td rowspan="2">contra</td><td>União
Estados
DF
Território</td><td>Competência originária do STF (102, I, e)</td><td>Recurso: não há</td></tr>
<tr><td>Município
Pessoa residente ou domiciliada no Brasil</td><td>Competência de um dos juízes federais da 1ª instância (109, II)</td><td>Recurso ordinário para o STJ (105, II, c)</td></tr>
</table>

Crime	**Competência**	**Recurso**
Crime eleitoral	Justiça Eleitoral	De acordo com o Código Eleitoral e o art. 121, § 4º
Crime político	Juiz Federal de 1ª Instância (109, IV)	Ordinário para o STF (102, II, *b*)

- Incidente de deslocamento de competência (IDC): quem suscita? PGR! Quem julga? STJ!

STF e STJ

Foro por prerrogativa de função (principais casos)

Poder	Autoridade	Tipo de crime	Foro	Art.
Executivo	Presidente da República*	Comum	STF	102, I, *b*
	Presidente da República	Responsabilidade	Senado	52, I
	Governador	Comum	STJ	105, I, *a*
	Prefeito	Comum	TJ ou TRF (se for crime estadual ou federal)	29, X, e 108
Legislativo	Deputados Federais e Senadores**	Comum	STF	102, I, *b*
Judiciário	Ministros dos Tribunais Superiores***	Comum ou responsabilidade	STF	102, I, *c*
	Membros de tribunal de 2ª instância (TJ, TRF, TRT ou TRE)****	Comum ou responsabilidade	STJ	105, I, *a*
	Juízes de 1ª instância	Comum ou responsabilidade	TJ (juízes de direito) ou TRF (juízes da esfera federal)	96, III, e 108, I, *a*

- Homologação de sentença estrangeira e *exequatur* às cartas rogatórias: STJ (não é o STF!)
- Recurso em matéria constitucional: extraordinário para o STF (102, III, *a* a *d*)
- Recurso em matéria de lei federal: especial para o STJ (105, III, *a* a *c*)

CNJ

- Órgão de controle **interno** do Judiciário
- Não exerce **jurisdição**

CAPÍTULO 19
Noções de Controle de Constitucionalidade

1. CLASSIFICAÇÃO

1.1 Quanto ao órgão

Controle político (realizado por órgãos de fora do Judiciário, com base em critérios políticos) ou jurisdicional (realizado por órgão do Judiciário, com base em critérios técnicos).

1.2 Quanto ao momento

Preventivo ou repressivo.

Geralmente o controle prévio é político (CCJ da Câmara e do Senado e veto político do Presidente da República) e o controle repressivo é jurisdicional (Poder Judiciário, por meio do controle difuso ou concentrado). No entanto, há hipótese de controle prévio e jurisdicional (STF quando julga mandado de segurança impetrado por parlamentar em defesa do devido processo legislativo constitucional) e de controle repressivo político (sustação pelo Congresso de lei delegada em que o Presidente da República exorbitou dos limites da delegação: art. 49, V).

> **Questão de Concurso**
>
> (Cespe/TRF5/Juiz Federal/2011) O controle prévio ou preventivo de constitucionalidade não pode ocorrer pela via jurisdicional, uma vez que ao Poder Judiciário foi reservado o controle posterior ou repressivo, realizado tanto de forma difusa quanto de forma concentrada.
>
> *Gabarito: errado. A regra é que o Judiciário realiza o controle de constitucionalidade de forma repressiva, mas existe hipótese de controle judicial preventivo: mandado de segurança impetrado por parlamentar no STF para barrar a tramitação de projeto de lei manifestamente inconstitucional.*

1.3 Quanto ao modo

Controle difuso-concreto (modelo incidental, concreto, americano, surgido no Caso Marbury *versus* Madison) ou concentrado-abstrato (modelo direto, por ação principal, austríaco).

Questão de Concurso

(Cespe/DPE-CE/Defensor/2008) O controle difuso de constitucionalidade tem sua origem histórica no direito norte-americano, no caso Marbury *versus* Madison.

Gabarito: certo.

Controle difuso e controle concentrado no Brasil – tabela de diferenças

Controle	Competência	Legitimidade	Efeitos	Objeto	Natureza	Ações
Difuso	Qualquer juiz ou tribunal	Qualquer pessoa prejudicada	Inter-partes e não vinculantes[4]	Caso concreto	Incidental[5]	Qualquer ação
Concentrado	Só o STF[6]	Só os legitimados do art. 103	*Erga omnes* e vinculantes	Lei em tese, abstratamente considerada	Principal	ADIn, ADC e ADPF

Questão de Concurso

(Cespe/Correios/Advogado/2011) O controle difuso de constitucionalidade, que é exercido somente perante caso concreto, pode ocorrer por meio das ações constitucionais do *habeas corpus* e do mandado de segurança.

Gabarito: certo. O controle difuso pode ocorrer por meio de qualquer ação judicial, até mesmo HC e MS.

[4] Essa é a regra geral, mesmo quando a decisão é do STF. Apesar disso, a decisão em controle difuso terá efeitos *erga omnes* e vinculantes em duas hipóteses: a) quando o Senado Federal suspender a execução da lei impugnada (art. 52, X); b) quando o STF editar súmula vinculante (art. 103-A).

[5] De acordo com o STF, os Tribunais de Contas, embora não sejam órgãos do Judiciário nem jurisdicionais, podem deixar de aplicar leis que entendam inconstitucionais – controle incidental, no caso concreto.

[6] Na esfera estadual, o controle concentrado é exercido pelo TJ.

2. INSTRUMENTO DO CONTROLE CONCENTRADO

		ADIn	ADC	ADPF
Cabimento	Sim	Lei federal ou estadual, lei distrital (competência estadual), medida provisória, lei de efeitos concretos, emenda constitucional (se violar cláusula pétrea), atos normativos	Lei ou ato normativo federal	Quando não couber ADIn (exceto no caso de norma constitucional originária, quando não cabe nenhuma forma de controle)
	Não	Lei municipal, lei distrital (competência municipal), norma constitucional originária, atos de efeitos concretos, lei anterior à Constituição	Lei ou ato normativo estadual, distrital ou municipal	Quando couber ADIn (cabimento subsidiário)
Legitimidade		Art. 103	Art. 103	Art. 103
Efeitos		*Erga omnes* e vinculantes	*Erga omnes* e vinculantes	*Erga omnes* e vinculantes
Procedimento		1) AGU intervém como defensor *legis* 2) PGR intervém como *custos legis* 3) Não há intervenção de terceiros, salvo *amicus curiae* 4) Pode haver concessão de medida cautelar 5) Não pode haver desistência da ação 6) Petição inicial em duas vias	Idêntico ao da ADIn, salvo quando não há intervenção da AGU	Idêntico ao da ADIn

Questão de Concurso

(FCC/Casa Civil-SP/Executivo/2010) A ação direta de inconstitucionalidade é cabível também para a impugnação de leis ou de atos normativos já revogados no momento da apreciação da ação.

Gabarito: errado. Segundo a jurisprudência do STF, não cabe ADIn contra lei já revogada (cabe ADPF).

(Cespe/TJDFT/Analista Judiciário – Área Judiciária/2008) Compete ao STF processar e julgar, originariamente, ação direta de inconstitucionalidade contra lei ou ato normativo municipal, frente à Constituição Federal, pois qualquer norma em contrário constituiria tese limitativa à condição de guardião da Constituição Federal ostentada pelo STF.

Gabarito: errado. Não cabe ADIn contra lei municipal (cabe ADPF).

(Funiversa/Apex-Brasil/Analista Pleno – Área Jurídica/2006) É impossível o controle de constitucionalidade das normas originárias.

Gabarito: certo. Como o poder constituinte originário é juridicamente ilimitado, contra as normas constitucionais originárias não cabe nenhum tipo de controle de constitucionalidade (nem mesmo ADPF ou controle difuso).

Legitimados para propor ADIN, ADC e ADPF

Legitimados universais (não precisam demonstrar pertinência temática – interesse na matéria)	Legitimados especiais (precisam demonstrar pertinência temática – interesse na matéria)
– Presidente da República – Mesa da Câmara – Mesa do Senado – PGR – Conselho Federal da OAB – Partido político com representação no Congresso	– Mesa de Assembleia Legislativa ou da Câmara Legislativa do DF – Governador de Estado ou do DF – Confederação sindical e entidade de classe de âmbito nacional

Questão de Concurso

(Esaf/Receita Federal/Auditor Fiscal/2009) O Supremo Tribunal Federal, em sede de Ação Direta de Inconstitucionalidade, exige pertinência temática, quando a ação é proposta pelo Governador do Distrito Federal.

Gabarito: certo.

(Cespe/DPU/Defensor Público Federal/2007) A OAB não está submetida ao requisito da pertinência temática em ação direta de inconstitucionalidade.

Gabarito: certo.

3. EFEITOS DAS DECISÕES

Efeitos	Controle Difuso	Controle Concentrado
Subjetivos	Interpartes (regra). Poderá ter efeitos *erga omnes* quando o SF suspender a execução da lei ou quando o STF editar súmula vinculante (arts. 52, X, e 103-A)	*Erga omnes*

Objetivos	Não vinculantes. Poderá ter efeitos vinculantes nos casos dos arts. 52, X, e 103-A	Vinculantes
Temporais	Para as partes: efeitos retroativos (*ex tunc*[5]). Se tiver efeitos para terceiros: *ex nunc.*	Em regra, retroativos. Poderá ter efeitos *ex nunc* ou pró-futuro, quando o STF modular efeitos, por decisão de 2/3 dos Ministros

Questão de Concurso

(Cespe/TCE-AC/Auditor/2008) Os efeitos da decisão de declaração de inconstitucionalidade, no controle concentrado, em geral, não retroagem.

Gabarito: errado. Em controle concentrado, as decisões, em regra, retroagem (efeitos ex tunc*).*

(FGV/TRE-PA/Analista Judiciário - Área Judiciária/2011) A sentença de inconstitucionalidade tem natureza declaratória e, em consequência disso, possui, sempre, eficácia *ex tunc*, ceifando o ato no momento de sua entrada no ordenamento jurídico e assim colhendo todos os efeitos por ele produzidos à pecha de nulidade.

Gabarito: errado. A decisão tem, em regra, efeitos ex tunc, *mas o STF pode modular para* ex nunc *ou pró-futuro.*

(Cespe/AGU/Advogado da União/2009) Segundo entendimento do STF, é possível a utilização da técnica da modulação ou limitação temporal dos efeitos de decisão declaratória de inconstitucionalidade no âmbito do controle difuso de constitucionalidade.

Gabarito: certo.

CAPÍTULO 20
Caderno de Questões

LISTA 1 – TEORIA DA CONSTITUIÇÃO

Conceitos de Constituição

1. (FCC/TCE-SE/Procurador/2007) A conceituação de Constituição como "a soma dos fatores reais do poder que regem nesse País", atribuída a Lassalle, indica, segundo a doutrina, uma concepção de Constituição no sentido
   a) sociológico.
   b) jurídico.
   c) político.
   d) axiológico ou normativo.
   e) instrumental ou estrutural.

2. (Cespe/PC-TO/Delegado/2008) A concepção política de Constituição, elaborada por Carl Schmitt, compreende-a como o conjunto de normas que dizem respeito a uma decisão política fundamental, ou seja, a vontade manifestada pelo titular do poder constituinte.

3. (Esaf/AFC/STN/2005) Na concepção de constituição em seu sentido político, formulada por Carl Schmitt, há uma identidade entre o conceito de constituição e o conceito de leis constitucionais, uma vez que é nas leis constitucionais que se materializa a decisão política fundamental do Estado.

4. (Cespe/MMA/Agente/2009) No sentido sociológico defendido por Ferdinand Lassale, a Constituição é fruto de uma decisão política.

5. (Cespe/Juiz Federal/TRF-5ª/2009) Segundo Kelsen, a CF não passa de uma folha de papel, pois a CF real seria o somatório dos fatores reais do poder. Dessa forma, alterando-se essas forças, a CF não teria mais legitimidade.

6. (Cespe/TJES/Analista Judiciário – Área Judiciária/2011) A concepção sociológica, elaborada por Ferdinand Lassale, considera a Constituição como sendo

a somatória dos fatores reais de poder, isto é, o conjunto de forças de índole política, econômica e religiosa que condicionam o ordenamento jurídico de determinada sociedade.

7. (Cespe/PCRN/Delegado/2008) Segundo o sentido político da Constituição, na concepção de Carl Schmitt, o texto constitucional equivale à soma dos fatores reais de poder, não passando de uma folha de papel.

8. (Cespe/PGE-PB/Procurador/2008) A constituição é, na visão de Ferdinand Lassalle, uma decisão política fundamental e, não, uma mera folha de papel.

9. (Esaf/PGDF/Procurador/2007) Como decorrência do impacto que tiveram os trabalhos teóricos de Hans Kelsen e sua Teoria Pura do Direito, até hoje o conceito predominante de Constituição é essencialmente formal, isto é, técnico-jurídico.

Classificação das Constituições

10. (Cespe/TJPB/Juiz/2011) Quanto ao modo de elaboração, a vigente CF pode ser classificada como uma constituição histórica, em oposição à dita dogmática.

11. (Cespe/MMA/Agente/2009) Uma Constituição do tipo cesarista se caracteriza, quanto à origem, pela ausência da participação popular na sua formação.

12. (Cespe/MMA/Agente/2009) A CF vigente, quanto à sua alterabilidade, é do tipo semiflexível, dada a possibilidade de serem apresentadas emendas ao seu texto; contudo, com quórum diferenciado em relação à alteração das leis em geral.

13. (Cespe/TRF-5ª/Juiz Federal/2009) Constituição rígida é aquela que não pode ser alterada.

14. (Cespe/PC-TO/Delegado/2008) Constituição-garantia é a que, além de legitimar e limitar o poder do Estado em face da sociedade, traça um plano de evolução política e metas a serem alcançadas no futuro.

15. (Cespe/TCU/ACE/2007) A Constituição Federal de 1988 (CF) é considerada pela maior parte da doutrina constitucionalista como uma constituição rígida. Há, no entanto, visão que — atentando para o fato de a CF ter um núcleo imutável, que não se submete a modificações nem mesmo por emenda – a classifica como super-rígida.

16. (FGV/TRE-PA/Técnico/2011) Com base no critério da estabilidade, a Constituição Federal de 1988 pode ser classificada como
    a) histórica, pois resulta da gradual evolução das tradições, consolidadas como normas fundamentais de organização do Estado.
    b) cesarista, pois foi formada com base em um plebiscito a respeito de um projeto elaborado pela autoridade máxima da República.
    c) flexível, por admitir modificações em seu texto por iniciativa de membros do Congresso Nacional e pelo Presidente da República.
    d) semirrígida, por comportar modificações de seu conteúdo, exceto com relação às cláusulas pétreas.
    e) rígida, pois só é alterável mediante a observância de processos mais rigorosos e complexos do que os vistos na elaboração de leis comuns.

17. (Esaf/IRB/Advogado/2006) Uma Constituição é classificada como popular, quanto à origem, quando se origina de um órgão constituinte composto de representantes do povo.

18. (Cespe/TRF1/Juiz Federal/2009) Considerando o conteúdo ideológico das constituições, a vigente Constituição brasileira é classificada como liberal ou negativa.

19. (Cespe/TRF1/Juiz Federal/2009) Quanto à correspondência com a realidade, ou critério ontológico, o processo de poder, nas constituições normativas, encontra-se de tal modo disciplinado que as relações políticas e os agentes do poder se subordinam às determinações de seu conteúdo e do seu controle procedimental.

20. (Cespe/TRE-MA/Técnico/2009) A Constituição dos Estados Unidos da América é exemplo de Constituição sintética.

21. (Cespe/TRE-MA/Técnico/2009) Toda Constituição é necessariamente escrita e solene.

Normas Constitucionais – conceito

22. (Cespe/DPU/Analista/2010) Normas constitucionais de eficácia limitada são aquelas por meio das quais o legislador constituinte regulou suficientemente os interesses relativos a determinada matéria, mas deixou margem à atuação restritiva por parte da competência discricionária do poder público, nos ter-

mos em que a lei estabelecer ou nos termos dos conceitos gerais por ele enunciados.

23. (Esaf/Auditor-Fiscal do Trabalho/2006) Segundo a doutrina mais atualizada, nem todas as normas constitucionais têm natureza de norma jurídica, pois algumas não possuem eficácia positiva direta e imediata.

24. (Cespe/DPU/Analista/2010) Muitas vezes, uma regra prevista na Constituição utiliza expressões como nos termos da lei e na forma da lei, evidenciando não ter aplicabilidade imediata. São as chamadas normas constitucionais de eficácia contida.

25. (Cespe/TRT1/Juiz do Trabalho/2010) As normas constitucionais de eficácia limitada admitem restrições quanto à sua aplicabilidade, as quais podem ser concretizadas por lei infraconstitucional ou pela incidência de normas da própria CF.

26. (Cespe/TJPB/Juiz/2011) As normas institutivas, que traçam esquemas gerais de organização e estruturação de órgãos, entidades ou instituições do Estado, são dotadas de eficácia plena e aplicabilidade imediata, visto que possuem todos os elementos necessários à sua executoriedade direta e integral.

27. (Cespe/MS/Analista Técnico-administrativo/2010) Para que se possa identificar uma norma constitucional de eficácia limitada, é suficiente observar a expressão “nos termos da lei”, prevista no texto constitucional.

Normas Constitucionais – exemplos

28. (Cespe/TJDFT/Analista Judiciário/Execução de Mandados/2008) O direito de greve do servidor público foi reconhecido por preceito constitucional de eficácia contida.

29. (Cespe/TRE-MA/Técnico/2009) O preceito constitucional que assegura a liberdade de exercício de qualquer trabalho, ofício ou profissão, atendidas as qualificações profissionais estabelecidas em lei, constitui norma de eficácia limitada.

30. (Cespe/TRT 17ª Região/Técnico Administrativo/2009) A disposição constitucional que prevê o direito dos empregados à participação nos lucros ou resultados da empresa constitui norma de eficácia limitada.

31. (Cespe/TRT 17ª Região/Técnico Administrativo/2009) A norma constitucional que estabelece a liberdade quanto ao exercício de qualquer trabalho, ofício ou profissão constitui norma de eficácia plena.

32. (Cespe/Instituto de Previdência dos Servidores-Espírito Santo/Advogado/2010) O art. 5º, inciso XIII, da CF, que dispõe ser livre o exercício de qualquer trabalho, ofício ou profissão, atendidas as qualificações profissionais que a lei estabelecer, classifica-se, quanto ao grau de eficácia e aplicabilidade, como de eficácia limitada, pois o legislador constituinte regulou os interesses relativos à matéria, mas deixou margem à atuação limitadora do legislador infraconstitucional.

33. (FCC/PGE-RJ/Técnico Superior/2009) A norma do art. 218, *caput*, da Constituição, segundo a qual "o Estado promoverá e incentivará o desenvolvimento científico, a pesquisa e a capacitação tecnológicas", deve ser classificada como de eficácia plena e aplicabilidade imediata.

Gabarito

1. a	7. E	13. E	19. C	25. E	31. E
2. C	8. E	14. E	20. C	26. E	32. E
3. E	9. E	15. C	21. E	27. E	33. E
4. E	10. E	16. e	22. E	28. E	
5. E	11. E	17. C	23. E	29. E	
6. C	12. E	18. E	24. E	30. C	

LISTA 2 – PODER CONSTITUINTE

Conceito

1. (Cespe/PGE-PB/Procurador/2008) A teoria do poder constituinte, desenvolvida pelo abade Emmanuel Sieyès no manifesto *O que é o terceiro estado?* contribuiu para a distinção entre poder constituído e poder constituinte.

Poder Constituinte Originário – conceito e titularidade

2. (Cespe/MPE-AM/Promotor/2008) Historicamente, o poder constituinte originário representa a ocorrência de fato anormal no funcionamento das instituições estatais, geralmente associado a um processo violento, de natureza revolucionária, ou a um golpe de estado.

3. (Funiversa/Apex-Brasil/Analista/2006) O poder constituinte originário pertence à Assembleia Constituinte formada especialmente para elaborar uma nova Constituição.

Poder Constituinte Originário – características

4. (Cespe/MPE-AM/Promotor/2008) O poder constituinte originário é inicial, autônomo e incondicionado.

5. (FCC/Executivo/Casa Civil-SP/2010) No que diz respeito ao poder constituinte, observa-se que no Brasil predomina a doutrina positivista, segundo a qual não há limites à atuação do poder constituinte originário, pelo menos teoricamente.

6. (Cespe/MPE-RR/Promotor/2008) Um fazendeiro que detenha a propriedade de nascente de água desde setembro de 1988 pode invocar direito adquirido contra a norma constitucional, oriunda do poder constituinte originário, que estabeleceu a dominialidade pública dos recursos hídricos.

7. (Cespe/TRF1/Juiz Federal/2009) O poder constituinte originário não se esgota quando se edita uma Constituição, razão pela qual é considerado um poder permanente.

Poder Constituinte Originário – efeitos

8. (Cespe/PGE-PI/Procurador/2009) De acordo com Alexandre de Moraes (*Direito Constitucional*, São Paulo: Atlas, 2001, p. 511), o ato que consiste no acolhimento que uma nova Constituição posta em vigor dá às leis e aos atos normativos editados sob a égide da Carta anterior, desde que compatíveis consigo, é denominado
   a) repristinação.
   b) recepção.
   c) desconstitucionalização.
   d) revogação tácita.
   e) adequação.

9. (Cespe/PGE-PB/Procurador/2008) Uma norma infraconstitucional que não seja compatível, do ponto de vista formal ou material, com a nova Constituição, é por esta revogada.

10. (Cespe/TRF1/Juiz Federal/2009) O STF admite a teoria da inconstitucionalidade superveniente de ato normativo editado antes da nova Constituição e perante o novo paradigma estabelecido.

11. (FCC/MPE-PE/Promotor/2008) Tendo em vista os efeitos da Constituição nova sobre a Constituição anterior, conclui-se que
    a) a recepção tem a característica de fenômeno expresso, que para ocorrer depende de disposição expressa na nova Constituição, mas em alguns casos é tácito.
    b) foi adotada a desconstitucionalização na vigente Constituição Federal, porém de forma genérica e de certos dispositivos da Constituição anterior.
    c) as normas integrantes do direito anterior, ainda que incompatíveis com a nova Constituição, podem ingressar no novo ordenamento constitucional.
    d) as leis pré-constitucionais que estiverem em vigor no momento da promulgação da nova Constituição serão sempre recepcionadas.
    e) o fenômeno jurídico da repristinação, dentre outras situações, só ocorre se houver disposição expressa na nova Constituição, visto não haver repristinação tácita.

Poder Constituinte Derivado Reformador

12. (Funiversa/Apex-Brasil/Consultor Pleno/Área Jurídica/2006) Configura-se uma limitação circunstancial ao poder derivado não ser possível a emenda à Constituição Federal durante o Estado de Sítio.

13. (Cespe/TJES/Analista Judiciário – Área Judiciária/2011) A Constituição Federal de 1988, em sua redação original, estabelecia limitações de natureza temporal que não permitiram a reforma do texto constitucional durante certo intervalo de tempo.

14. (FCC/TRF4/Analista Administrativo/2010) A Constituição poderá ser emendada mediante proposta de, no mínimo,
    a) cinco dos membros da Câmara dos Deputados.
    b) dois terços dos membros da Câmara dos Deputados ou do Senado Federal.
    c) três quintos dos membros da Câmara dos Deputados e do Senado Federal.
    d) metade dos membros da Câmara dos Deputados e do Senado Federal.
    e) um terço dos membros da Câmara dos Deputados ou do Senado Federal.

15. (Cespe/STM/Técnico/2011 – adaptada) Proposta de emenda constitucional deve ser discutida e votada nas duas Casas do Congresso Nacional, em turno

único, considerando-se aprovada se obtiver três quintos dos votos dos seus respectivos membros.

16. (Cespe/MPS/Administrador/2010) A substituição da União, dos estados, do Distrito Federal (DF) e dos municípios por um único ente central somente seria possível por um poder constituinte originário.

17. (Cespe/TCU/ACE/Auditoria Governamental/2008) A república e a forma federativa de Estado foram arroladas expressamente como cláusulas pétreas pelo constituinte originário.

18. (Esaf/MPOG/Analista/2006) O poder constituinte derivado, no caso brasileiro, possui como uma das suas limitações a impossibilidade de promoção de alteração da titularidade do poder constituinte originário.

Poder Constituinte Derivado Revisor

19. (Cespe/TJCE/Analista Judiciário – Área Judiciária/2008) A emenda apresentada na revisão constitucional precisa de aprovação por maioria absoluta em um turno na Câmara dos Deputados e, em seguida, após o envio ao Senado Federal, a aprovação por igual quórum, nessa Casa.

20. (Funiversa/PCDF/Agente/2009) O quórum necessário para a revisão constitucional é de três quintos dos Parlamentares de cada uma das Casas do Congresso Nacional. Essa votação deverá ocorrer em dois turnos em cada uma delas.

Poder Constituinte Derivado Decorrente

21. (Cespe/TRF1/Juiz Federal/2009) Pelo critério jurídico-formal, a manifestação do poder constituinte derivado decorrente mantém-se adstrita à atuação dos estados-membros para a elaboração de suas respectivas constituições, não se estendendo ao DF e aos municípios, que se organizam mediante lei orgânica.

22. (Cespe/STM/Analista Judiciário – Área Judiciária/2011) No exercício de sua autonomia política, os estados podem adotar o regime parlamentar de governo.

Poder Constituinte Derivado Difuso

23. (Cespe/PGE-PB/Procurador/2008) Mutação constitucional, conforme doutrina majoritária, é definida como a mudança no texto da Constituição, seja por meio de emenda, seja por revisão.

24. (Cespe/TJ-AL/Juiz/2008) Denomina-se mutação constitucional o processo informal de mudança da Constituição por meio do qual são atribuídos novos sentidos à letra da lei, sem que haja uma mudança formal do seu texto.

25. (Cespe/TRF1/Juiz Federal/2009) Respeitados os princípios estruturantes, é possível a ocorrência de mudanças na Constituição, sem alteração em seu texto, pela atuação do denominado poder constituinte difuso.

Gabarito

1. C	6. E	11. e	16. C	21. C
2. C	7. C	12. C	17. E	22. E
3. E	8. b	13. E	18. C	23. E
4. C	9. E	14. E	19. E	24. C
5. C	10. E	15. E	20. E	25. C

LISTA 3 – HERMENÊUTICA CONSTITUCIONAL

1. (FCC/TCE-MG/PROCURADOR/2007) No entendimento de doutrinadores, NÃO é considerado, dentre outros, como princípio e regra interpretativa das normas constitucionais,
   a) a unidade da Constituição – interpretação de maneira a evitar contradições entre as normas constitucionais.
   b) o efeito integrador – primazia aos critérios favorecedores da integração política e social.
   c) a concordância prática ou a harmonização – coordenação e combinação dos bens jurídicos em conflito.
   d) a força normativa da Constituição – adoção de interpretação que garanta maior eficácia e permanência das normas constitucionais.
   e) a adoção da contradição dos princípios – os preceitos exigem uma interpretação explícita, excluindo-se a implícita.

2. (Cespe/Anac/Especialista/2009) Entre os diversos princípios que regem a interpretação das normas constitucionais, a doutrina relaciona o da máxima efetividade ou eficiência, o qual preceitua que a uma norma constitucional deve ser atribuído o sentido que maior eficácia lhe conceda.

3. (Cespe/OAB/2007) No que concerne à hermenêutica e à aplicação das normas constitucionais, assinale a opção correta.
   a) Denomina-se mutação constitucional o processo formal de alteração da Constituição por meio das técnicas de revisão e reforma constitucional.
   b) Quando uma norma infraconstitucional contar com mais de uma interpretação possível, uma, no mínimo, pela constitucionalidade e outra ou outras pela inconstitucionalidade, adota-se a técnica da interpretação conforme para, sem redução do texto, escolher aquela ou aquelas que melhor se conforme(m) à Constituição, afastando-se, consequentemente, as demais.
   c) Ao contrário da norma de eficácia plena, a norma constitucional de eficácia contida é aquela que já contém todos os elementos necessários para a sua aplicação imediata, não admitindo qualquer normatividade ulterior, seja para aumentar a sua eficácia, seja para restringi-la.
   d) A norma constitucional que preceitua como objetivos da República Federativa do Brasil erradicar a pobreza e a marginalização e reduzir as desigualdades sociais e regionais é enquadrada como norma constitucional de eficácia plena.

4. (Cespe/Procurador/Natal/2008) A sociedade aberta dos intérpretes da Constituição, defendida por Peter Häberle, propõe que a interpretação constitucional seja tarefa desenvolvida por todos aqueles que vivem a norma, devendo ser inseridos no processo de interpretação constitucional todos os órgãos estatais, os cidadãos e os grupos sociais.

5. (Esaf/AFRF/2003) Somente o Supremo Tribunal Federal – STF está juridicamente autorizado para interpretar a Constituição.

6. (Esaf/TCU/Analista de Controle Externo/2006) Quando o intérprete, na resolução dos problemas jurídico-constitucionais, dá primazia aos critérios que favoreçam a integração política e social e o reforço da unidade política, pode-se afirmar que, no trabalho hermenêutico, ele fez uso do princípio da conformidade funcional.

7. (Cespe/TRE-GO/Analista Judiciário – Área Judiciária/2009) Liberdade de expressão. Garantia constitucional que não se tem como absoluta. Limites morais e jurídicos. O direito à livre expressão não pode abrigar, em sua abrangência, manifestações de conteúdo imoral que implicam ilicitude penal. As liberdades públicas não são incondicionais, por isso devem ser exercidas de maneira harmônica, observados os limites definidos na própria Constituição Federal (CF), art. 5º, § 2º, primeira parte. O preceito fundamental de liberdade de expressão

não consagra o "direito à incitação ao racismo", dado que um direito individual não pode constituir-se em salvaguarda de condutas ilícitas, como sucede com os delitos contra a honra. Prevalência dos princípios da dignidade da pessoa humana e da igualdade jurídica. HC 82424, Relator(a): min. Moreira Alves, Relator(a) p/ Acórdão: min. Maurício Corrêa, Tribunal Pleno, julgado em 17/9/2003, DJ 19/3/2004 PP-00017.

No trecho reproduzido acima, o Supremo Tribunal Federal (STF) travou discussão sobre determinada publicação que continha manifestações de conteúdo racista. A controvérsia residia em se definir a amplitude do princípio constitucional que garante a liberdade de expressão e decidir se esse princípio estaria ou não em conflito com o princípio da dignidade da pessoa humana e da igualdade. Como se percebe da leitura desse trecho, o STF, buscando harmonizar os princípios em jogo, deu prevalência ao princípio da dignidade da pessoa humana e da igualdade jurídica em detrimento do princípio de liberdade de expressão. Com base nessas informações, assinale a opção correspondente ao princípio de interpretação constitucional utilizado pelo STF para dirimir a questão.
a) Princípio da concordância prática.
b) Princípio da conformidade funcional.
c) Princípio da máxima efetividade.
d) Princípio da força normativa à CF.

Gabarito

1. e	3. b	5. E	7. a
2. C	4. C	6. E	

LISTA 4 – PRINCÍPIOS FUNDAMENTAIS

Forma de Governo

1. (FCC/TJ-AL/Juiz/2007) Na tipologia aristotélica das formas de governo, são levados em consideração, simultaneamente, o escopo do governo e o número de homens que governam, de forma que o governo de um só tanto pode assumir uma forma pura (monarquia) como uma forma viciada (tirania).

2. (Cespe/TJ-PI/Juiz/2007) Para Maquiavel, as formas de governo são os principados, as repúblicas e as democracias.

3. (Esaf/AFC/STN/2005) Forma de governo diz respeito ao modo como se relacionam os poderes, especialmente os Poderes Legislativo e Executivo, sendo os Estados, segundo a classificação dualista de Maquiavel, divididos em repúblicas ou monarquias.

4. (Cespe/TJ-RJ/Analista Judiciário/2008) A República é uma forma de Estado.

Sistema de governo

5. (Cespe/PGE-PB/Procurador/2008) Denomina-se presidencialismo a forma de governo em que o presidente da República é o chefe do Estado e de governo e parlamentarismo, aquela em que o presidente da República, eleito democraticamente, é o chefe de Estado, e o primeiro-ministro, escolhido pelo presidente da República, é o chefe de governo.

6. (Cespe/SEJUS ES Técnico Penitenciário 2009) A CF adota o presidencialismo como forma de Estado, já que reconhece a junção das funções de chefe de Estado e chefe de governo na figura do presidente da República.

7. (Cespe/PC-PB/Agente/2009) É atribuição da chefia de governo
a) celebrar tratados internacionais, mediante referendo do Congresso Nacional.
b) vetar projetos de lei, total ou parcialmente.
c) manter relações com estados estrangeiros.
d) celebrar a paz.
e) permitir que forças estrangeiras transitem pelo território nacional.

Forma de Estado

8. (Cespe/TJ-RJ/Analista Judiciário/2008) A Federação é uma forma de governo.

9. (Cespe/TJDFT/Analista Judiciário – Área Administrativa/2008) A expressão República Federativa enuncia, respectivamente, uma forma de governo e uma forma de Estado.

10. (Cespe/Serpro/Advogado/2010) A Federação é uma forma de governo na qual há uma nítida separação de competências entre as esferas estaduais, dotadas de autonomia, e o poder público central, denominado União.

11. (Cespe/TJ-RJ/Analista Judiciário/2008) A República Federativa do Brasil admite o direito de secessão, desde que esta se faça por meio de emenda à CF,

com três quintos, no mínimo, de aprovação em cada casa do Congresso Nacional, em dois turnos.

12. (Cespe/TJ-RJ/Analista Judiciário/2008) São poderes da União, dos estados e do DF, independentes e harmônicos, o Legislativo, o Judiciário e o Executivo.

13. (Cespe/TCU/ACE-Auditoria Governamental/2008) A república e a forma federativa de Estado foram arroladas expressamente como cláusulas pétreas pelo constituinte originário.

14. (Cespe/TRE-MT/Analista Judiciário – Área Judiciária/2010) Não será objeto de deliberação a proposta de emenda tendente a abolir a forma republicana de governo.

15. (Cespe/Serpro/Advogado/2010) De acordo com a CF, a forma de governo republicana no Brasil é considerada cláusula pétrea e não pode ser modificada por emenda constitucional.

16. (Cespe/MPE-RO/Promotor/2008) A forma de governo federal foi arrolada como cláusula pétrea, a qual não admite emenda à CF tendente a aboli-la.

17. (Esaf/Auditor-Fiscal do Trabalho/2006) Na República Federativa do Brasil, a União exerce a soberania do Estado brasileiro e se constitui em pessoa jurídica de Direito Público Internacional, a fim de que possa exercer o direito de celebrar tratados, no plano internacional.

18. (Esaf/STN/AFC/2005) Por expressa determinação constitucional, na organização político-administrativa da República Federativa do Brasil, é assegurada soberania à União e autonomia aos Estados, Distrito Federal e Municípios.

19. (Esaf/AFRF/2005) No caso do Federalismo brasileiro, a soberania é um atributo da União, o qual distingue esse ente da Federação dos estados e municípios, ambos autônomos.

20. (Cespe/MS/Analista Técnico-administrativo/2010) Os estados-membros não possuem a soberania, entretanto gozam de autonomia ilimitada.

Democracia

21. (Cespe/TRT17/Técnico/2009) De acordo com a Constituição Federal de 1988 (CF), todo o poder emana do povo, que o exerce exclusivamente por meio de representantes eleitos diretamente.

22. (Esaf/ATRFB/2009) Todo o poder emana do povo, que o exerce apenas por meio de representantes eleitos, nos termos da Constituição Federal.

23. (Cespe/TCU/Técnico/2009) Apesar de a CF estabelecer que todo o poder emana do povo, não há previsão, no texto constitucional, de seu exercício diretamente pelo povo, mas por meio de representantes eleitos.

Estado de Direito

24. (Cespe/MPU/Técnico/2010) A Constituição Federal de 1988 apresenta os chamados princípios fundamentais da República Federativa do Brasil, que incluem referências a sua forma de Estado, forma de governo e regime político. Deduz-se do texto constitucional que a República Federativa do Brasil é um Estado de Direito, o que limita o próprio poder do Estado e garante os direitos fundamentais dos particulares.

Fundamentos da República e Objetivos Fundamentais

25. (FCC/TJMS/Juiz/2010) A República Federativa do Brasil tem como fundamentos a soberania, a cidadania, a dignidade da pessoa humana, os valores sociais do trabalho e da livre iniciativa e o pluralismo político.

26. (Cespe/TRE-ES/Analista Judiciário – Área Administrativa/2011) Constituem fundamentos da República Federativa do Brasil a dignidade da pessoa humana, a independência nacional e a igualdade entre as nações.

27. (Cespe/Técnico Administrativo/Aneel/2010) Os valores sociais do trabalho e da livre iniciativa, a construção de uma sociedade livre justa e solidária e a garantia do desenvolvimento nacional constituem fundamentos da República Federativa do Brasil.

28. (Cespe/TJDFT/Analista Judiciário – Área Administrativa/2008) A construção de uma sociedade livre, justa e solidária é um objetivo, ao passo que a dignidade da pessoa humana é um fundamento da República Federativa do Brasil.

29. (Cespe/MPU/Analista Administrativo/2010) A dignidade da pessoa humana, um dos fundamentos da República Federativa do Brasil, apresenta-se como direito de proteção individual em relação ao Estado e aos demais indivíduos e como dever fundamental de tratamento igualitário dos próprios semelhantes.

30. (Cespe/TCU/TCE/2007) O princípio da dignidade da pessoa humana, por ser uma proposição geral, de caráter fluido, carece de densidade normativa apta a ensejar a possibilidade de sua utilização como fundamento de decisão judicial.

31. (Esaf/ANA/Especialista/2009 – adaptada) O uso de algemas só é lícito em casos de resistência e de fundado receio de fuga ou de perigo à integridade física própria ou alheia, por parte do preso ou de terceiros, justificada a excepcionalidade por escrito.

32. (Cespe/ME/Nível Superior/2008) O pluralismo político é um fundamento do estado democrático de direito estabelecido pela República brasileira e se confunde com a diversidade partidária.

33. (Cespe/ME/Nível Superior/2008) O pluralismo político assegura que os diversos grupos sociais possuirão instrumentos pelos quais poderão defender suas ideias e concepções sociais.

34. (Cespe/MMA/Técnico/2009) No tocante aos direitos políticos, o STF julgou recentemente a constitucionalidade da cláusula de barreira para partidos políticos, o que foi bem recebido pela doutrina, como medida moralizadora da atuação dos partidos políticos.

Princípios das Relações Internacionais

35. (Cespe/AGU/Agente/2010) Entre os princípios fundamentais do Estado brasileiro, incluem-se a dignidade da pessoa humana, a construção de uma sociedade livre, justa e solidária e a concessão de asilo político. Além disso, a República Federativa do Brasil buscará a integração econômica, política, social e cultural dos povos da América Latina, visando à formação de uma comunidade latino-americana de nações.

36. (Cespe/TRT21/Analista Judiciário – Execução de Mandados/2011) A República Federativa do Brasil rege-se, nas suas relações internacionais, entre outros, pelos princípios dos direitos humanos, da autodeterminação dos povos, da igualdade entre os Estados, da defesa da paz, da solução pacífica dos conflitos,

do repúdio ao terrorismo e ao racismo, da cooperação entre os povos para o progresso da humanidade, do duplo grau de jurisdição, da concessão de asilo político e da independência funcional.

Separação de Poderes

37. (Cespe/TRT17/Analista Administrativo/2009) A separação dos Poderes no Brasil adota o sistema norteamericano *checks and balances*, segundo o qual a separação das funções estatais é rígida, não se admitindo interferências ou controles recíprocos.

38. (Cespe/MPU/Analista Processual/2010) As nomeações para provimento de cargo público comissionado são atos exclusivos do Poder Executivo.

Gabarito

1. C	6. E	11. E	16. E	21. E	26. E	31. C	36. E
2. E	7. b	12. E	17. E	22. E	27. E	32. E	37. E
3. E	8. E	13. E	18. E	23. E	28. C	33. C	38. E
4. E	9. C	14. E	19. E	24. C	29. C	34. E	
5. E	10. E	15. E	20. E	25. C	30. E	35. C	

LISTA 5 – TEORIA GERAL DOS DIREITOS FUNDAMENTAIS

Conceitos e Características

1. (Cespe/STM/Analista Judiciário/2011) As liberdades individuais garantidas na Constituição Federal de 1988 não possuem caráter absoluto.

2. (FGV/TJ-PA/Juiz Substituto/2007) Pela relevância dos direitos fundamentais de primeira geração, como o direito à vida, é correto afirmar que eles são absolutos, pois são o escudo protetivo do cidadão contra as possíveis arbitrariedades do Estado.

3. (Cespe/Anac/Analista Administrativo/2009) É imprescritível a ação tendente a reparar violação dos direitos humanos ou dos direitos fundamentais da pessoa humana.

4. (Funiversa/PCDF/Agente/2009) Tendo em conta o histórico do nascimento dos direitos fundamentais, não há que se considerar a sua aplicação em face dos particulares.

5. (Cespe/TJDFT/Analista Judiciário – Execução de Mandados/2008) Se uma empresa francesa, estabelecida no Brasil, conferir vantagens aos seus empregados franceses, diferentes e mais benéficas que as vantagens concedidas aos empregados brasileiros. Nessa situação, configurar-se-á ofensa ao princípio da igualdade, pois a diferenciação, no caso, baseia-se no atributo da nacionalidade.

6. (Cespe/TJDFT/Analista Judiciário – Execução de Mandados/2008) A retirada de um dos sócios de determinada empresa, quando motivada pela vontade dos demais, deve ser precedida de ampla defesa, pois os direitos fundamentais não são aplicáveis apenas no âmbito das relações entre o indivíduo e o Estado, mas também nas relações privadas. Essa qualidade é denominada eficácia horizontal dos direitos fundamentais.

Titularidade

7. (Cespe/STM/Analista Judiciário – Área Administrativa/2011) As pessoas jurídicas são beneficiárias dos direitos e garantias individuais, desde que tais direitos sejam compatíveis com sua natureza.

8. (Funiversa/PCDF/Agente/2009) Os direitos previstos no art. 5º da Carta Federal também têm sido deferidos pelo Supremo Tribunal Federal mesmo aos estrangeiros não residentes.

9. (Cespe/TRT17/Analista Judiciário/2009) O estrangeiro sem domicílio no Brasil não tem legitimidade para impetrar *habeas corpus*, já que os direitos e as garantias fundamentais são dirigidos aos brasileiros e aos estrangeiros aqui residentes.

10. (Cespe/MPU/Analista Administrativo/2010) Sendo os direitos fundamentais válidos tanto para as pessoas físicas quanto para as jurídicas, não há, na Constituição Federal de 1988 (CF), exemplo de garantia desses direitos que se destine exclusivamente às pessoas físicas.

Gerações

11. (Cespe/TRE-ES/Técnico/2011) Os direitos fundamentais considerados de primeira geração compreendem as liberdades clássicas, negativas ou formais.

12. (Cespe/Detran/Agente/2009) O direito ao meio ambiente ecologicamente equilibrado é considerado direito fundamental de terceira geração.

13. (Funiversa/PCDF/Agente/2009) Na evolução das conhecidas dimensões dos direitos fundamentais, há, sucessivamente, substituição de direitos na medida do atingimento de novos estágios.

14. (FGV/Juiz Substituto/TJ-PA/2007) Os direitos fundamentais de primeira geração são os direitos e garantias individuais e políticos clássicos (liberdades públicas). Os direitos fundamentais de segunda geração são os direitos sociais, econômicos e culturais. Os direitos fundamentais de terceira geração são os chamados direitos de solidariedade ou fraternidade, que englobam o meio ambiente equilibrado, o direito de paz e ao progresso, entre outros.

15. (Cespe/DPE-ES/Procurador/2009) Os direitos de primeira geração ou dimensão (direitos civis e políticos) – que compreendem as liberdades clássicas, negativas ou formais – realçam o princípio da igualdade; os direitos de segunda geração (direitos econômicos, sociais e culturais) – que se identificam com as liberdades positivas, reais ou concretas – acentuam o princípio da liberdade; os direitos de terceira geração – que materializam poderes de titularidade coletiva atribuídos genericamente a todas as formações sociais – consagram o princípio da solidariedade.

Rol Exemplificativo

16. (Cespe/STM/Técnico/2011) Os direitos e as garantias expressos na Constituição Federal de 1988 (CF) excluem outros de caráter constitucional decorrentes do regime e dos princípios por ela adotados, uma vez que a enumeração constante no art. 5º da CF é taxativa.

17. (Cespe/TRE-MT/Analista Judiciário – Área Judiciária/2010) Os direitos e garantias fundamentais estão previstos de forma taxativa na CF.

18. (Cespe/TRT-RJ/Analista Judiciário – Área Judiciária/2008) Os direitos fundamentais dos indivíduos estão taxativamente enumerados na CF.

19. (FGV/Fiscal de Renda/Rio de Janeiro/2010) Os direitos e garantias expressos na Constituição Federal constituem um rol taxativo.

Tratados Internacionais

20. (Cespe/Sefaz-ES/Consultor/2010) Caso o Congresso Nacional aprove, em cada uma de suas casas, em dois turnos, por três quintos dos votos dos res-

pectivos membros, um tratado internacional acerca dos direitos humanos, tal tratado será equivalente a uma lei complementar.

21. (FGV/Fiscal de Renda/Rio de Janeiro/2010) Todos os tratados e convenções internacionais de direitos humanos internalizados após a EC-45/2004 serão equivalentes às emendas constitucionais.

22. (FGV/TJ-PA/Juiz Substituto/2009) A Constituição da República Federativa do Brasil apresenta um extenso catálogo de direitos e garantias fundamentais, tanto individuais como coletivos, sendo que tais normas definidoras de direitos e garantias fundamentais têm aplicação imediata, por expressa previsão constitucional. O texto constitucional também é claro ao prever que direitos e garantias expressos na Constituição não excluem outros decorrentes do regime e dos princípios por ela adotados, ou dos tratados internacionais em que a República Federativa do Brasil seja parte. Por ocasião da promulgação da Emenda Constitucional de nº 45, em 2004, a Constituição passou a contar com um § 3º, em seu art. 5º, que apresenta a seguinte redação: "Os tratados e convenções internacionais sobre direitos humanos que forem aprovados, em cada Casa do Congresso Nacional, em dois turnos, por três quintos dos votos dos respectivos membros, serão equivalentes às emendas constitucionais". Logo após a promulgação da Constituição, em 1988, o Brasil ratificou diversos tratados internacionais de direitos humanos, dentre os quais se destaca a Convenção Americana de Direitos Humanos, também chamada de Pacto de San José da Costa Rica (tratado que foi internalizado no ordenamento jurídico brasileiro pelo Decreto nº 678/1992), sendo certo que sua aprovação não observou o quórum qualificado atualmente previsto pelo art. 5º, § 3º, da Constituição (mesmo porque tal previsão legal sequer existia). Tendo como objeto a Convenção Americana de Direitos Humanos, segundo a recente orientação do Supremo Tribunal Federal, assinale a alternativa correta sobre o Status Jurídico de suas disposições.
a) *Status* de Lei Ordinária.
b) *Status* de Lei Complementar.
c) *Status* de Lei Delegada.
d) *Status* de Norma Supralegal.
e) *Status* de Norma Constitucional.

23. (Cespe/Anac/Analista Administrativo/2009) Embora seja possível a restrição da liberdade de locomoção dos indivíduos nos casos de prática de crimes, é vedada a prisão civil por dívida, salvo, conforme entendimento do Supremo

Tribunal Federal (STF), quando se tratar de obrigação alimentícia ou de depositário infiel.

24. (Esaf/ATRFB/2009) Segundo entendimento atual do Supremo Tribunal Federal, a prisão civil por dívida pode ser determinada em caso de descumprimento voluntário e inescusável de prestação alimentícia e também na hipótese de depositário infiel.

Gabarito

1. C	5. C	9. E	13. E	17. E	21. E
2. E	6. C	10. E	14. C	18. E	22. d
3. C	7. C	11. C	15. E	19. E	23. E
4. E	8. C	12. C	16. E	20. E	24. E

LISTA 6 – DIREITOS E GARANTIAS INDIVIDUAIS E COLETIVOS

Vida

1. (MP-SC/Promotor/2005) Observadas as condições previstas em Lei, é permitida, no Brasil, para fins de pesquisa e terapia, a utilização de células-tronco embrionárias obtidas de embriões humanos não utilizados e produzidos por fertilização *in vitro*.

2. (FGV/Fiscal de Rendas-RJ/2010) A Constituição Federal admite a pena de morte em circunstâncias excepcionais.

3. (Cespe/Detran-ES/Advogado/2010) Mesmo por emenda constitucional é vedada a instituição da pena de morte no Brasil em tempos de paz.

4. (Cespe/DFTrans/Analista Jurídico/2008) A proteção do direito à vida tem como principais consequências a proibição da pena de morte em qualquer situação, das práticas de tortura, de eutanásia e do aborto.

Igualdade

5. (Cespe/AGU/2006) No sistema jurídico brasileiro, as hipóteses aceitáveis de discriminação entre homens e mulheres são apenas as referidas no texto constitucional.

6. (Cespe/Detran-ES/Advogado/2010) A proibição genérica de acesso a determinadas carreiras públicas, tão somente em razão da idade do candidato, é inconstitucional, pois viola o princípio fundamental da igualdade.

7. (Cespe/Ministério da Saúde/Analista Técnico-administrativo/2010) O edital do concurso público é o instrumento idôneo para o estabelecimento do limite mínimo de idade para a inscrição no concurso.

8. (Cespe/ABIN/Oficial de Inteligência/2008) Conforme entendimento do STF, o exame psicotécnico, para ser admitido em concursos públicos, deve estar previsto em lei e conter critérios objetivos de reconhecido caráter científico, sendo prescindível a possibilidade de reexame na esfera administrativa.

9. (Cespe/MMA/Agente/2009) No constitucionalismo, a existência de discriminações positivas iguala materialmente os desiguais.

Propriedade

10. (Cespe/Seger-ES/Analista Judiciário/2007) A Constituição Federal garante o direito à propriedade. Contudo, a utilização e o desfrute do bem devem ocorrer de acordo com a conveniência social da utilização da coisa, ou seja, o direito do dono deve ajustar-se aos interesses da sociedade.

11. (Cespe/TRF5/Juiz Federal/2009) A expropriação de glebas onde forem localizadas culturas ilegais de plantas psicotrópicas há de abranger apenas a área efetivamente cultivada e não toda a propriedade.

12. (Cespe/MPE-RR/Promotor/2009) O instituto da desapropriação e o do confisco são idênticos, uma vez que ambos constituem transferência compulsória da propriedade, expressando o poder ilimitado de exercício do domínio eminente pelo poder público.

13. (Cespe/Aneel/Técnico/2010) De acordo com a Constituição Federal de 1988 (CF), na hipótese de iminente perigo público, a autoridade competente pode usar propriedade particular, assegurando-se ao proprietário, no caso de dano, a indenização ulterior.

14. (Cespe/DPU/Defensor/2010) As indenizações referentes a processo de desapropriação sempre devem ser pagas em moeda corrente ao expropriado.

Liberdade

15. (Cespe/TRE-ES/Técnico/2011) O princípio da legalidade não se confunde com o da reserva legal: o primeiro pressupõe a submissão e o respeito à lei; o segundo se traduz pela necessidade de a regulamentação de determinadas matérias ser feita necessariamente por lei formal.

16. (Cespe/PC-ES/Escrivão/2011) A Constituição Federal de 1988 confere à liberdade de locomoção caráter absoluto, que não comporta restrição de qualquer natureza.

17. (Cespe/DPU/Agente/2010) A CF prevê o direito à livre manifestação de pensamento, preservando também o anonimato.

18. (Esaf/MPOG/Gestor/2009) Poderá ser privado de direitos quem invocar motivo de crença religiosa ou de convicção filosófica ou política para eximir-se de obrigação legal a todos imposta e recusar-se a cumprir prestação alternativa, fixada em lei.

19. (Funiversa/Apex-Brasil/Consultor Pleno/Área Jurídica/2006) O direito de reunião não se confunde com o direito de associação.

20. (Cespe/TRE-MT/Analista Judiciário – Área Judiciária/2010) A CF garante a todos o direito de reunir-se pacificamente, sem armas, em locais abertos ao público, independentemente de autorização ou prévio aviso à autoridade competente.

21. (Cespe/MPE-RO/Promotor/2010) As associações podem ser compulsoriamente dissolvidas mediante ato normativo editado pelo Poder Legislativo.

22. (Cespe/DPU/Analista/2010) A criação de associações e, na forma da lei, a de cooperativas independem de autorização, sendo vedadas a dissolução compulsória dessas instituições ou a suspensão de suas atividades.

23. (Funiversa/PCDF/Médico Legista/2008) As entidades associativas, para se investirem de legitimidade para representar seus filiados judicial ou extrajudicialmente, deverão ser por estes expressamente autorizadas.

24. (FGV/TJ-PA/Juiz Substituto/2007) A impetração de mandado de segurança coletivo por entidade de classe em favor de associados depende da autorização destes.

Intimidade e privacidade – domicílio

25. (Cespe/PC-PB/Delegado/2009) O conceito de casa, inserido no dispositivo constitucional que assegura a inviolabilidade do domicílio, não se estende ao escritório de contabilidade.

26. (Cespe/TRT21/Analista Judiciário – Execução de Mandados/2011) Certa vez, em discurso no Parlamento britânico, Lord Chatan afirmou: "O homem mais pobre desafia em sua casa todas as forças da Coroa. Sua cabana pode ser muito frágil, seu teto pode tremer, o vento pode soprar entre as portas mal ajustadas, a tormenta pode nela penetrar, mas o rei da Inglaterra não pode nela entrar". Essa assertiva desnuda o direito fundamental da inviolabilidade de domicílio que, no Brasil, somente admite exceção – permitindo que se adentre na casa do indivíduo, sem seu consentimento – no caso de flagrante delito ou desastre ou para prestar socorro, ou, ainda, por determinação judicial durante o dia, e, à noite, na hipótese de flagrante delito ou desastre ou para prestar socorro.

27. (Cespe/TRE-ES/Analista Judiciário – Área Administrativa/2011) Se um indivíduo, depois de assaltar um estabelecimento comercial, for perseguido por policiais militares e, na tentativa de fuga, entrar em casa de família para se esconder, os policiais estão autorizados a entrar na residência e efetuar a prisão, independentemente do consentimento dos moradores.

28. (Cespe/STM/Analista Judiciário – Área Administrativa/2011) O Ministério Público pode determinar a violação de um domicílio para realização de busca e apreensão de objetos que possam servir de prova em um processo.

29. (Cespe/TRT17/Analista Judiciário/2009) Caso um escritório de advocacia seja invadido, durante a noite, por policiais, para nele se instalar escutas ambientais, ordenadas pela justiça, já que o advogado que ali trabalha estaria envolvido em organização criminosa, a prova obtida será ilícita, já que a referida diligência não foi feita durante o dia.

Intimidade e Privacidade – sigilo das comunicações

30. (Cespe/TRE-MT/Técnico/2010) O sigilo das comunicações telefônicas é inviolável, podendo ser rompido somente por autorização judicial ou por decisão da autoridade policial responsável pelo inquérito, quando existirem fundados elementos reveladores da prática de crime.

31. (FCC/MPE-CE/Promotor de Justiça/2009) As comissões parlamentares de inquérito, conforme orientação do Supremo Tribunal Federal, têm poderes para a quebra de sigilo telefônico e determinar interceptação telefônica.

32. (Cespe/TRF1/Juiz Federal/2009) Conforme orientação do STF, os dados obtidos em interceptação de comunicações telefônicas e em escutas ambientais, judicialmente autorizadas para produção de prova em investigação criminal ou em instrução processual penal, não podem ser usados em procedimento administrativo disciplinar, contra a mesma ou as mesmas pessoas em relação às quais foram colhidos, ou contra outros servidores cujos possíveis ilícitos teriam despontado da colheita dessa prova.

33. (Cespe/TRT1/Juiz do Trabalho/2010) Embora a CF admita a decretação, pela autoridade judicial, da interceptação telefônica para fins de investigação criminal ou instrução processual penal, é possível a utilização das gravações no processo civil ou administrativo, como prova emprestada.

Intimidade e Privacidade – sigilo bancário

34. (Cespe/TJ-SE/Juiz/2008) O Tribunal de Contas, dentro do poder geral de cautela, tem competência para determinar a quebra de sigilo bancário do administrador público ordenador de despesa.

35. (Cespe/CEF/Advogado/2010) Os membros do Ministério Público, no uso de suas prerrogativas institucionais, não estão autorizados a requisitar documentos fiscais e bancários sigilosos diretamente ao fisco e às instituições financeiras, sob pena de violação aos direitos e garantias constitucionais da intimidade da vida privada dos cidadãos.

Intimidade e privacidade – dano moral, material e à imagem

36. (Cespe/TRE-MT/Técnico/2010) O dano moral, que atinge a esfera íntima da vítima, agredindo seus valores, humilhando e causando dor, não recai sobre pessoa jurídica.

Garantias Processuais Gerais

37. (Cespe/TRT1/Juiz do Trabalho/2010) O princípio da inafastabilidade da jurisdição tem aplicação absoluta no sistema jurídico vigente, o qual não contempla a hipótese de ocorrência da denominada jurisdição condicionada.

38. (FCC/Prefeitura de Recife/Procurador Judicial/2008) Estão excluídas da apreciação do Poder Judiciário as ações relativas à disciplina e às competições desportivas enquanto não se esgotarem as instâncias da justiça desportiva.

39. (FCC/TCM-CE/Analista de Controle Externo/2010) No caso de órgão da administração direta estadual praticar ato que contrarie enunciado de súmula vinculante do Supremo Tribunal Federal, caberá reclamação ao Supremo Tribunal Federal, após esgotamento das vias administrativas.

40. (FGV/Fiscal de Rendas/Rio de Janeiro/2009) São assegurados o contraditório e a ampla defesa aos acusados em geral e aos litigantes, tanto em processos judiciais como em administrativos.

41. (FGV/Fiscal de Renda/Rio de Janeiro/2009) A falta de participação de advogado na apresentação de defesa do acusado é fator de invalidação de processo administrativo.

42. (FGV/Fiscal de Renda/Rio de Janeiro/2009) É inválida a exigência legal de depósito prévio do valor da multa como condição de admissibilidade de recurso administrativo.

43. (Cespe/TCE-RN/Assessor/2009) Nos processos perante o TCU, asseguram-se o contraditório e a ampla defesa quando da decisão puder resultar anulação ou revogação de ato administrativo que beneficie o interessado, podendo ser citada, nesse sentido, aquela decisão que aprecia a legalidade de ato de concessão inicial de aposentadoria, reforma e pensão.

44. (Cespe/TRT1/Juiz do Trabalho/2010) A CF assegura aos litigantes em processo judicial ou administrativo e aos acusados em geral o contraditório e a ampla defesa, com os meios e recursos a eles inerentes, razão pela qual, no âmbito do processo administrativo disciplinar, é imprescindível a presença de advogado.

45. (Esaf/TCE-GO/Auditor/2007) São inadmissíveis, no processo, as provas obtidas por meios ilícitos.

46. (Cespe/MPU/Analista Processual/2010) O sistema normativo processual penal e a jurisprudência vedam, de forma absoluta, expressa e enfática, a utilização, pelas partes, em qualquer hipótese, de prova ilícita no processo penal.

47. (Cespe/TRE-MT/Analista Judiciário – Área Judiciária/2010) O direito à duração razoável do processo, tanto no âmbito judicial quanto no âmbito administrativo, é um direito fundamental previsto expressamente na CF.

Garantias Penais e Processuais Penais

48. (Esaf/ATRFB/2009) A lei penal pode retroagir para beneficiar ou prejudicar o réu.

49. (Cespe/MEC/Agente/2009) A prática do racismo constitui crime inafiançável e imprescritível, sujeito à pena de reclusão, nos termos da lei.

50. (Cespe/PC-PB/Delegado/2009) O crime de tortura é afiançável, mas será insuscetível de graça ou anistia ou de liberdade provisória.

51. (Cespe/MPE-SE/Promotor/2010) Considerando o entendimento mais recente do STJ sobre a realização do exame de alcoolemia, popularmente denominado bafômetro, é inconstitucional a previsão legal desse exame, pois ofende o princípio *nemo tenetur se detegere.*

52. (Cespe/PC-TO/Delegado/2008) Qualquer indivíduo que figure como objeto de procedimentos investigatórios policiais ou que ostente, em juízo penal, a condição jurídica de imputado, tem o direito de permanecer em silêncio, incluindo-se aí, por implicitude, a prerrogativa processual de o acusado negar, ainda que falsamente, perante a autoridade policial ou judiciária, a prática da infração penal.

53. (FGV/Fiscal de Renda/Rio de Janeiro/2010) O Brasil se submete à jurisdição do Tribunal Penal Internacional (TPI).

54. (Funiversa/Apex-Brasil/Consultor Pleno/Área Jurídica/2006) O júri popular tem competência para julgar os crimes dolosos e culposos contra a vida.

55. (Cespe/TRE-MT/Analista Judiciário – Área Judiciária/2010) A CF permite que seja constituído tribunal penal especial para o julgamento de crimes hediondos que causem grande repercussão na localidade em que foram cometidos.

Gabarito

1. C	11. E	21. E	31. E	41. E	51. E
2. C	12. E	22. E	32. E	42. C	52. C
3. C	13. C	23. C	33. C	43. E	53. C
4. E	14. E	24. E	34. E	44. E	54. E
5. E	15. C	25. E	35. C	45. C	55. E
6. C	16. E	26. C	36. E	46. E	
7. E	17. E	27. C	37. E	47. C	
8. E	18. C	28. E	38. C	48. E	
9. C	19. C	29. E	39. C	49. C	
10. C	20. E	30. E	40. C	50. E	

LISTA 7 – NACIONALIDADE E DIREITOS POLÍTICOS

Nacionalidade – brasileiros natos e naturalizados

1. (Cespe/TRT21/Analista Judiciário – Execução de Mandados/2011) São brasileiros natos aqueles nascidos no estrangeiro, de pai brasileiro ou de mãe brasileira, desde que venham a residir no Brasil e optem, no período de dois anos, pela nacionalidade brasileira.

2. (Cespe/STM/Analista Judiciário – Área Judiciária/2011) O filho de um embaixador do Brasil em Paris, nascido na França, cuja mãe seja alemã, será considerado brasileiro nato.

3. (Cespe/PMDF/Capelão/2007) Um casal de cidadãos argentinos passou as férias do último verão no litoral de Santa Catarina. A mulher, grávida de 8 meses, deu à luz Henrique, em hospital da rede pública da cidade. Nessa situação, segundo a Constituição Federal, Henrique é considerado brasileiro nato.

4. (Cespe/MPE-SE/Promotor/2010) Os estrangeiros originários de países de língua portuguesa adquirirão a nacionalidade brasileira se mantiverem residência contínua no território nacional pelo prazo mínimo de quatro anos, imediatamente anteriores ao pedido de naturalização.

Nacionalidade – distinções entre brasileiros natos e naturalizados

5. (Cespe/TRT21/Técnico/2011) Segundo estipula a CF, na parte em que trata dos direitos de nacionalidade, é privativo de brasileiro nato o exercício do cargo de ministro de Estado.

6. (Cespe/TRE-ES/Técnico/2011) Apenas o brasileiro nato poderá ser oficial das Forças Armadas.

7. (Cespe/STM/Analista Judiciário – Área Judiciária/2011) Um brasileiro naturalizado pode exercer a carreira diplomática.

8. (Cespe/TJES/Analista Judiciário – Área Administrativa/2011) Um brasileiro naturalizado pode exercer o cargo de coronel da polícia militar de um estado-membro.

9. (Cespe/TJES/Analista Judiciário – Área Administrativa/2011) O brasileiro nato não poderá ser extraditado para outro país em nenhuma hipótese.

10. (Cespe/MMA/Agente/2009) Se um brasileiro nato viajar a outro país estrangeiro, lá cometer algum crime, envolvendo tráfico ilícito de entorpecentes, e voltar ao seu país de origem, caso aquele país requeira a extradição desse indivíduo, o Brasil poderá extraditá-lo.

11. (Cespe/JTRF-5ª/uiz Federal/2007) O brasileiro nato não pode ser extraditado pelo governo brasileiro a pedido de governo estrangeiro, a menos que o país requerente igualmente lhe tenha concedido nacionalidade originária.

12. (Cespe/TRF-5ª/Juiz Federal/2007) A Constituição Federal exige a condição de brasileiro nato ao ocupante dos cargos de ministro do STF e de procurador-geral da República.

13. (Cespe/TRT-5ª Região/Analista Judiciário – Área Administrativa/2008) O cargo de ministro do TST exige a situação de brasileiro nato para seu provimento.

14. (Cespe/PF/Agente/2009) São privativos de brasileiro nato os cargos de ministro de Estado da Defesa, ministro de Estado da Fazenda e de oficial da Marinha, do Exército ou da Aeronáutica.

15. (Cespe/IRBR/Diplomata/2010) O Estado brasileiro autoriza a extradição de brasileiros natos envolvidos na prática de crime de tráfico de drogas.

16. (Cespe/MPE-SE/Promotor/2010) A CF veda expressamente a extradição do brasileiro, seja ele nato ou naturalizado.

17. (Cespe/TRF1/Juiz Federal/2009) A CF admite a propriedade de empresa jornalística e de radiodifusão sonora e de sons e imagens exclusivamente aos brasileiros natos.

18. (Cespe/MS/Analista Técnico-administrativo/2010) O cargo de deputado federal pode ser exercido por brasileiro naturalizado.

Nacionalidade – perda

19. (Cespe/TRE-MT/Técnico/2010) Assinale a opção correta acerca dos direitos de nacionalidade.
   a) Os nascidos no estrangeiro de pai brasileiro ou de mãe brasileira somente podem ser considerados brasileiros natos se, após registrados em repartição brasileira competente, vierem a residir no Brasil e optarem pela nacionalidade brasileira.
   b) A legislação infraconstitucional não poderá estabelecer distinção entre brasileiros natos e naturalizados, de modo que, em virtude do princípio da igualdade, as únicas hipóteses de tratamento diferenciado são as que constam expressamente do texto constitucional.
   c) A naturalização é um direito público subjetivo que constitui ato administrativo de caráter vinculado, uma vez que o chefe do Poder Executivo encontra-se obrigado a concedê-la, desde que sejam atendidos os requisitos legais e constitucionais para sua obtenção.
   d) Aos portugueses com residência permanente no Brasil, se houver reciprocidade em favor de brasileiros, serão atribuídos os direitos inerentes ao brasileiro nato.
   e) A perda da nacionalidade pode ocorrer nas hipóteses definidas pela Constituição Federal de 1988 (CF), podendo lei complementar estabelecer outros casos de perda, de modo a restringir apenas por regramento legislativo os casos de privação, sempre excepcionais, da condição político-jurídica de nacional.

20. (Cespe/DPU/Procurador Federal/2010) Suponha que Raimundo, brasileiro nato, tenha saído do Brasil para morar nos Estados Unidos da América, onde reside há mais de trinta anos, e que, nesse país, tenha obtido a nacionalidade americana como condição para permanecer no território americano. Nessa situação, caso deseje retornar ao Brasil para visitar parentes, Raimundo necessitará de visto, pois, ao obter a nacionalidade americana, perdeu a nacionalidade brasileira.

Direitos Políticos – sufrágio, voto e escrutínio

21. (Cespe/TRE-ES/Técnico/2011) O *status* de cidadão tem duas dimensões: a ativa, que se traduz pela capacidade de exercício do sufrágio, e a passiva, traduzida pela legitimação para o acesso a cargos públicos.

22. (Cespe/STJ/Analista/2005) O sufrágio configura-se em direito político, público e subjetivo, enquanto o voto configura-se no modo de exercício e no próprio exercício desse direito.

23. (FCC/DPE-PR/Defensor/2008) Percebe-se que o sufrágio universal, o voto e o escrutínio são sinônimos que integram a teoria dos direitos políticos positivos e a ideia nuclear da democracia.

24. (Cespe/TRT21/Analista Judiciário – Execução de Mandados/2011) O voto, que deve ser exercido de forma direta, apresenta os caracteres constitucionais de personalidade, obrigatoriedade, liberdade, sigilosidade, igualdade e periodicidade. A igualdade revela-se no fato de que todos os cidadãos têm o mesmo valor no processo eleitoral.

25. (FCC/DPSPO/Oficial da Defensoria Pública de São Paulo/2008) Nos termos do que estabelece a Constituição Federal, a soberania popular será exercida pelo sufrágio universal e pelo voto direto e secreto
    a) obrigatório para os maiores de dezesseis anos.
    b) obrigatório para todos.
    c) obrigatório para todos, inclusive para os maiores de 70 (setenta) anos.
    d) facultativo para os maiores de 60 (sessenta) anos.
    e) facultativo para os analfabetos e maiores de 70 (setenta) anos.

Direitos Políticos – condições de elegibilidade e inelegibilidade

26. (FCC/TRF4/Técnico/2010) NÃO constitui condição de elegibilidade prevista na Constituição Federal
    a) o domicílio eleitoral na circunscrição.
    b) a idade mínima de vinte e um anos para vereador.
    c) a filiação partidária.
    d) a idade mínima de trinta e cinco anos para Presidente da República.
    e) o alistamento eleitoral.

27. (Cespe/TRE-ES/Técnico/2011) O analfabeto possui capacidade eleitoral passiva.

28. (Cespe/TRE-BA/Técnico/2010) Os conscritos, durante o período do serviço militar obrigatório, são inalistáveis e inelegíveis.

29. (Cespe/MS/Analista Técnico-administrativo/2010) Aos analfabetos é concedido o direito facultativo de votar, mas não podem ser eleitos para exercer mandato político.

30. (Cespe/TRT21/Técnico/2011) Entre as inelegibilidades relativas estipuladas na CF, está previsto o impedimento relativo à capacidade eleitoral passiva previsto exclusivamente em lei complementar com o objetivo, entre outros, de proteger a probidade administrativa e a moralidade para exercício de mandato.

31. (Cespe/TRF5/Juiz Federal/2011) As hipóteses de inelegibilidade, por configurarem circunstâncias que impedem o cidadão de exercer total ou parcialmente a capacidade eleitoral passiva, constam de rol taxativo previsto na CF.

32. (Cespe/Previc/Técnico/2011) A CF determina como condição de elegibilidade para o cargo de presidente e vice-presidente da República a idade mínima de trinta anos

33. (Cespe/TJES/Analista Judiciário – Área Administrativa/2011) Considere a seguinte situação hipotética. José, que jamais exerceu qualquer cargo eletivo, é irmão de Josias, que, por sua vez, é prefeito de determinado município. Nessa situação, caso José pretenda lançar-se candidato a vereador, sua candidatura não poderá ser apresentada no mesmo município em que seu irmão Josias é prefeito.

Direitos Políticos – perda e suspensão

34. (Cespe/Secretaria de Educação do ES/Agente/2010) O diretor de uma escola pública estadual que for condenado por ato de improbidade tem, entre outras cominações, a perda dos seus direitos políticos em razão da prática de ato de improbidade no serviço público.

35. (Cespe/TRF5/Juiz Federal/2011) Apesar de a prestação de serviço militar ser obrigatória, a recusa em cumpri-la é admitida sob a alegação do direito de escusa de consciência, cabendo, nesse caso, às forças armadas atribuir àquele que exercer esse direito serviço alternativo em tempo de paz, cuja recusa enseja como sanção a declaração da perda dos direitos políticos.

36. (Cespe/TRF5/Juiz Federal/2011) A reaquisição de direitos políticos suspensos só se faz possível mediante decisão judicial proferida em ação ajuizada para tal fim.

37. (Cespe/TRF-5ª/JUIZ FEDERAL SUBSTITUTO/2009) A condenação criminal com trânsito em julgado ensejará a perda dos direitos políticos do condenado.

38. (Cespe/Previc/Analista/2011) O cancelamento da naturalização por ato administrativo configura uma das hipóteses de perda ou suspensão dos direitos políticos.

Gabarito

1. E	8. C	15. E	22. E	29. C	36. E
2. C	9. C	16. E	23. E	30. C	37. E
3. C	10. E	17. E	24. C	31. E	38. E
4. E	11. E	18. C	25. e	32. E	
5. E	12. E	19. b	26. .bz	33. C	
6. C	13. E	20. E	27. E	34. E	
7. E	14. E	21. C	28. C	35. C	

LISTA 8 – ORGANIZAÇÃO DO ESTADO (PARTE GERAL)

Federação – origens

1. (Cespe/PGE-AL/Procurador/2009) Doutrinariamente, entende-se que a formação da Federação brasileira se deu por meio de movimento centrípeto (por agregação), ou seja, os estados soberanos cederam parcela de sua soberania para a formação de um poder central. Isso explica o grande plexo de competências conferidas aos estados-membros brasileiros pela CF se comparados à pequena parcela de competências da União.

2. (Cespe/MPE-RN/Promotor/2009) O federalismo brasileiro, quanto à sua origem, é um federalismo por agregação.

Federação – características

3. (Cespe/MPU/Analista Processual/2010) As capacidades de auto-organização, autogoverno, autoadministração e autolegislação reconhecidas aos estados federados exemplificam a autonomia que lhes é conferida pela Carta Constitucional.

4. (Cespe/MPE-RN/Promotor/2009) Uma das características comuns à Federação e à confederação é o fato de ambas serem indissolúveis.

5. (Cespe/TJ-RJ/Analista Judiciário/2008) A República Federativa do Brasil admite o direito de secessão, desde que esta se faça por meio de emenda à CF, com três quintos, no mínimo, de aprovação em cada casa do Congresso Nacional, em dois turnos.

6. (Cespe/PGE-AL/Procurador/2009) As constituições dos estados organizados sob a forma federativa possuem, em regra, instrumentos para coibir movimentos separatistas. No Brasil, a CF prevê a possibilidade de se autorizar a intervenção da União nos estados para manter a integridade nacional e considera a forma federativa de Estado uma cláusula pétrea.

7. (Cespe/PGE-CE/Procurador/2008) Compete ao Superior Tribunal de Justiça (STJ) julgar as causas e os conflitos entre a União e os estados, a União e o DF, ou entre uns e outros, incluindo as respectivas entidades da administração indireta.

Entes Federativos

8. (Cespe/MPE-RN/Promotor/2009) Existia no Brasil um federalismo de segundo grau até a promulgação da CF, após a qual o país passou a ter um federalismo de terceiro grau.

9. (Cespe/MPE-RN/Promotor/2009) Os territórios federais são considerados entes federativos.

Vedações Federativas

10. (Cespe/MPE-RN/Promotor/2009) É vedado à União, aos estados, ao DF e aos municípios estabelecer cultos religiosos ou igrejas, subvencioná-los, embaraçar-lhes o funcionamento ou manter com eles ou seus representantes relações de dependência ou aliança.

11. (Funiversa/Apex-Brasil/Analista Pleno/Área Jurídica/2006) É vedado a União estabelecer cultos religiosos ou igrejas.

12. (Funiversa/Apex-Brasil/Analista Pleno/Área Jurídica/2006) É possível, sob determinadas condições, que a União venha a recusar fé aos documentos públicos.

Criação de Estados e Municípios

13. (Cespe/Aneel/Técnico/2010) A CF admite a incorporação, a subdivisão ou o desmembramento de estados.

14. (Cespe/AGU/Advogado/2009) No tocante às hipóteses de alteração da divisão interna do território brasileiro, é correto afirmar que, na subdivisão, há a manutenção da identidade do ente federativo primitivo, enquanto, no desmembramento, tem-se o desaparecimento da personalidade jurídica do estado originário.

15. (Cespe/MPU/Técnico/2010) Considere que determinado estado da Federação tenha obtido aprovação tanto de sua população diretamente interessada, por meio de plebiscito, como do Congresso Nacional, por meio de lei complementar, para se desmembrar em dois estados distintos. Nesse caso, foi cumprida a exigência imposta pela Constituição para incorporação, subdivisão, desmembramento ou formação de novos estados ou territórios federais.

16. (Cespe/TRE-GO/Analista Judiciário/2009) A criação, a incorporação, a fusão e o desmembramento de municípios, far-se-ão por lei federal e serão submetidos pela população diretamente interessada a referendo popular.

Gabarito

1. E	4. E	7. E	10. C	13. C	16. E
2. E	5. E	8. C	11. C	14. E	
3. C	6. C	9. E	12. E	15. C	

LISTA 9 – REPARTIÇÃO DE COMPETÊNCIAS E BENS PÚBLICOS

Bens Públicos

1. (Cespe/MS/Agente/2008) Na definição dos bens da União, o rol enumerado na CF é exemplificativo, podendo outros lhes serem atribuídos.

2. (Cespe/TJ-AL/Juiz Substituto/2009) São bens da União as terras devolutas.

3. (Cespe/Juiz Federal/TRF 5ª Região/2009) São bens da União as terras devolutas.

4. (Cespe/TJDFT/Técnico Judiciário – Administrativa/2008) As terras devolutas pertencem aos estados, com exceção das terras devolutas indispensáveis à defesa das fronteiras, das fortificações e construções militares, das vias federais de comunicação e à preservação ambiental, definidas em lei.

5. (Esaf/MF/Técnico/2009) Incluem-se entre os bens dos estados as terras devolutas não compreendidas entre as da União.

6. (Cespe/TCE-AL/Procurador/2008) Incluem-se entre os bens dos Estados-membros as terras devolutas não pertencentes à União situadas em seus territórios.

7. (Cespe/MPOG/2008) Sabendo-se que o rio Jari estabelece parte da fronteira entre os estados do Amapá e do Pará, é correto afirmar que esse rio deve ser considerado um bem público da União.

8. (FCC/TCE-AL/Procurador/2008) Incluem-se entre os bens dos Estados-membros os recursos naturais da plataforma continental e da zona econômica exclusiva a eles correspondentes.

9. (Cespe/TCU/ACE/2008) As riquezas minerais, como o petróleo, são bens da União.

10. (Funiversa/Apex-Brasil/Consultor Pleno/Área Jurídica/2006) Incluem-se entre os bens dos Estados os recursos minerais, inclusive os do subsolo.

11. (Cespe/Antaq/Técnico/2009) Considere a situação em que uma pessoa, ao cavar um poço artesiano no sítio de sua propriedade, tenha encontrado uma reserva de gás natural. Nesse caso, a reserva pertencerá à União, mas o proprietário terá, por força expressa de dispositivo constitucional, direito a participação no resultado da lavra.

12. (Funiversa/Apex-Brasil/Analista Pleno – Área Jurídica/2006) São bens da União os recursos minerais, salvo os de subsolo.

13. (Cespe/Abin/Agente/2008) As terras tradicionalmente ocupadas pelos índios são de domínio das comunidades indígenas.

Repartição de Competências

14. (Cespe/TRT-RN/Técnico/2010) Compete à União organizar e manter o Poder Judiciário, o Ministério Público e a Defensoria Pública do Distrito Federal e dos ex-territórios do Amapá e de Roraima.

15. (Cespe/TRT-RN/Analista Judiciário – Área Administrativa/2010) No plano de suas atribuições administrativas e legislativas, os estados federados exercem competências remanescentes, razão pela qual estão inseridos na competência reservada dos estados-membros as atribuições que não constarem do rol de competências da União e dos municípios e que não pertencerem à competência comum a todos os entes federativos.

16. (Funiversa/Apex-Brasil/Consultor Pleno – Área Jurídica/2006) São reservadas aos Municípios as competências que não lhe sejam vedadas pela Constituição.

17. (Cespe/Abin/Oficial de Inteligência – Área Direito/2010) Os estados podem explorar diretamente, ou mediante permissão, os serviços locais de gás canalizado e podem, inclusive, regulamentar a matéria por meio de medida provisória.

18. (Cespe/TRT-RN/Analista Judiciário – Execução de Mandados/2010) Constitui competência concorrente entre União, estados e Distrito Federal legislar sobre águas, energia, informática, telecomunicações e radiodifusão.

19. (Cespe/Previc/Técnico/2011) Compete à União, aos estados e ao Distrito Federal legislar concorrentemente sobre previdência social, proteção e defesa da saúde.

20. (Cespe/MPE-ES/Promotor/2010) É da competência exclusiva da União promover programas de construção de moradias e a melhoria das condições habitacionais e de saneamento básico.

21. (FCC/TRE-TO/Analista Judiciário – Área Judiciária/2011) Fomentar a produção agropecuária e organizar o abastecimento alimentar é competência
a) comum da União, dos Estados, do Distrito Federal e dos Municípios.
b) privativa da União.
c) concorrente da União, dos Estados, do Distrito Federal e dos Municípios.
d) privativa dos Estados e do Distrito Federal.
e) privativa dos Municípios.

22. (FCC/TRE-TO/Técnico Judiciário/2011) É competência privativa da União
a) proteger o meio ambiente e combater a poluição em qualquer de suas formas.
b) estabelecer e implantar política de educação para a segurança do trânsito.
c) legislar sobre direito eleitoral.
d) legislar sobre direito financeiro.
e) legislar sobre direito urbanístico.

23. (FCC/TRE-RN/Analista Judiciário – Área Judiciária/2011) Considere:
I. Direito Civil.
II. Direito Penal.
III. Organização judiciária da Defensoria Pública do Distrito Federal.
IV. Direito Urbanístico.
De acordo com a Constituição Federal brasileira, compete privativamente à União legislar sobre os temas indicados APENAS em
a) I, III e IV.
b) II, III e IV.
c) I, II e III.
d) I e II.
e) II e IV.

24. (Cespe/TRT-ES/Técnico/2009) No tocante à organização do Estado brasileiro, a CF atribuiu à União a competência privativa para legislar sobre consórcios e sorteios, razão pela qual é inconstitucional a lei ou ato normativo estadual que institua loteria no âmbito do estado.

25. (Cespe/Antaq/Técnico/2009) Compete privativamente à União legislar sobre direito marítimo, aeronáutico, espacial e do trabalho.

26. (Cespe/ME/Nível Superior/2008) É inconstitucional a lei ou ato normativo estadual ou distrital que disponha sobre sistemas de consórcios e sorteios, inclusive bingos e loterias, pois compete privativamente à União legislar sobre essa matéria.

27. (Cespe/STF/Analista Judiciário – Área Administrativa/2008) Lei municipal que obrigue a instalação, em estabelecimento bancário, de equipamentos de segurança é considerada constitucional, pois aborda um assunto de interesse eminentemente local.

Gabarito

1. C	6. C	11. C	16. E	21. A	26. C
2. E	7. C	12. E	17. E	22. C	27. C
3. E	8. E	13. E	18. E	23. C	
4. C	9. C	14. E	19. C	24. C	
5. C	10. E	15. C	20. E	25. C	

LISTA 10 – PODER LEGISLATIVO

Estrutura

1. (Cespe/AUGE-MG/Auditor Interno/2008) O Poder Legislativo é exercido nos estados, no DF e nos municípios, de forma unicameral, diferentemente do que ocorre em âmbito federal, em que se adota o sistema bicameral.

2. (Cespe/TRE-ES/Técnico/2011) O Poder Legislativo federal é bicameral e exercido pelo Congresso Nacional, que se compõe da Câmara dos Deputados e do Senado Federal.

3. (Cespe/MPU/Técnico/2010) O Poder Legislativo opera por meio do Congresso Nacional, instituição bicameral composta pela Câmara dos Deputados e pelo Senado Federal. Salvo disposição constitucional em contrário, as deliberações de cada Casa e de suas comissões serão tomadas por maioria dos votos, presente a maioria absoluta de seus membros.

4. (Cespe/TRT5/Analista Judiciário – Execução de Mandados/2008) O Senado Federal compõe-se de representantes do povo, eleitos, pelo sistema proporcional, em cada estado, em cada território e no DF.

5. (FGV/Senado/Técnico Legislativo – Processo Legislativo/2008) Os Senadores são eleitos pelo sistema proporcional, em cada Estado, em cada Território e no Distrito Federal.

6. (FGV/PC-AP/Delegado/2010) A Câmara dos Deputados compõe-se de representantes do povo, eleitos, pelo sistema proporcional, em cada Estado, em cada Território e no Distrito Federal e o Senado Federal compõe-se de representantes dos Estados e do Distrito Federal, eleitos segundo o princípio majoritário.

Imunidades

7. (FGV/PC-AP/Delegado/2010) Os Deputados e Senadores são invioláveis, civil e penalmente, por quaisquer de suas opiniões, palavras e votos.

8. (Cespe/MPE-RO/Promotor de Justiça/2008) Caso um deputado federal, que também seja radialista, ao promover uma mesa de debates no seu programa de rádio, injurie um famoso empresário, nessa hipótese, conforme precedentes do STF, o deputado não poderá ser responsabilizado pela injúria praticada, já que possui imunidade material quanto a suas opiniões, palavras e votos.

9. (Cespe/PGE-PI/Procurador/2008) A respeito das prerrogativas do presidente da República, dos governadores e dos parlamentares, conforme previsto na CF, assinale a opção correta.
   a) Desde a expedição do diploma, os membros do Congresso Nacional não poderão ser presos — salvo em flagrante de crime inafiançável — nem processados criminalmente, sem prévia licença de sua Casa.
   b) A inviolabilidade parlamentar prevista na CF refere-se apenas ao campo penal, não abrangendo a inviolabilidade civil.
   c) Para que o presidente da República e os governadores sejam processados criminalmente, não é necessária licença prévia da respectiva casa legislativa.
   d) A imunidade processual impede que os parlamentares sejam investigados sem prévia licença da respectiva casa legislativa.
   e) Como não é um direito pessoal, mas uma garantia funcional e institucional, a inviolabilidade penal do parlamentar é irrenunciável.

10. (FGV/TJ-PA/Juiz Substituto/2005) Os Deputados Federais e Senadores podem ser processados criminalmente, independente de licença prévia da Casa a que pertencem.

Funções – legislação

11. (Cespe/MPE-ES/Promotor/2010) A CF consagrou, em seu texto, a iniciativa popular, sem restrição de matérias, para promover proposta de emenda constitucional.

12. (Cespe/MPE-ES/Promotor/2010) É vedada a edição de medidas provisórias relativas a matéria de direito civil.

13. (Cespe/MPE-ES/Promotor/2010) Projeto de lei de iniciativa do STF e dos demais tribunais superiores deverá ser iniciado, mediante o respectivo depósito junto à mesa, no Senado Federal.

14. (Cespe/MPE-ES/Promotor/2010) A ausência de sanção pelo Chefe do Poder Executivo no prazo constitucional de quinze dias em projeto de lei encaminhado pelo Poder Legislativo faz caducar o projeto, por não existir forma silente de sanção.

15. (Cespe/PC-RN/Agente/2009) Acerca do processo legislativo, à luz da CF, assinale a opção correta.
    a) A iniciativa popular pode ser exercida pela apresentação, à Câmara dos Deputados, de projeto de lei subscrito por, no mínimo, 1% do eleitorado nacional, distribuído pelo menos por cinco estados, com não menos de 0,3% dos eleitores de cada um deles.
    b) Prorrogar-se-á uma única vez, por igual período, a vigência de medida provisória que, no prazo de quarenta e cinco dias, contado de sua publicação, não tiver a sua votação encerrada nas duas Casas do Congresso Nacional.
    c) As leis delegadas serão elaboradas pelo presidente da República, que deverá solicitar a delegação ao Congresso Nacional. Esta delegação confere plenos poderes ao presidente, pois a transferência de competência é definitiva.
    d) Após discussão e aprovação pelo Congresso Nacional, o presidente da República deve sancionar proposta de emenda à CF, no prazo de quinze dias, sendo que seu silêncio importará sanção.
    e) O projeto de lei ordinária aprovado por uma Casa do Congresso Nacional será revisto pela outra, em dois turnos de discussão e votação, e enviado à sanção ou promulgação, se a casa revisora o aprovar, ou arquivado, se a Casa o rejeitar.

16. (Cespe/AGU/Advogado/2009) Não há veto ou sanção presidencial na emenda à Constituição, em decretos legislativos e em resoluções, nas leis delegadas, na lei resultante da conversão, sem alterações, de medida provisória.

17. (Cespe/TJCE/Técnico/2008) Leis complementares são hierarquicamente superiores às ordinárias.

Funções – fiscalização

18. (Funiversa/PCDF/Escrivão/2008) A CPI pode ser criada em conjunto ou separadamente pelas Casas da Câmara e do Senado, mediante requerimento de

dois terços dos seus membros, com o objetivo de investigar fato determinado, cabendo prorrogação do prazo estabelecido quando da sua criação.

19. (Funiversa/PCDF/Escrivão/2008) Segundo entendimento do STF, é possível a prisão em flagrante delito por crime de falso testemunho, decretada por CPI, com o fim de preservar a respeitabilidade do órgão legislativo.

20. (Cespe/PGE-ES/Procurador/2008) A CPI instaurada no Poder Legislativo estadual não pode promover a quebra de sigilo bancário de pessoa submetida a investigação.

21. (FGV/Senado/Analista Legislativo - Processo Legislativo/2008) Em relação às Comissões Parlamentares de Inquérito, é correto afirmar que se lhes assegura o poder de decretar medidas assecuratórias de busca e apreensão domiciliar e de indisponibilidade de bens, atuando como órgão dotado de função jurisdicional.

22. (Cespe/TCE-ES/Procurador/2009) A atuação do TCU é caracterizada pela atividade jurisdicional, cabendo a esse órgão até mesmo apreciar a constitucionalidade de atos do poder público.

23. (Cespe/TCE-TO/Técnico de Controle Externo/2009) Compete ao Tribunal de Contas da União (TCU) apreciar e julgar as contas do Chefe do Poder Executivo.

24. (Cespe/Bacen/Procurador/2009) Devido à natureza privada das empresas públicas e sociedades de economia mista exploradoras de atividade econômica, não há espaço para que essas entidades sejam fiscalizadas pelo TCU.

25. (Cespe/TJ-SE/Juiz/2008) As decisões do TC que imputem multa têm natureza de título executivo judicial.

26. (FCC/TCE-AL/Auditor/2009) Compete ao Tribunal de Contas da União sustar a execução de contrato impugnado perante o órgão, solicitando ao Poder Executivo a imediata adoção das medidas cabíveis.

27. (Cespe/TRE-PR/Analista Judiciário - Medicina/2010) O Tribunal de Contas da União, mesmo como órgão integrante da estrutura da administração pública direta, tem competência para deixar de aplicar uma lei que entenda ser inconstitucional.

Gabarito

1. C	6. C	11. E	16. C	21. E	26. E
2. C	7. C	12. E	17. E	22. E	27. C
3. C	8. E	13. E	18. E	23. E	
4. E	9. e	14. E	19. C	24. E	
5. E	10. C	15. a	20. E	25. E	

LISTA 11 – PODER EXECUTIVO

Presidente da República – mandato e eleição

1. (Cespe/TRE-BA/Técnico/2010) Na eleição do presidente e do vice-presidente da República, se nenhum candidato alcançar maioria absoluta na primeira votação, deve ser feita nova eleição, concorrendo os dois candidatos mais votados. Se, antes de realizado o segundo turno, ocorrer a morte de candidato, deverão ser convocadas novas eleições.

2. (Cespe/TRE-MT/Técnico/2010) Em uma eleição ocorrida no Brasil na década de 60 do século passado, Jânio Quadros, candidato a presidente da República por certo partido, elegeu-se, mas teve como vice-presidente João Goulart, candidato por uma aliança oposta àquela que elegeu o presidente. No atual sistema eleitoral brasileiro, tal situação seria impossível, porque a eleição do presidente importa a do candidato a vice-presidente com ele registrado.

3. (Cespe/TCE-BA/Procurador/2010) Havendo vacância dos cargos de presidente e de vice-presidente da República nos dois primeiros anos do mandato, deverá ser realizada eleição noventa dias depois de aberta a última vaga, mas, se a vacância ocorrer nos últimos dois anos do mandato, a eleição para ambos os cargos será feita de forma indireta, pelo Congresso Nacional, trinta dias depois de aberta a última vaga.

4. (Cespe/TRE-MA/Analista Judiciário/2009) Se os cargos de Presidente e Vice-Presidente da República vierem a ficar vagos, responde pela presidência da República o Presidente do Congresso Nacional, e deve ser feita a eleição de novos presidente e vice-presidente da República para um mandato-tampão.

Atribuições do Presidente da República

5. (Cespe/TRE-MT/Técnico/2010) Tanto as tarefas de chefe de Estado como as de chefe de governo integram o rol de competências privativas do presidente da República.

6. (Cespe/TJCE/Analista Judiciário – Área Judiciária/2008) O presidente da República tem poder de vetar emenda constitucional contrária ao interesse público.

7. (Cespe/MS/Agente/2008) O decreto do presidente da República é instrumento hábil para dispor sobre a extinção de cargo público vago.

8. (Cespe/TCE-BA/Procurador/2010) O presidente da República pode dispor, mediante decreto, sobre a organização da administração federal, quando a disposição não implicar aumento de despesa nem criação ou extinção de órgãos públicos.

9. (Cespe/Serpro/Advogado/2010) Compete privativamente ao Presidente da República dispor, mediante decreto autônomo, sobre toda hipótese de extinção de funções ou cargos públicos, desde que seja para organizar o funcionamento da administração federal e reduzir os gastos com pessoal.

10. (Cespe/TRE-MA/Analista Judiciário/2009) Compete privativamente ao presidente da República dispor, mediante decreto, sobre extinção de órgãos públicos.

11. (Cespe/Detran/Analista/2009) A Constituição Federal dispõe que compete privativamente ao presidente da República celebrar tratados, convenções e atos internacionais, sujeitos a referendo do Congresso Nacional. Ao fazê-lo, o presidente exerce as funções de chefe de Estado.

12. (Cespe/Aneel/Técnico/2010) O presidente da República não dispõe de competência constitucional para conceder indulto, por se tratar de competência exclusiva do Poder Judiciário.

13. (Cespe/TRF-5/Juiz/2009) Conforme entendimento do STF, o presidente da República pode delegar aos ministros de Estado, por meio de decreto, a atribuição de demitir, no âmbito das suas respectivas pastas, servidores públicos federais.

14. (Cespe/TRE-MT/Analista Judiciário - Área Judiciária/2010) De acordo com a CF, o presidente da República poderá delegar a atribuição de conferir condecorações e distinções honoríficas.

15. (Cespe/TJES/Analista Judiciário - Área Judiciária/2011) As competências privativas atribuídas ao presidente da República pelo texto constitucional não podem, pela sua natureza, em nenhuma hipótese, ser objeto de delegação.

16. (Cespe/TJES/Analista Judiciário - Área Administrativa/2011) A concessão de indulto é uma atribuição do presidente da República que pode ser delegada ao ministro da justiça.

17. (FCC/PGE-SP/Procurador/2009) As competências privativas do Presidente da República, elencadas na Constituição Federal,
a) são indelegáveis, caracterizando a delegação crime de responsabilidade.
b) admitem delegação aos Ministros de Estado, por meio de lei de iniciativa presidencial.
c) admitem delegação em algumas hipóteses, como nos casos de concessão de indulto e decretação de intervenção federal.
d) admitem delegação, por ato presidencial, aos Ministros de Estado, ao Procurador-Geral da República e ao Advogado-Geral da União.
e) admitem delegação em algumas hipóteses, como nos casos de provimento de cargos públicos e concessão de condecorações e distinções honoríficas.

Imunidades e Responsabilidades do Presidente da República

18. (FCC/Ministério Público do Ceará/Promotor Justiça/2009) O Presidente da República, na vigência de seu mandato, pode ser responsabilizado por atos estranhos ao exercício de suas funções.

19. (Cespe/STM/Analista Judiciário - Área Administrativa/2011) Os crimes de responsabilidade relativos ao presidente da República devem ser processados e julgados no Senado Federal, após autorização de pelo menos 2/3 da Câmara dos Deputados.

20. (Esaf/ANA/Especialista/2009) Admitida a acusação contra o Presidente da República, por dois terços do Supremo Tribunal Federal, será ele submetido a julgamento perante o Senado Federal, nas infrações penais comuns, ou perante a Câmara dos Deputados, nos crimes de responsabilidade.

21. (FCC/Bahiagás/Advogado/2010) É incorreto afirmar que o Presidente da República
    a) ficará suspenso de suas funções nos crimes de responsabilidade se recebida a denúncia ou queixa-crime pelo Supremo Tribunal Federal.
    b) ficará suspenso de suas funções nos crimes de responsabilidade após a instauração do processo pelo Senado Federal.
    c) não estará sujeito a prisão nas infrações comuns, enquanto não sobrevier sentença condenatória.
    d) não pode ser responsabilizado por atos estranhos ao exercício de suas funções na vigência de seu mandato.
    e) comete crime de responsabilidade ao atentar contra o cumprimento das decisões judiciais.

22. (Cespe/PC-RN/Agente/2009) Considere que o presidente da República do Brasil, no exercício de suas funções, venha a cometer infração penal comum. Nesse caso, à luz da CF, assinale a opção correta.
    a) O presidente ficará suspenso de suas funções, se oferecida a denúncia ou queixa-crime pelo Senado Federal.
    b) Se, decorrido o prazo de cento e vinte dias, o julgamento não estiver concluído, cessará o afastamento do presidente, e o processo será arquivado.
    c) Enquanto não sobrevier sentença condenatória, o presidente da República não estará sujeito à prisão.
    d) Na vigência de seu mandato, o presidente não responderá pela infração penal cometida.
    e) O presidente ficará suspenso de suas funções, se recebida a denúncia ou queixa-crime pelo STJ.

Gabarito

1. E	5. C	9. E	13. C	17. d	21. a
2. C	6. E	10. E	14. E	18. E	22. c
3. C	7. C	11. C	15. E	19. C	
4. E	8. C	12. E	16. C	20. E	

LISTA 12 – PODER JUDICIÁRIO

Justiça do Trabalho

1. (Cespe/TRT9/Analista Judiciário – Área Administrativa/2007) São órgãos da Justiça do Trabalho: o Tribunal Superior do Trabalho (TST), os tribunais regionais do trabalho (TRTs) e os juízes do trabalho.

2. (FCC/TRT19/Analista Judiciário – Execução de Mandados/2008) São órgãos da Justiça do Trabalho: o Tribunal Superior do Trabalho, os Tribunais Regionais do Trabalho, as Juntas de Conciliação e Julgamento e os Juízes do Trabalho.

3. (Cespe/TRT-5/Analista/2008) Caso um servidor público federal regido pela Lei nº 8.112/1990, em exercício em TRE, tenha ajuizado reclamação trabalhista contra a União, com o objetivo de condená-la ao pagamento de gratificação suprimida de seus vencimentos, a ação deverá ser julgada por uma das varas da Justiça do Trabalho da capital onde se encontre o referido tribunal.

4. (Cespe/TRT1/Juiz do Trabalho/2010) De acordo com entendimento do STF, não compete à Justiça do Trabalho processar e julgar as ações de indenização por dano moral, com base em acidente de trabalho, ainda que propostas por empregado contra empregador.

5. (Cespe/TRT21/Analista Judiciário – Execução de Mandados/2010) Compete à justiça comum o processo e o julgamento de ações de indenização por dano moral decorrente de acidente do trabalho propostas por empregado contra empregador.

6. (Cespe/TRF5/Juiz Federal/2009) Suponha que um juiz do trabalho tenha determinado a prisão em flagrante de uma testemunha, pelo crime de falso testemunho, nos autos de uma reclamação trabalhista. Nessa situação hipotética, compete à Justiça do Trabalho, e não à Justiça Federal, julgar o referido crime.

7. (Cespe/PCPB/Delegado/2009) O julgamento dos crimes contra a organização do trabalho são de competência da Justiça do Trabalho.

Justiça Federal Comum

8. (Cespe/PGE-PA/Advogado/2007) Compete à Justiça Federal julgar as causas em que seja parte sociedade de economia mista.

9. (Cespe/TJES/Analista Judiciário – Área Administrativa/2011) As causas em que a Caixa Econômica Federal atue como autora ou ré, em processos cíveis, deverão ser julgadas na Justiça Federal.

10. (Funiversa/Apex-Brasil/Consultor Pleno – Área Licitação/2006) Aos juízes federais compete julgar causas entre Estado estrangeiro ou organismo internacional e a União.

11. (FCC/Bahiagás/Advogado/2010) Compete ao Supremo Tribunal Federal julgar, mediante recurso extraordinário, as causas em que forem partes Estado estrangeiro ou organismo internacional, de um lado, e, do outro, Município ou pessoa residente ou domiciliada no País.

12. (Cespe/TRT17/Analista Administrativo/2009) Compete ao Superior Tribunal de Justiça julgar, em recurso ordinário, as causas em que Estado estrangeiro ou organismo internacional forem partes, de um lado, e, do outro, município ou pessoa residente ou domiciliada no país.

13. (Cespe/TRE-MT/Analista Judiciário – Área Judiciária/2010) Compete ao Superior Tribunal de Justiça (STJ) processar e julgar, originariamente, o litígio entre estado estrangeiro ou organismo internacional e a União, o estado ou o Distrito Federal (DF).

14. (FGV/PC-AP/Delegado/2010) Compete ao Supremo Tribunal Federal, precipuamente, a guarda da Constituição, não lhe cabendo processar e julgar, originariamente, o litígio entre Estado estrangeiro ou organismo internacional e a União, o Estado, o Distrito Federal ou o Território.

15. (Cespe/TRE-BA/Técnico/2010) Compete aos juízes federais processar e julgar os crimes políticos e compete ao Supremo Tribunal Federal julgar o recurso ordinário contra as sentenças advindas do julgamento desses crimes.

16. (Cespe/TJDFT/Analista Judiciário – Administração/2008) O julgamento de crime político é de competência da Justiça Federal, com recurso ordinário para o respectivo tribunal regional federal.

17. (Cespe/DPU/Defensor Público Federal/2007) A competência recursal das causas julgadas pelos juízes federais será sempre do respectivo tribunal regional federal.

18. (Cespe/TJTO/Juiz/2007) Compete à justiça eleitoral julgar o crime político, com recurso ordinário para o STF.

19. (Cespe/TRF2/Juiz Federal/2009) Na hipótese de grave violação de direitos humanos, o procurador-geral da República ou o advogado-geral da União, com a finalidade de assegurar o cumprimento de obrigações decorrentes de tratados

internacionais de direitos humanos dos quais o Brasil seja parte, poderão suscitar, perante o STJ, incidente de deslocamento de competência para a Justiça Federal.

20. (FCC/Prefeitura de Recife/Procurador Judicial/2008) Relativamente aos tratados internacionais em matéria de direitos fundamentais, estabelece a Constituição da República que poderá o Procurador-Geral da República suscitar incidente de deslocamento de competência para a Justiça Federal, perante o Supremo Tribunal Federal, nos casos de grave violação de direitos resguardados em tratados internacionais.

21. (Cespe/PGE-AL/Procurador/2009) A justiça estadual é competente para julgar denunciados pela suposta prática do crime de roubo qualificado ocorrido no interior de aeronave que se encontre em solo.

22. (Esaf/MPU/Técnico Administrativo/2004) É competência dos Tribunais Regionais Federais processar e julgar originariamente a disputa sobre direitos indígenas.

STF e STJ

Competências Originárias

23. (Cespe/STF/Técnico/2008) Compete ao STF processar e julgar ação ordinária, de natureza civil, instaurada contra o presidente da República.

24. (Cespe/OAB Nacional/2009.1) Compete ao STF processar e julgar originariamente o presidente da República nas infrações penais comuns e nas ações populares.

25. (Cespe/TRT21/Técnico/2010) Admitida a acusação contra o presidente da República, por dois terços da Câmara dos Deputados, será ele submetido a julgamento perante o STF, nas infrações penais comuns, ou perante o Senado Federal, nos crimes de responsabilidade.

26. (FCC/TRE-SE/Técnico Judiciário/2007) Compete ao Supremo Tribunal Federal processar e julgar, originariamente, nas infrações penais comuns, os membros dos Tribunais Regionais Federais.

27. (FCC/TRE-SE/Técnico Judiciário/2007) Compete ao Supremo Tribunal Federal processar e julgar, originariamente, nas infrações penais comuns, o Procurador-Geral da República.

28. (Cespe/STF/Analista Administrativo/2008) Compete ao STF processar e julgar originariamente, nas infrações penais comuns, os ministros do próprio STF.

29. (FCC/TRF4/Analista Administrativo/2010) É correto afirmar que os Deputados e Senadores são invioláveis, civil e penalmente, por quaisquer de suas opiniões, palavras e votos e, desde a expedição do diploma, serão submetidos a julgamento perante o
a) Tribunal Regional Eleitoral.
b) Superior Tribunal de Justiça.
c) Tribunal Superior Eleitoral.
d) Supremo Tribunal Federal.
e) Tribunal Regional Federal.

30. (Esaf/ANA/Especialista/2009) Compete ao Superior Tribunal de Justiça, entre outras funções, processar e julgar, originariamente, nas infrações penais comuns e nos crimes de responsabilidade, os Ministros de Estado e os Comandantes da Marinha, do Exército e da Aeronáutica.

31. (FCC/Procurador do Município de São Paulo/2008) O Prefeito de Município será processado e julgado pela prática de crimes comuns perante o Tribunal de Justiça do Estado.

32. (FCC/Prefeitura Recife/Procurador Judicial/2008) De acordo com a Constituição Federal, compete originariamente ao Tribunal de Justiça julgar o Prefeito pela prática de crimes comuns, ainda que possam se enquadrar na competência da Justiça Federal.

33. (Cespe/PC-RN/Agente/2009) Compete ao STJ processar e julgar, originariamente, nos crimes comuns, os prefeitos municipais.

34. (Cespe/TCU/ACE/Auditoria Governamental/2008) Cabe ao STJ processar e julgar, originariamente, nos crimes comuns — aí compreendidos os crimes de responsabilidade —, os membros do TCU.

35. (Cespe/STJ/Técnico/2008) Se um conselheiro do Tribunal de Contas do Estado do Paraná cometer um crime de responsabilidade, não poderá ser processado e julgado pelo tribunal de justiça daquele estado.

36. (FCC/TRT 2ª Região/Técnico Judiciário/2008) Compete ao Supremo Tribunal Federal, precipuamente, a guarda da Constituição, cabendo-lhe processar e julgar, originariamente, as causas e os conflitos entre a União e os Estados, a União e o Distrito Federal, ou entre uns e outros, inclusive as respectivas entidades da administração indireta.

37. (Cespe/PGE-CE/Procurador/2008) Compete ao Superior Tribunal de Justiça (STJ) julgar as causas e os conflitos entre a União e os estados, a União e o DF, ou entre uns e outros, incluindo as respectivas entidades da administração indireta.

38. (Cespe/PCPB/Delegado/2009) O pedido de extradição solicitada por Estado estrangeiro será julgado pelo STJ.

39. (Cespe/DPU/Defensor Público Federal/2010) A sentença proferida por tribunal estrangeiro tem eficácia no Brasil depois de homologada pelo STF.

40. (Esaf/ANA/Especialista/2009) Compete ao Supremo Tribunal Federal, precipuamente, a guarda da Constituição, cabendo-lhe, entre outras funções, processar e julgar, originariamente, a homologação de sentenças estrangeiras e a concessão de *exequatur* às cartas rogatórias.

41. (FCC/Analista Judiciário – Execução de Mandados/TRF 4ª REGIÃO/2004) Aos juízes federais caberá, dentre outras atribuições, processar e julgar a execução de carta rogatória, após o *exequatur*.

42. (Cespe/PGE-CE/Procurador/2008) Compete ao STF a homologação de sentenças estrangeiras e a concessão de *exequatur* às cartas rogatórias.

43. (FCC/Prefeitura Recife/Procurador Judicial/2008) De acordo com a Constituição Federal, compete originariamente ao Supremo Tribunal Federal julgar as ações contra o Conselho Nacional de Justiça e contra o Conselho Nacional do Ministério Público.

44. (FGV/PC-AP/Delegado/2010) Compete ao Supremo Tribunal Federal, precipuamente, a guarda da Constituição, não lhe cabendo processar e julgar, originariamente:
a) a ação direta de inconstitucionalidade de lei ou ato normativo federal.
b) o Presidente da República, nas infrações penais comuns.
c) o litígio entre Estado estrangeiro ou organismo internacional e a União, o Estado, o Distrito Federal ou o Território.
d) a extradição solicitada por Estado estrangeiro.
e) a homologação de sentenças estrangeiras e a concessão de *exequatur* às cartas rogatórias.

Competências Recursais

45. (FCC/TRF4/Técnico/2010) Compete ao Supremo Tribunal Federal, precipuamente, guarda da Constituição, cabendo-lhe julgar em recurso ordinário
a) a extradição solicitada por Estado estrangeiro.
b) o litígio entre Estado estrangeiro ou organismo internacional e a União, o Estado e o Distrito Federal.
c) o crime político.
d) o pedido de medida cautelar das ações diretas de inconstitucionalidade.
e) as ações contra o Conselho Nacional de Justiça e contra o Conselho Nacional do Ministério Público.

46. (Cespe/PGE-AL/Procurador/2009) Compete ao STJ julgar, em recurso especial, as causas decididas, em única ou última instância, pelos tribunais regionais federais ou pelos tribunais dos estados, do DF e territórios, quando a decisão recorrida julgar válida lei local contestada em face de lei federal.

47. (Cespe/PC-RN/Agente/2009) Compete ao STF julgar, em recurso extraordinário, as causas decididas em única instância, quando a decisão recorrida julgar válida lei local contestada em face de lei federal.

48. (Cespe/STJ/Técnico/2008) Julgado um *habeas corpus* em última instância pelo Tribunal de Justiça do Estado do Pará, e havendo sido denegada a ordem, caberá recurso ordinário ao STJ.

CNJ

49. (Cespe/TJDFT/Analista Judiciário - Execução de Mandados/2008) O Conselho Nacional de Justiça tem natureza meramente administrativa e configura órgão de controle externo do Poder Judiciário.

50. (FCC/DPE-PR/Defensor Público/2008) A Emenda Constitucional 45, na parte que criou o Conselho Nacional de Justiça, violou, segundo julgamento proferido pelo Supremo Tribunal Federal, a cláusula pétrea da separação dos poderes.

51. (FCC/TRT 18ª Região/Técnico Judiciário/2008) Quanto ao Poder Judiciário, o Conselho Nacional de Justiça é composto por quinze membros com mais de trinta e cinco e menos de sessenta e seis anos de idade, sendo
a) dois cidadãos, de notável saber jurídico e reputação ilibada, indicados um pela Câmara dos Deputados e outro pelo Senado Federal.
b) três juízes do trabalho, indicados pelo Tribunal Superior do Trabalho.
c) dois membros do Ministério Público da União, indicados pelo Procurador-Geral da República.
d) dois membros do Ministério Público estadual, escolhidos pelo Procurador-Geral da República dentre os nomes indicados pelo órgão competente de cada instituição estadual.
e) três juízes federais, indicados pelo Superior Tribunal de Justiça.

52. (Cespe/TRF5/Juiz Federal/2007) Dado que o Conselho Nacional de Justiça tem estatura constitucional e se destina ao controle administrativo, financeiro e disciplinar do Poder Judiciário, todos os seus membros e órgãos, incluindo-se o STF, a ele estão subordinados.

53. (Cespe/Instituto Rio Branco/Diplomacia/2011) O Supremo Tribunal Federal (STF) é o órgão de cúpula jurisdicional e nacional do Poder Judiciário, mas não o órgão de cúpula administrativa, financeira e de cumprimento dos deveres funcionais dos juízes, papel que compete, conforme dispõe a CF, ao Conselho Nacional de Justiça.

54. (Cespe/TRE-MT/Analista Judiciário – Área Judiciária/2010) O Conselho Nacional de Justiça é um órgão do Poder Judiciário e tem jurisdição em todo território nacional.

55. (Cespe/TJDFT/Técnico Judiciário – Administrativa/2008) O Conselho Nacional de Justiça é órgão integrante da estrutura do Poder Judiciário, com jurisdição em todo o território nacional.

56. (Cespe/TRE-BA/Técnico/2010) Compete ao Conselho Nacional de Justiça (CNJ) apreciar, de ofício ou mediante provocação, a legalidade dos atos ad-

ministrativos praticados por membros ou órgãos do Poder Judiciário, fixando prazo para que se adotem as providências necessárias ao exato cumprimento da lei. É negada ao CNJ competência para desconstituir ou rever atos praticados pelos presidentes dos tribunais de justiça.

Gabarito

1. C	11. E	21. E	31. C	41. C	51. a
2. E	12. C	22. E	32. E	42. E	52. E
3. E	13. E	23. E	33. E	43. C	53. E
4. E	14. E	24. E	34. E	44. e	54. E
5. E	15. C	25. C	35. C	45. c	55. E
6. E	16. E	26. E	36. C	46. E	56. E
7. E	17. E	27. C	37. E	47. C	
8. E	18. E	28. C	38. E	48. C	
9. C	19. E	29. d	39. E	49. E	
10. E	20. E	30. E	40. E	50. E	

LISTA 13 – CONTROLE DE CONSTITUCIONALIDADE

Conceito e Classificação

1. (Cespe/DPU/Agente/2010) A CF prevê tanto o controle posterior de constitucionalidade, quanto o preventivo, cabendo este apenas ao Poder Legislativo, que, por meio de suas Comissões de Constituição e Justiça, pode barrar projeto de lei que, de algum modo, viole o texto constitucional.

2. (Cespe/TRF5/Juiz Federal/2011) O controle prévio ou preventivo de constitucionalidade não pode ocorrer pela via jurisdicional, uma vez que ao Poder Judiciário foi reservado o controle posterior ou repressivo, realizado tanto de forma difusa quanto de forma concentrada.

3. (Cespe/DPE-CE/Defensor/2008) O controle difuso de constitucionalidade tem sua origem histórica no direito norte-americano, no caso Marbury *versus* Madison.

4. (Cespe/DPU/Agente/2010) O controle difuso (ou jurisdição constitucional difusa) e o controle concentrado (ou jurisdição constitucional concentrada) são

dois critérios de controle de constitucionalidade. O primeiro é verificado quando se reconhece o seu exercício a todos os componentes do Poder Judiciário, e o segundo ocorre se só for deferido ao tribunal de cúpula ou a uma corte especial.

5. (Cespe/DPU/Agente/2010) O sistema jurisdicional instituído com a CF, influenciado pelo constitucionalismo norte-americano, acolheu exclusivamente o critério de controle de constitucionalidade difuso, ou seja, por via de exceção.

6. (Cespe/DPU/Analista Administrativo/2010) O sistema jurisdicional instituído com a Constituição Federal de 1891, influenciado pelo constitucionalismo norteamericano, acolheu o critério de controle de constitucionalidade difuso, ou seja, por via de exceção, que permanece até a Constituição vigente. No entanto, nas constituições posteriores à de 1891, foram introduzidos novos elementos e, aos poucos, o sistema se afastou do puro critério difuso, com a adoção do método concentrado.

7. (Cespe/Correios/Advogado/2011) O controle difuso de constitucionalidade, que é exercido somente perante caso concreto, pode ocorrer por meio das ações constitucionais do *habeas corpus* e do mandado de segurança.

Ações de Controle Concentrado

ADIn – objeto

8. (FCC/Casa Civil-SP/Executivo/2010) A ação direta de inconstitucionalidade é cabível também para a impugnação de leis ou de atos normativos já revogados no momento da apreciação da ação.

9. (FCC/Casa Civil-SP/Executivo/2010) O direito municipal não pode ser impugnado em sede de ação direta de inconstitucionalidade.

10. (Cespe/TJDFT/Analista Judiciário – Área Judiciária/2008) Compete ao STF processar e julgar, originariamente, ação direta de inconstitucionalidade contra lei ou ato normativo municipal, frente à Constituição Federal, pois qualquer norma em contrário constituiria tese limitativa à condição de guardião da Constituição Federal ostentada pelo STF.

11. (Funiversa/APEX-Brasil/Analista Pleno – Área jurídica/2006) É impossível o controle de constitucionalidade das normas originárias.

12. (Cespe/STF/Técnico/2008) É cabível ação direta de inconstitucionalidade contra norma constitucional oriunda de emenda constitucional que contraria a cláusula pétrea da Constituição originária.

ADIn – legitimação

13. (Cespe/Fundac-PB/Advogado/2008) Os legitimados a propor ação direta de inconstitucionalidade perante o STF não incluem o(a)
    a) governador de estado.
    b) mesa de assembléia legislativa.
    c) federação sindical.
    e) entidade de classe de âmbito nacional.

14. (FGV/TRE-PA/Analista Judiciário – Área Judiciária/2011) São legitimados para a propositura de ação direta de inconstitucionalidade, entre outros, o Presidente da República, o Procurador-Geral da República, o Presidente do Senado e o Conselho Federal da OAB.

15. (Esaf/AFRF/2009) O Supremo Tribunal Federal, em sede de Ação Direta de Inconstitucionalidade, exige pertinência temática, quando a ação é proposta pelo Governador do Distrito Federal.

16. (Cespe/IEMA-ES/Advogado/2007) O governador do estado do Espírito Santo não pode ajuizar, perante o STF, ação direta de inconstitucionalidade contra lei do estado do Rio de Janeiro.

17. (Cespe/DPU/Defensor Público Federal/2007) A OAB não está submetida ao requisito da pertinência temática em ação direta de inconstitucionalidade.

ADIn – procedimento

18. (Cespe/IEMA-ES/Advogado/2007) O advogado-geral da União é sempre ouvido nos processos de ação direta de inconstitucionalidade.

19. (FGV/TRE-PA/Analista Judiciário – Área Judiciária/2011) O Advogado-Geral da União funciona como uma espécie de curador da presunção de constitucionalidade dos atos emanados do Poder Público; entretanto, ele não está obrigado a defender tese jurídica se sobre ela o STF já fixou entendimento pela sua inconstitucionalidade.

20. (Cespe/PGE-CE/Procurador/2008) É obrigatória a intervenção do Ministério Público na ADI. Se o procurador-geral da República for o autor da ação, será nomeado um outro membro do Ministério Público para atuar como custos legis.

21. (Esaf/Receita Federal/Auditor Fiscal/2009) Antes da concessão da liminar em sede de Ação Direta de Inconstitucionalidade, é possível que seu autor peça desistência da mesma.

22. (Cespe/DPE-CE/Defensor/2008) O STF pode decidir ação direta de constitucionalidade por outros fundamentos ainda que não alegados na petição inicial em razão da causa de pedir aberta.

ADC e ADPF

23. (FGV/PC-AP/Delegado/2010) Compete ao Supremo Tribunal Federal processar e julgar, originariamente, a ação direta de inconstitucionalidade e a ação declaratória de constitucionalidade de lei ou ato normativo federal, estadual ou municipal em face da Constituição Federal ou das Constituições Estaduais.

24. (FGV/OAB Nacional/2010.3) O Governador de um Estado-membro da Federação pretende se insurgir contra lei de seu Estado editada em 1984 que vincula a remuneração de servidores públicos estaduais ao salário mínimo. Os fundamentos de índole material a serem invocados são a ofensa ao princípio federativo e a vedação constitucional de vinculação do salário mínimo para qualquer fim. A ação constitucional a ser ajuizada pelo Governador do Estado perante o Supremo Tribunal Federal, cuja decisão terá eficácia contra todos e efeito vinculante relativamente aos demais órgãos do Poder Público, é a(o)
a) ação direta de inconstitucionalidade.
b) mandado de injunção.
c) arguição de descumprimento de preceito fundamental.
d) mandado de segurança coletivo.

25. (Esaf/Receita Federal/Auditor Fiscal/2009) A Arguição de Descumprimento de Preceito Fundamental, segundo a legislação pertinente, apresenta mais legitimados ao que se verifica na legitimidade para a propositura de Ação Direta de Inconstitucionalidade.

Efeitos das Decisões

26. (Cespe/TCE-AC/Auditor/2008) Os efeitos da decisão de declaração de inconstitucionalidade, no controle concentrado, em geral, não retroagem.

27. (Cespe/PGE-PB/Procurador/2008) No âmbito do controle concentrado de constitucionalidade, faz-se necessária a edição de resolução, por parte do Senado Federal, para que determinada lei seja suspensa em relação às pessoas que não tenham sido parte no processo.

28. (FGV/TRE-PA/Analista Judiciário - Área judiciária/2011) A sentença de inconstitucionalidade tem natureza declaratória e, em consequência disso, possui, sempre, eficácia *ex tunc*, ceifando o ato no momento de sua entrada no ordenamento jurídico e assim colhendo todos os efeitos por ele produzidos à pecha de nulidade.

29. (Cespe/DPE-BA/Defensor/2010) Os efeitos gerais da declaração de inconstitucionalidade, no âmbito da ação direta de inconstitucionalidade, pelo STF são vinculantes em relação aos órgãos do Poder Judiciário e da administração pública federal, estadual, municipal e distrital.

30. (Esaf/Receita Federal/Auditor Fiscal/2009) Declarada *incidenter tantum* a inconstitucionalidade da lei ou ato normativo pelo Supremo Tribunal Federal, referidos efeitos serão *ex nunc*, sendo desnecessário qualquer atuação do Senado Federal.

31. (Cespe/AGU/Advogado da União/2009) A decisão de mérito proferida pelo STF no âmbito de ação declaratória de constitucionalidade produz, em regra, efeitos *ex nunc* e vinculantes para todos os órgãos do Poder Executivo e demais órgãos do Poder Judiciário.

32. (Cespe/AGU/Advogado da União/2009) Segundo entendimento do STF, é possível a utilização da técnica da modulação ou limitação temporal dos efeitos de decisão declaratória de inconstitucionalidade no âmbito do controle difuso de constitucionalidade.

33. (Cespe/TJES/Analista Judiciário - Área Judiciária/2011) Os efeitos da decisão procedente de uma ação direta de inconstitucionalidade são *ex tunc* e *erga omnes*, não se admitindo exceções à regra legalmente instituída.

Gabarito

1. E	7. C	13. c	19. C	25. E	31. E
2. E	8. E	14. E	20. E	26. E	32. C
3. C	9. C	15. C	21. E	27. E	33. E
4. C	10. E	16. E	22. C	28. E	
5. E	11. C	17. C	23. E	29. C	
6. C	12. C	18. C	24. c	30. E	

Bibliografia

CAVALCANTE, FILHO, João Trindade. **Roteiro de Direito Constitucional**. Brasília, Grancursos, 2011.

LENZA, Pedro. **Direito Constitucional Esquematizado**. São Paulo. Sariava, 2011.

MENDES, Gilmar Ferreira; BRANCO, Paulo Gustavo. **Curso de Direito Constitucional**. São Paulo: Saraiva, 2011.

MORAES, Alexandre de. **Direito Constitucional**. São Paulo, Atlas, 2009.

SILVA, José Afonso da. **Curso de Direito Constitucional Positivo**. São Paulo: Malheiros, 2006.

TAVARES, André Ramos. **Curso de Direito Constitucional**. São Paulo, Saraiva, 2011.